宋代寺院碑文集成

蔣媛媛　點校

第二冊

天津古籍出版社
天津出版傳媒集團

目録

方　預

章　衡

釋守端

釋智原

陳舜俞

范純仁

王欽臣

釋神照

楊　杰

羅　適

蘇軾

張 著

錢明逸

錢明逸（一〇二五——一〇七一），字子飛，錢塘（今浙江杭州）人。易子，彦遠弟。由殿中丞策制科，轉太常博士，擢右正言。首劾范仲淹、富弼，二人皆罷。進同修起居注、知制誥，擢知諫院，爲翰林學士。加史館修撰，知開封府。後罷爲龍圖閣學士、知蔡州。皇祐四年，自揚州知青州，改鄆州。又歷知曹州、應天府。還，判流内銓、知通進銀臺司。復於嘉祐四年出知成德軍；五年，知渭州；八年，加端明殿學士、知秦州。治平初，復爲翰林學士。神宗立，御史論其傾險儉薄，傾附賈昌朝、夏竦以陷正人，文辭淺繆，不宜冒居翰院，乃罷學士。熙寧元年，出知永興軍。四年卒，年五十七。贈禮部尚書，謚曰修懿。《宋史》卷三一七《錢惟演傳》有附傳。

左山興化寺寶乘塔碑

夫萬法雖殊，歸真則一。倡教懾惡，要在利人。故傳心印，則解脱之見速；示顯相，則信嚮之誠博：此諸佛如來所以示舍利於後，不有重構，孰謂莊嚴？不興諦心，何登彼岸？曹州左山塔，藏定光佛舍利六顆。始隋仁壽壬戌，號法源寺，建靈址五級，安其下，遣使賚送，刊石以瘞之。至唐，刺史蔡鄴，繼以營治。皇宋慶曆紀元歲壬午，一日大雨雷震，塔用圮壞。垣顛棟危，臂裂瓦礫。比尼智隆，志期修建，潛懷寶粒，往募諸方，廣蘄信善，因設供於上都寶相招提。懔懔歸依，憧憧方來。闕成林，觀者如堵。忽達宸聰，即詔迎置禁庭。瑞香寶供，晨夕燃奉。賜智隆白金五十兩以遣之，智隆涕泣叩閽，願還舊塔。上不奪其情，命中貴人温士良持舍利，閟以銀函，冪以泥金帕，御筆署封，歸葬故地。仍俾士良躬道德音，諭守臣、資政殿學士任中師，亟圖營繕。中師乃涓日辰，率官屬，具梵儀，嚽唄螺鼓，寶幡幢蓋，贊導前後，以奉安之。上體諄誨，專力經葺，中師首以俸錢，洎族屬喜捨，僅五十萬。自餘冠纓之家，緇素豪姓，皆慫恿知勸，樂爲檀越，又二十倍之。於是鳩梗楠，稡甓甎，雲委波屬，救陾椓丁。展門扉以面方，角垂鐸而標風。木增工而壯，基增廣而峻。周圍撲水八區，豐蔀顯敞。稱其崇嶷，堂皇壯大。足以光法門之儀度，助象教之綱目。塔既成，士良始還朝，圖上制作之狀，詔賜塔名寶乘。揭榜以金字，智隆德欽。闕錫以紫方袍，仍許歲度浄人一，皆特出宸渥，旌酬善果。噫！物無湮塞，則莫有興大焉；天欲張者，必翕之，理固爲然。豈因緣感遇，抑有時哉！嚮非迅震摧起之變，則宏麗昌大、穹隆紛鬱之盛，何以待我朝而振歟？明逸，皇祐癸巳冬，命守濟陰。暇日，因郡人厭次牧、職方祝外郎正辭語兹塔始末，懼久之，人不詳其由，當爲文以紀其事。因贊嘆榮遇，感慨寅緣，系而銘曰：

我佛慈力，拯人弗懈。中根小智，難以言解。乃現寶相，俾出迷墮。有堅固實，示菩提果。擇地而安，巨級崇巒。曰清净土，如彼梵天。受經之師，世名其山。昔也佛宫，今布金田。隋制恢宏，四百星霜。咸通繼葺，莊麗未遑。天意與興，將泰而否。風雨怒號，霆雹交至。屏翳四走，神龍前驅。星馳雷師，火熾電車。遺基隤裂，棟毁甍折。地撼洞闥，神物瑩徹。開士緼志，營思衆共。卷懷以行，光射禪縱。浩穰峻都，觀者盈郛。樂施嚴奉，妙供香厨。逖聞天聽，詔躋禁闥。寶薰紛緼，珠蓋敞列。函以中金，歸閟舊土。宸毫紀題，鴻驚虯騖。幢幡照地，潮梵震天。樞庭舊老，贊相以前。挺袄遺址，崇構新峙。瑰材山積，陶旊川委。翼如翬飛，竦若虎視。寶勢重複，諸天下睨。勝利無疆，噢咻一方。歲度净者，著爲條綱。揭名中寵，列榜金生。鈎棱宛轉，熠煋晶熒。慧海無涯，信航能涉。觀者以諦，真心無雜。梵福堅鞏，恩光昭晰。塵劫可灰，善因難滅。雍正《山東通志》卷三五之九。又見乾隆《曹州府志》卷九，光緒《菏澤縣志》卷一七，民國《曹南文獻録》卷七四。

釋義緣

義緣，仁宗時僧人。

鎸智者大相等相記

城裏崇明寺住持棋僧義緣，謹用齋資，命匠者鎸莊就天台教主智者大師、擎天得勝關將軍、壇越關三郎相，儀圓具在。龍隱岩釋迦寺開光齋僧，上報四恩，下資三友。至和二年乙未九月五日謹題。小師法昇、法穩、法衮。金符書，匠人易仕端，刊石盧遷。嘉慶《廣西通志》卷二一七。又見《臨桂縣志》卷九，《粤西金石略》卷三，《桂林石刻》上。

任伋

任伋（一〇一七——一〇八一），字師中，孜弟，眉州眉山（今四川眉山）人。與蘇洵相友善。慶曆中登進士及第，熙寧三年通判黄州，元豐初知瀘州。元豐四年三月卒，年六十四。見《淮海集》卷三三《任公墓表》。

瀘州開福寺記

瀘古巴子國，淙流東北貫其隅，墮山西南蟠其址。《方輿勝覽》卷六二。

韓維

韓維（一〇一七——一〇九八），字持國，開封雍丘（今河南杞縣）人，億子，絳弟。以蔭補將作監主簿，歷知太常禮院，潁王府記室參軍。英宗時召修起居注，進知制誥、知通進銀臺司。神宗即位，除龍圖閣直學士，歷知汝州、開封府、襄州。熙寧七年召爲翰林學士承旨，兼侍讀學士，知制誥、知通進封駁事。出知河陽、許州，加資政殿學士提舉嵩山崇福宫。元祐初拜門下侍郎。二年，出知鄧州、潁昌府，後以太子少傅致仕。紹聖中責授崇信軍節度副使，均州安置。元符元年，復左朝議大夫，卒，年八十二。後封南陽郡公，所著有《南陽集》。事迹詳《名臣碑傳琬琰集》下卷一七《韓侍郎維傳》，《宋史》卷三一五本傳。

善覺寺住持賜紫寶師塔銘

師諱法寶，姓王氏，遂州小溪人。九歲，捨家師興聖院主從簡。二十，落髮爲比邱僧。二十三，學法於四方，所見非一，如泉山之栻，黄蘗之南，雲居之寶，禾山之才，世所謂大善知識者，師皆歷問焉。有所未達，廢食與寢，必通而後已，得其道則顧而之他。後所參師，不知師之常有得也。所與衆處，不見師之少有异也。平居常宴坐，計晝夜之分，寢才十之二三，不解衣，左右脅未嘗貼席〔一〕，如是者終其身。師三游洛陽，始至洛，人不知其禪者也，再至則洛人知有般若波羅者矣，三至則又知有不得般若之爲般若波羅密者矣。然其應世之密用，觀機之普誘，則莫得而擬議也。洛中賢士大夫從師游者甚衆，未必盡師之道，但愛其行高而氣和，言簡而理盡耳。太師文潞公表其行，賜紫方袍，然退居但衣壞色而已。三至洛，常寓於崇福禪院之東，有廢寺曰善覺，從之游者爲合力營構，迎師以居，師初辭，强而後可。其徒十餘人，皆嘗與師同學，而又有富商弃其孥奔走而服事者焉。師既居善覺，參問者益廣。或勸師推所餘以爲人，師曰：『予己之未能信，何暇爲他人哉？』懷道應物垂五十年，所以言論風旨不大傳於世者，蓋其冲挹自晦如此。既示疾，則作書別嘗與往來者，奄然而逝，年六十九，時元豐六年九月二十一日也。火化而塔藏其骨於龍門菩提院之上方。弟子四人，曰覺照、覺圓、覺一、覺真。始予見師於河橋，師未嘗不言也，予問之不能已。後數年，予守潁昌，迎而館之府舍，師未嘗言也，予雖欲問不知所問矣。嗚呼！道之不可以不刳心也。銘曰：

道不可見，孰爲師形？法不可聞，孰爲師聲？歸真何喪？在寂常聆。有不師睹，當視諸銘。文淵閣四庫全書本《南陽集》卷二九。

〔一〕『不解』至『未嘗』：明祁氏澹生堂抄本作『卧必右脅，未嘗解衣』。

鄭識

鄭識，仁宗時人，曾任奉直郎、巨鹿縣令。

邢州巨鹿縣三明寺大悲院□修閣編砌石階基鐫邑人名　并序　慶曆七年四月

粵以佛門高敞，教□遐施，羅龍於有截之中，利益於無私之内，於日即爲。隴右都維那頭李義與諸維那頭等，謙恭是性，禮樂立身。作勝事而似救頭燃，悟俗塵而如抛夢幻。繇是因修寶閣，俄砌石階。猿猊與獅子奮威，生獰欲走；菩薩共天人獻樂，雅範疑活。今者良工告畢，敏匠言終，天長而妙祚無窮，俗變而洪禧不朽。謹具邑衆姓名如後。慶曆七年四月八日建。

邑頭兄邑人李悦妻王氏、邑頭李義妻張氏、邑人侄李餘慶妻董氏、社長李寧、邑人趙吉、邑人范寧、邑人安慶妻李氏、邑人王能、邑人趙興、邑人游誠、邑人王進、邑人路文、社録禮宗妻張氏、弟新婦曹氏、邑人李吉、邑人李則、邑人郎福、邑人程則妻王氏、邑人馮能、社官劉顯、邑人曹元母霍氏、邑人鄭誠妻尹氏、邑人霍從妻張氏、邑人鄭密、邑人高興、邑人董新、邑人唐吉、邑人國昌、王宗丈母邑人葉氏、邑人范衡、邑人張質、李寧母邑人王氏、馬吉母邑人王氏、韓宗母邑人郝氏、鄭吉妻邑人張氏，儒林郎、行巨鹿縣尉孫用之，當院講經沙門智顔、當院修閣功德主僧智善、小師□□，儒林郎、行巨鹿縣主簿王在德，當院典座僧惠江，當院院主僧福安，三班借職、監巨鹿縣鹽滔税張化〔一〕，銅臺僧全欽書，邢州鎸子張智賢，奉直郎、行巨鹿縣令鄭識。國家圖書館藏拓片，章專一二二一一。

〔一〕滔：疑作「酒」。

釋洞真

洞真，仁宗時僧人。

新修總持院記　嘉祐二年八月

州之南行越三舍，有山曰四明，名天下舊矣。山控三州，曰越，曰台，而明占其中。峰巒澗壑，重複悍激，借使群山之雄，無足擬之。而仁祠靈宇充牣乎其間，總持亦其一也。院之肇始，即晚唐清泰年，迨我朝藝祖凡二十七年〔一〕，而棟宇隳敦，尸者無聞焉。章皇帝御天下之十載，改元大中祥符。春正月，有文政上人，本隸郡之開元，即今華公之師也，以年臘高邁，厭闤闠之囂煩，慕林泉之清曠，束斂巾屨，歸老於此〔二〕。華公以侍几之隙，首圖易舊。至三年，得信人造法堂五間，巍然大構，不日而成。天禧初，以主是院者多敗厥事，衆徒與檀越辟公代之。公於是觀其殿堂廊廡，棟撓址圮，上無完瓴，下無爽塏，乃讎之曰：『夫從釋氏，豈靳逭徭役而苟休逸哉？是將葺衆園而續先佛之齡爾。今世主真純，像法布護，匪桑而衣，匪稼而食，果不事事而勇於植福，是曰惰民，非所謂出家者也。』至五年，創泗洲殿。今上即位，天聖元年，鑿大山，架方丈洎閱經閣，仍雕盧舍那像，并文殊、普賢二大士。工集有諦，信女丁氏捨財購《華嚴》大經八十篇以施之〔三〕。歷明道歲，相次建羅漢、十王等堂。尋以大殿未立，乃曰：『譬猶衆星，微北辰安所拱哉！』即慶曆六年也。殿成，下及厨庫僧寮，都凡計七十餘楹，圬墁彩飾，焕然告備。凡費財一百五十萬，凡役工二千八百，顧其財不爲不多，顧其工不爲不久。丁酉春三月，公造予居，因道前事曰：『某居是院凡五十二載，主是院已四十三年。迹其締構，以祥符三年言之，總四十八稔。雖歷歲滋久，而一院粗完。』是知公之外護蔑聞巨豪。蓋公之所爲，舉皆狥公，使民無大小，咸樂輸其資，故能成乎休績焉。且公疇昔之志，所續先佛之齡耳，至是豈紿言也歟！而又求文刻其歲月。因詢其徒凡如干人，曰：『某之弟子曰尹熙，曰尹斌。前主者守隆弟子曰遇成〔四〕，成弟子曰用和。今筆其事次，敢附於末。』噫！然皆不施勞於身者，沛然居是大厦，异日當效善繼，無遲其毀敗顛頓，以速世人之譏云。是歲嘉祐二年秋八月乙巳日。《敬止録》卷三一。

〔一〕藝祖：原作『藝租』，據文意改。

〔二〕老：原作『者』，據文意改。

〔三〕購華嚴大經：原作『構嚴華大經』，據文意改。

〔四〕曰：原無，據文意補。

張某某

張某某（原闕其名），梓州（治今四川三台）人，少學於關輔，嘉祐二年爲梓州通判。

文才寺記

佛寺瀕江，曰文才。傳云始基得地於其鄉之人，故名之不文寺。其地東岩坡間□之可室者，不過數十畝，環山□江，萬木怪石，□瑋且四出，余意天設此以遺後之有爲者。厥初之破岸岩壁，岩就而宇，爲裝佛像七，其徒且數百。自唐興，咸通八年爲州治，官續而重新之，故其徠遠，里人皆不而傳。近事昭昭可書，則祥符初，師清遠者因其舊墟，窪者增之，隘者闢之，拔荆□薉，樹以松檜，而其勝益佳絶。遠師懇懇走朝夕，以浮圖之法聚落，久之，材委工□，以是架樓廠殿，延閣蜚樹，殆爲奇觀。歷年至天聖中，工告訖功，則令上人應原師之□於□實有力焉。余性嗜山水，少苦學關輔，恨不得從而游。去季春□□，竊不料又幸官於鄉，還歸其廬，而遽往游，嚮時林泉之美，臨觀之樂，豁如也。原師與余舊，一日□以狀來告余，摭其實而爲之説。皇宋嘉祐三年歲次戊戌十□月八日，通判張□□記，進士陳方紹書。民國《三台縣志》卷四，民國二十年本。

薄洙

薄洙，仁宗嘉祐中爲將仕郎、試秘書省校書郎、守西河縣尉。

汾州大中寺太子禪院壙塔園葬定光佛舍利塔記〔一〕　嘉祐二年四月

粤真如性，妙智圓明。不增不減，無滅無生。寂然真空，感而遂通。顯揚至道，啓萬法下缺大士，降率陀天。生於王宮，大悲自然。現成道身，四十九年。大般若行，萬法以宣。下缺發露真筌。其道無垠，日如轉輪。其利無際，被於天人。納有入□，復歸真寂。若日天下缺不測。荼毗金身，靈氣無漏。成設利羅，八斛四斗。十六大國，奔忟恐後。或肩□□□下缺人間天上，各各分布。八萬四千，寶塔隆構。有生感念，依歸傾慕。福利求廣，罪苦求下缺索響，不差應報。先佛定光，日月智慧。理行堅固，修證無替。緣終歸寂，釋迦無异。於郡之左，日有信士。伏膺佛法，歸心不貳。博訪高僧，堅求舍利。曰有下缺汾水之陽。厥名惟一，厥姓惟張。天子所珍，聲名四方。時有梵僧，與物非常。如珠百粒，五色含章。碪之愈堅，火之愈下缺檀那，求之愈督。與之數粒，拱捧嚴肅。捨有限財，構無爲福。存存惟永，寶塔崇興。刊諸琬琰，萬世明明。維大宋嘉祐二年歲次丁酉，四月丙午朔，八日癸丑葬畢記。東京左街定安禪院奉宣住持、傳法賜紫法遠大師道一、前僧正賜紫下缺將仕郎、守西河縣主簿賈惟孝，習明法學□□□。法遠大師道一門下缺。《山右石刻叢編》卷一三。又見《汾陽縣金石類編》卷五上。

〔一〕題後原署：『將仕郎、試秘書省校書郎、守西河縣尉薄洙撰。』

釋志來

志來，宋仁宗時僧人，賜紫。見志來《雲門山僧守忠碑》（《益都金石志》卷二）。

雲門山僧守忠碑　嘉祐三年四月十二日

鎮海軍雲門山大雲寺主僧守忠，本貫沂州沂水縣顏温保劉田社胡家莊，俗姓霍。自大中祥符六祀夏四月初，父母聽許出家，遂游斯地〔一〕，聆惠一上人，禮行清廉，性宗嚴潔，山門秉志〔二〕，純頂安禪〔三〕，經業精研，性情勤肅，守忠方禮爲師，頭陁苦行，跣足數年，歷盡艱辛，曾無疲倦。至天禧五年，幸遇真宗皇帝聖恩，特降普度□頭爲僧，當年便授具戒。既蒙披剃，大發願心，齊□可□化導諸方〔四〕，葺修院宇。興建□堂，雕鐫成畫栱雲楣；特蓋房廊，刻鏤出飛仙鳳翼。亭臺門起，洞户相鮮。裝嚴數座金容，修塑一堂羅漢。丹青焕赫，粉繪圓朗。欄檻開四季之花，庭際植千年之竹。一城官吏，間乘鼓吹而游；滿郡檀那，時逞威儀而至。輪蹄輳輳，士女駢闐。聚會登臨，競賫香供。斗羅幡蓋，寶帳花幢。蠟炬香燈，异花珍果。三元點照，六時焚修。鑿山爲門，計度約七八千功，穿石作井，費用盡百十萬金。出自十方，爰因衆力。此皆衷誠有信，以實立功，更無緣飾之詞，宜書時以自紀。謝蒙曹太尉特奏小師一人志惠繼續院門，□願皇帝萬歲。沙門比邱僧守忠酬願齋僧一百萬心願，請僧就院看讀蓮經，不定藏數。或齋主供養諸佛、菩薩、羅漢，龍華三會結緣，願多生受衣受食，人天快樂。或會衆供養諸佛、□□□漢，或施衣施食施別財寶，多生足衣足食，龍華三會結緣。或施燈，或施香，爲將來護眼明智惠。或施供米，或施供麥，或施別財寶匹帛，齋僧一萬三百有餘□酬願□僧報佛恩，報法恩，報國主恩，報施□恩，願天下太平，風雨順時，一切人安。小師賜紫志來，嘉祐三年四月十二日記。李世昌書。楊懷慶□。《益都金石記》卷二。又見《益都縣圖志》卷二七。

〔一〕游：原闕，據《益都縣圖志》補。

〔二〕秉：原作『東』，據右引改。

〔三〕純：原闕，據右引補。

〔四〕齊、可：原闕，據右引補。

余公弼

余公弼，治平中爲蘇州常熟縣主簿。見《臨川文集》卷九七《廣西轉運使李君墓志銘》。

寶山院記

夫物有新故，時有因革。知因而不知革，物失其則；知革而不知因，物失其迹。新則因之，故則革之，物一而已。循物之理，適時之變，窮則通，故則革，物雖愈久而無弊者，亦曰惟其人而已。苟非其人，則因循苟簡之爲，雖天與之奇，地與之勝，亦將泯滅無聞矣。今西安南去邑五舍有院，古號南峰，自唐興建以來，不記年代，甲乙焚□，隨規經矩，或廢或興。至大中祥符，真宗皇帝方賜額寶山，時主僧洪端也。元無田税，端創置税錢三貫有畸。端歸寂後，徒弟相繼主之。甲子，僧懷雅乃端之子也，領院十餘年，歸寂，續者不力，炎毀廢之。逮今倫實明字晦之，師於懷雅者也。甲戌，劉太后恩澤落髪完戒。乙亥，雲游諸方，忝尋先德。己丑，歸璵化禪寓，養道息心焉。丁酉三月十六日，令君翁太博知實明道德，檄回寶出，興復院事。明既受命，至誠一心，開檀信，丐金粟，募工集材。不數年間，居聖有殿，徒弟有室，香積有廚，周環門應，總六十餘間。至若鐘鼓器具靡不備。拓隘而寬，益卑而崇。聳松竹以翬飛，鎖雲烟之宏壯。不奢不儉，悉合中制。又度門人四員，曰友成、友和、善隨、善緣。接踵繼興，視昔爲甚盛。謂非物故而能葺，因時而作新者乎？嗚呼！否泰以時，興廢以數，非有智謀，孰能舉之？今明能盡智謀之用，以成其事，其固物得其時，而亦時得其人者也。自時厥後，常德明之人，以成洪端、懷雅之初志，則寶山常興而無廢，永泰而不否，謂非太傅之望歟！同治《義寧州志》卷三一。

文同

文同（一〇一八——一〇七九），字與可，自號笑笑先生，梓州永泰（今四川鹽亭東北）人。漢文翁之後，世稱石室先生。皇祐元年進士，授邛州軍事判官；至和元年代還，再調静難軍節度判官。嘉祐四年，召試館職，判尚書職方，兼編校史館書籍。歷通判邛州、漢州，知普州、陵州、興元府、洋州。官至尚書司封員外郎、集賢校理。元豐元年被命知湖州，明年，途經陳州卒，年六十二。事迹見范百禄《文公墓志銘》（《丹淵集》卷首），《宋史》卷四四三本傳。

成都府楞嚴院畫六祖記

僧惟中，字慧雅，本隸蓬州開元寺，後游成都，不復歸其鄉者，凡四十年。性孤潔，不妄與人合；精禪律之學，善吟詩，氣格清謹，其徒許之。與可朋相上下，常呼之曰詩伯。可朋，蜀僧之能詩者。復通吾儒書，學者從質其義，日滿座下。羸形垢面，破衣敗履，見者不知其中之所有能如是者。俗年六十，示滅於大慈之甘露道場，慶曆五年乙酉五月九日也。前時，盡傾其橐中，得八萬錢，誘其所常往來者楞巖道人繼舒，曰：『我將去矣！生平之餘止此爾，其爲我命奇工繪六祖像於爾院之釋迦殿。雖然，用此被唾罵，我不敢辭矣。且欲使來者見是相，知是心；以是知見，故能祓除諸妄而泯相忘心，我爲是功德之意也。』道人諾之。會廣漢劉允文有名於時，遂召使圖其事。采飾殊絶，鋪置有序。叩問傳付，密義相屬。一花五葉，先後交照，信法苑之勝緣，而畫評之善品者也。予舊與惟中討論五經大義，甚重之。畫此時，予亦觀允文下筆。後十七年，予自秘閣校理乞侍親，得相於臨邛郡，道人使予記諸石。嘉祐六年辛丑五月十五日，東園芳洲亭書。四部叢刊影印明毛氏汲古閣刊本《陳眉公先生訂正丹淵集》（簡稱《丹淵集》）卷二二。又見《成都文類》卷四五，《全蜀藝文志》卷四一，嘉慶《華陽縣志》卷三九等。

静難軍靈峰寺新閣記

嘉祐元年，同佐静難幕。是時邊警不動，歲穀屢熟。居惟奉詔書、謹約束之外，無一事可領，但携引僚友，窮高遠，探古舊，發爲咏歌，以度閑日。紫微山靈峰寺者，凡出必造焉。寺居城中，據山之險，有閣北嚮，下臨闤闠。官居民宇，池園觀樹，閭市喧合，坊陌斜委，平坐俯矚，無不盡在。外之高原大野，環擁趨集；周之城隍，漢之壁壘，唐之丘壟，凄凉毁落，咸會目下。當時猶恨其主者用智未深，不能飛楹走檻，直跨嶄絶。若是，則左九嵏、右崆峒，不起席上，皆得仿佛。每一來此，雖曛黑尚不忍去。自被召供職秘館，或佳辰令節，未嘗不懷念向時相從於是之樂。五年冬，奉使歸蜀，以故復至此郡。授館之後，接賓客，奉燕飲，日日不暇，已復遽去，卒不能一到此寺。但往來馬上，據鞍仰首，憶前事，感故迹而已。時太守都官郎中解公指之而謂同曰：『是昔君侯之所常游者，惜其未甚顯快，不稱其地；今將授以規制而改新之，君侯宜以文紀其上，他人不知詳矣。』同曰：『是素所喜，命安敢辭？』六年四月，公以書來謂同：『閣已成，磨石久矣！將受代，須得記乃幸。』同把書東望，注想良久，心與境絶，莫得名狀。竊謂公之清修雅潔，凡有建置，蓋出俗外。爲是閣也，必能瑰宏偉壯，卓立特出，蹲蟠高虚，勢力走動。東泉之幽曠，南園之邃密，西莊之治麗，北湖之清勝，宜然四面，低色飲氣，伏不肖於其下矣。同繫官在遠，不能陪賓從之末，與公燕賞，使遠近景物後來所得者無由采摭，以就鄙詞之壯觀。聊執筆以應前日之命，儻後以幸見，尚遺略者，期爲公以他文補之。五月初一日記。《丹淵集》卷二四。

邛州鳳凰山新禪院記

臨邛郡西北皆大山所叢，衍迤旁薄，深蟠遠走，直注大渡，限迥蠻詔，鬱如雲烟，涌如波濤，晴光陰嵐，明昧一屬。其間孤峰崒然，杰立豪峙，首領崖巘，腹背崔阜，翠開長巒，尾掉高岡，繁林茂樹，緑花纈菜，圍擁森合，綷若毛羽。地志書之曰鳳凰山者，蓋前人嘗以狀而名之爾。唐有契覺道人艾草鑿址，構庵此地，日禮《華嚴》秘典，以作佛事。嘗汲泉澗下，頗念其遠，有虎爲之擘地出水，澄潔甘凛，悉异他所，發源甚盛，於今賴之。會昌之厄，屋撤人遁。天成中，僧簡栖與錢、高二術士築壇營爐，煉丹絶頂，不設梁柱，嵚石以居。藥就而去，人迹乃滅，但有範坪，不陷不圮。國初，道士皇甫氏就其所興之地爲玉皇觀。開寶中，廣漢可尚善説修多羅了義，有詩名於蜀。與道士善，嘗游此，愛之。道士亦謂吾教澹泊，依嚮者少，地方壯猛，非列精廬、會大衆、習佛乘、演法義者，莫敢居此，遂以施可尚，易名曰草堂蘭若。尚傳聞慧，慧傳仁映，映傳允順，凡四世增葺。有屋無慮八十楹，堂殿、寮閣、庖庫、齋館種種悉具。嘉祐三年春，順既物故，其嗣遂絶。法如是者，盡輸之官。知郡事、祠部員外郎、秘閣校理李侯大臨〔一〕，惜此伽藍遂入民籍，乃以狀聞於大帥、端明殿學士宋公祁，願以本郡白鶴山中溪禪師淳用主之。公隆法嚮善，樂受，乃請盡舉其地以畀於師。師梵行高特，有聲南土。持大法眼，回矚鄉社。迅機敏語，導接無倦，拂蒙去蔀，領會者衆。受山之日，遠近白黑，咸此赴助。景氣明霽，岩谷軒豁，若有神物，踴躍衛護。螺鼓之會，遂不虛日，禪悦法樂，皆自滿慰。方便之化城，解脱之道場，於是乎在。師以余昔從事此郡，嘗歷覽勝境，今復倅州事，具曉本末，謂記此者莫余之詳，署狀丐辭，所懇精至。因語之曰：

道以人存，地由法盛，增福持慧，圖爲永傳，師固已知之矣，余何暇喋喋哉！其或叙山之靈勝，述累世傳山之人，紀師爲第一代住持，此略備矣。嘉祐六年五月十五日記。《丹淵集》卷二四。又見《全蜀藝文志》卷三八，嘉慶《四川通志》卷四三，嘉慶《邛州志》卷四三，同治《大邑縣志》卷一八等。

〔一〕『崖巘』至『李侯大』：此三百二十一字原脱，據《全蜀藝文志》補。

茂州汶川縣勝因院記

繇玉壘南下，過筦迤西，循皂江左折，越大平渡，行深入曲，無慮六十里，至茂之汶川，有地曰柘平。群山却立，大陸初露；畦麻畻稻，杳遠空闊；披埂帶麓，壤土鮮潤；景物瑰麗，人物純篤。就其佳處，有院曰羅漢。昔有頭陁德欽，戒操甚嚴，歲臘居久，其徒委散，是身獨在。常懼其所將底墮落，願擇高行，屬以香火。得永康軍大中祥符寺僧義海者付之。至惟簡師，凡五世也。惟簡性顓潔，所趣端慎；守僧律，作佛事，癯形晦面，不避風雨。遠近四衆，咸宗仰之。既主此地〔一〕，乃圖崇飾。伐木鎸崖，大輯材礎，構廣厦，設尊像，儲秘典，納净侣，凡所欲有，一一完具。殆逾一紀，功力方絶。以名上列，乃錫今號〔二〕。庭堂虚敞，檐宇飄動，丹明碧照，繢綉崑谷，誠歸嚮之福地，而莊嚴之道場也。惟簡，余之邑人，遠來求紀其事，間嘗謂余曰：『青城諸峰，惟大岷最爲高厚，然丈人、上清之望者，乃世俗之所能見爾。如吾所居，正向其面。脉絡表裏，披斂出没，澗壑鈎蔓，巒嶺屈折。高林巨樾，巍崗險頂，晨霞夕靄，染漬輝耀，湍瀑淙激，禽蟲啼響。一日萬狀，無有窮極，嵬眼傾耳，不知厭倦。此方外清絶之境，世間奇偉之觀，而惟簡輒擅有之。山林之人，所獲多矣！安得君之車馬一至其地，以幸吾言之不誣？』余聽其説衮衮，令人喜聞，回視此身，若處泥阱。何時濯洗，以從師傲兀於其間哉？因命筆綴次其事，使歸琢諸岩石，遂以爲記云。熙寧二年十月十五日記。《丹淵集》卷二四。又見《全蜀藝文志》卷三八，《蜀中名勝記》卷七，嘉慶《四川通志》卷四三，光緒《灌縣志》卷一三等。

〔一〕主：原作『至』，據《全蜀藝文志》改。

〔二〕今：原作『金』，據右引改。

邛州永福院新修桂華閣記

唐紐絶，五代易璽爲旦暮。建、知祥將蜀，幸中原紛潰，遂反側不修職貢，輒竊號井底。既苟且，上下日驚恐，延死命，豈復議興爨舍，訓厲賢俊？雖秀穎布列，亦自然樸縵無理致，暗翳昏蔀，坤文乃落。真主出，群僞纍首闕下。四海一治，風教宣浹，字育涵煦，刮濯鎸鏤。章聖朝典禮大具，陛下御世，光耀益烈。邛爲要州，地物繁縟，俚師陋士，亦備文采；章逢彬蔚，實愈他郡。天禧初，計君用章始繇鄉書奏賦高第，是後累詔，翩翩繼起，至嘉祐某年，凡得若干人。永安浮圖遵古，好從吾人游，嚮學樂善，因建大閣，飾素壁，咸寫厥象，罔不惟肖。榜甲相序，簪笏聯映，端儼矜肅，若集朝會。郡人仰止，悉自規敕；曰子曰弟，勉策晞慕。上人此舉，爲勸實博；余意乃後，來不可禦。梓匠增制，繢工肆巧，常願與上人從事，上人宜勿用廣多爲厭。壬寅六月十日記。

《丹淵集》卷二四。

黄庶

黄庶（一〇一八——一〇五八），字亞夫，洪州分寧（今江西修水）人，庭堅父。慶曆二年年二十五登進士乙科，爲信州屬吏。後丁父憂歸山中。皇祐中，歷京兆府、許州、青州幕職。官終大理寺丞、攝知康州。嘉祐三年卒於任，年四十。庶工詩文，不蹈陳因，不作駢偶纖濃之詞，『庭堅之學韓愈，實自庶先倡』（《四庫提要》）。其事迹略見本集及《後山居士文集》卷一八《李夫人墓志銘》《黄氏金字諜譜》。

復唯識院記〔一〕 皇祐三年

予九月，自鄠之藍田〔二〕，宿道旁寺，問其名曰唯識。其僧洪集曰，五代時石識存焉。按其刻曰龍泉寺。國初更名義井，其後寺廢〔三〕。開寶九年，通《唯識論》僧志興即其地廬之，始號唯識院。慶曆初，西方用兵，詔寺不及三十室者皆毁，至是院又廢。後五年，用言者，陝以西寺毁，而今願復者宜勿禁，故洪集實力之。其費出於民姚氏者七人。洪集有僧行，且老，誦經日，常一飯環其地，數鄉之人趨信之蓋如歸。姚氏七人非巨家，能得其不顧吝，而洪集無寒暑奔走，能勿懈，故其室不俟久而成。凡爲屋曰殿、曰堂、曰厨、曰門、曰閣者八區，若干間〔四〕，皆壯宏可觀。噫，儒詆佛，未嘗爲尺寸地，雖童子不肯輒屈，曰，國家嘗詔四方郡無小大皆立學，本古庠序之法以爲教，甫一年，學不幸而廢，天下士反無一言復之者。今唯識再毀矣，皆不數年而復〔五〕，其不顧吝有若七人者，其勿懈有若洪集者，其請而勿禁有若某者〔六〕，是儒果出佛下甚遠也。儒之人視唯識，豈獨不愧？其明年五月，院成，洪集以始末來乞予言，遂書之，且以見其心之耻云。時皇祐三年〔七〕，豫章黄某記〔八〕。光緒二十年義寧州署刊本《伐檀集》（附《黄文節公全集》后），（簡稱《伐檀集》）卷下。又見《金石萃編》卷一三四，道光《藍田縣志》附《文徵録》卷一，國家圖書館藏拓片・繆專二五〇七。

〔一〕唯：原作『維』，下同。按此文有碑，拓片現存，《金石萃編》等亦著録，碑字作『唯』，與佛經同，據改。又『識』下碑文有『廨』字。

〔二〕鄠：碑作『扈』，係假借。

〔三〕其後寺廢：碑作『後以故廢』。

〔四〕若干間：碑作『三十有二楹』。

〔五〕數年：原作『設平』，據庫本改。碑作『幾□』。

〔六〕某：碑作『言』。

〔七〕三：原作「二」，據碑改。

〔八〕碑文此下尚有：「琅邪□□元書朱，太華鄭□□題額，蘭陵□大雅立石，張遵刻。」

余志聰

余志聰，建昌軍南豐（今江西南豐）人。

大聖舍利寶塔碑　嘉祐二年正月

大宋國江南西道建昌軍南豐縣坊郭勸首弟子余志聰，今因永安院都勸首、賜紫大師圓覺，緣化爲衆緣，就南臺資聖山上建造大聖舍利寶塔。略壹拾人等，同運虔誠，抽舍資財工匠鑄成大聖真像一尊，及四方天王、四方堅牢地神，都共九具。略時在太歲丁酉，國號嘉祐二年正月壬申朔，二十六日丁酉，勸首弟子余志聰等謹志之。鎔生匠人楊志、畫舍匠人葉志石、作頭陳能刊。陳國安書。緣化僧希言、有珍，都勸首賜紫圓覺。江西博物館藏碑。

司馬光

司馬光（一〇一九——一〇八六），字君實，陜州夏縣（今山西夏縣）人。寶元元年登進士甲科。歷大理評事、國子監直講，累遷開封府推官，爲天章閣待制、知諫院。時仁宗未立嗣，數上疏諫言。英宗朝進龍圖閣直學士，判吏部流内銓。神宗即位，擢爲翰林學士，除御史中丞，權知審官院。王安石行新政，光持异議，與安石數論辯於帝前。由是以端明殿學士出知永興軍，判西京御史臺，退居洛陽，專修《資治通鑒》，凡十五年。哲宗立，太皇太后高氏臨朝，召爲門下侍郎。元祐元年拜尚書左僕射兼門下侍郎，力廢新政。是年九月卒，年六十八，贈太師、温國公，謚文正。著有文集八十卷，《資治通鑒》三百二十四卷，《考异》三十卷，《通曆》八十卷，《稽古録》二十卷，《涑水紀聞》十卷等，并注釋《易》《孝經》《老子》《法言》《太玄》等。見蘇軾《司馬文正公光行狀》（《東坡集》卷三六），《宋史》卷三三六有傳。

秀州真如院法堂記　皇祐四年四月

壬辰歲夏四月，有僧清辨踵門來告曰：『清辨，秀州真如草堂僧也。真如故有堂，庳狹不足以麻學者。清辨與同術惠宗治而新之，今高顯矣。願得子之文刻諸石，以諗來者。』光謝曰：『光文不足以辱石刻，加平生不習佛書，不知所以云者，師其請諸他人。』曰：『他人清辨所不敢請也，故維子之歸，而子又何辭？』光固辭不獲，乃言曰：『師之爲是堂也，其志何如？』曰：『清辨之爲是堂也，屬堂中之人而告之曰：二三子苟能究明吾佛之書，爲人講解者，吾且南鄉坐而師之。審或不能，則將取於四方之能者。皆伏謝不能，然後相率抵精嚴寺，迎沙門道歡而師之。又屬其徒而告之曰：凡我二三子，肇自今以及於後，相與協力同志，堂圮則扶之，師缺則補之，以至於金石可弊，山淵可平，而講肄之聲不可絶也。』光曰：『師之志則美矣，抑光雖不習佛書，亦嘗剽聞佛之爲人矣。夫佛蓋西域之賢者。其爲人也，清儉而寡欲，慈惠而愛物，故服弊補之衣，食蔬糲之食，岩居壄處，斥妻屏子，所以自奉甚約而憚於煩人也。雖草木蟲魚，不敢妄殺，蓋欲與物并生而不相害也。凡此之道，皆以涓潔其身，不爲物累。蓋中國於陵子仲、焦先之徒近之矣。夫聖人之德周，賢者之德偏。周者無不覆，而末流之人猶不免弃本而背原，况其偏者乎？故後世之爲佛書者，日遠而日訛，莫不侈大其師之言而附益之，以淫怪誣罔之辭，以駭俗人而取世資，厚自豐殖，不知厭極。故一衣之費或百金，不若綺紈之爲愈；一飯之直或萬錢，不若膾炙之爲省也。高堂巨室，以自奉養，佛之志豈如是哉？天下事佛者莫不然，而吳人爲甚。師之爲是堂，將以明佛之道也。是必深思於本原而勿放蕩於末流，則治斯堂之爲益也，豈其細哉！』四部叢刊初編影印宋紹興刻本《温國文正司馬公文集》（簡稱《司馬公文集》）卷六六。又見《至元嘉禾志》卷二二，萬曆《秀水縣志》卷九，雍正《浙江通志》卷一九九、二二八，《古今圖書集成》神异典卷一一五，光緒《嘉興府志》卷一八。

曾鞏

曾鞏（一〇一九——一〇八三），字子固，建昌軍南豐縣（今江西南豐）人，致堯孫。仁宗嘉祐二年進士，歷官太平州司法參軍、館閣校勘、集賢校理、英宗實録院檢討官，出通判越州，歷知齊、襄、洪、福、明、亳諸州。神宗元豐三年留判三班院、遷史館修撰、管勾編修院，兼判太常寺；五年拜中書舍人，六年病逝於江寧府，年六十五。人稱南豐先生，理宗時追謚文定。見曾肇《行狀》，林希《墓志銘》（《元豐類稿》附録），《宋史》卷三一九有傳。曾鞏詩文俱稱著於世，尤以散文見長，爲『唐宋古文八大家』之一。著《元豐類稿》五十卷（存）、《續元豐類稿》四十卷、《外集》十卷，另有史學著作《隆平集》。

分寧縣雲峰院記　慶曆三年九月二十八日

分寧人勤生而嗇施，薄義而喜争，其土俗然也。自府來抵其縣五百里，在山谷窮處。其人修農桑之務，率數口之家，留一人守舍行饁，其外盡在田。田高下磽腴，隨所宜雜殖五穀，無廢壤。女婦蠶杼，無懈人。茶鹽蜜紙竹箭材葦之貨，無有纖巨，治咸盡其身力。其勤如此。富者兼田千畝，廩實藏錢，至累歲不發，然視捐一錢，可以易死，寧死無所捐。其於施何如也？其間利害不能以稊米，父子、兄弟、夫婦，相去若弈棋然。於其親固然，於義厚薄可知也。長少族坐里閭，相講語以法律。意嚮小戾，則相告訐，結黨詐張，事關節以動視聽。甚者晝刻金木爲章印，摹文書以紿吏，立縣庭下，變僞一日百千出〔一〕，雖笞扑徙死交迹，不以屬心。其喜争訟，豈比他州縣哉？民雖勤而習如是，漸涵入骨髓，故賢令長佐吏比肩，常病其未易治教使移也。雲峰院在縣極西界，無籍圖，不知自何時立。景德三年，邑僧道常治其院而侈之。門闥靚深，殿寢言言。棲客之廬，齋庖庫庾，序列兩傍。浮圖所用鐃鼓魚螺鐘磬之編，百器備完。吾聞道常氣質偉然，雖索其學，其歸未能當於義，然治生事不廢，其勤亦稱其土俗。至有餘輒斥散之，不爲黍累計惜，樂淡泊無累，則又若能獨勝其嗇施喜争之心〔二〕，可言也。或曰，使其人不汩溺其所學，其歸一當於義，則杰然視邑人者，必道常乎？此予未敢必也〔三〕。慶曆三年九月，與其徒謀曰：『吾排蓬藋治是院，不自意成就如此。今老矣，恐泯泯無聲畀來人，相與圖文字，買石刻之，使永永與是院俱傳，可不可也？』咸曰：『然。』推其徒子思來請記，遂來，予不讓，爲申其可言者寵嘉之，使刻示邑人，其有激也。二十八日，南豐曾鞏記。

清康熙五十六年顧松齡刻本《元豐類稿》卷一七。又見清康熙三十二年彭期刻本《曾文定公全集》（簡稱《曾文定公集》）卷九，金刻本《南豐曾子固先生集》（簡稱《曾子固集》）卷二六，《南豐曾先生文粹》卷五，《皇朝文鑒》卷七九，《文章正宗》續集卷一五，《妙絶古今》卷四，《方輿勝覽》卷一九，《文章辨體彙選》卷五九一，《文編》卷五七，《八代文鈔》第三二册，《名山勝概記》卷二三，《古今圖書集成》神异典卷一一五，乾隆《南昌府志》卷二四，乾隆《寧州志》卷一二。

〔一〕原無「百」字，據元大德八年丁思敬刻本（簡稱「元刻本」），清何焯《義門讀書記》（簡稱《讀書記》），明嘉靖四十一年黄希憲刻本（顧子逵跋并録何焯批校，簡稱「顧校本」），明萬曆二十五年曾敏才等刻、清順治十五年重修本（章鈺校并録何焯、姚椿校，簡稱「章校本」），明嘉靖王抒刻本（吴慈培録何焯校跋，簡稱「吴校本」）、明隆慶五年邵廉刻本（傅增湘校跋并録何焯校跋，簡稱「傅校本」），明嘉靖二十八年安如石刻本《南豐曾先生文粹》（傅增湘校并跋，簡稱「安刻《文粹》」）補。

〔二〕原無「獨」字，據元刻本、《讀書記》、傅校本、安刻《文粹》補。

〔三〕原無「此予」二字，據元刻本、《讀書記》、顧校本、章校本、吴校本、傅校本補。

菜園院佛殿記

慶曆八年四月，撫州菜園僧可栖，得州之人高慶、王明、饒杰相與率民錢爲殿於其院，成，以佛之像置其中，而來乞予文以爲記。初，菜園有籍於尚書，有地於城南五里，而草木生之，牛羊踐之，求屋室居人焉，無有也。可栖至，則喜曰：『是天下之廢地也，人不争，吾得之以老，斯足矣。』遂以醫取資於人，而即其處立寢廬、講堂、重門、齋庖之房、栖客之舍，而合其徒入而居之。獨殿之役最大，自度其力不能爲，乃使慶、明、杰持簿乞民間，有得輒記之，微細無不受，浸漸積累，期月而用以足，役以既。自可栖之來居至於此，蓋十年矣。吾觀佛之徒，凡有所興作，其人皆用力也勤，刻意也專，不肯苟成，不求速效，故善以小致大，以難致易，而其所爲，無一不如其志者，豈獨其説足以動人哉？其中亦有智然也。若可栖之披攘經營，据摭纖悉，忘十年之久，以及其志之成，其所以自致者，豈不近是哉？噫！佛之法固方重於天下，而其學者又善殖之如此。至於世儒，習聖人之道，既自以爲至矣，及其任天下之事，則未嘗有勤行之意，堅持之操，少長相與語曰：『苟一時之利耳，安能必世百年，爲教化之漸，而待遲久之功哉！』相薰以此，故歷千餘載，雖有賢者作，未可以得志於其間也。由是觀之，反不及佛之學者遠矣。則彼之所以盛，不由此之所自守者衰歟？與之記，不獨以著其能，亦以愧吾道之不行也已[一]。曾鞏記。《元豐類稿》卷一七。又見《曾文定公集》卷九，《曾子固集》卷二五，宋刻本《南豐曾先生文粹》卷五，《文章正宗》續集卷一五，《文章辨體彙選》卷五九一，雍正《江西通志》卷一二三，乾隆《臨川縣志》卷九，同治《臨川縣志》卷一八。

〔一〕原無『以』字，據元刻本、《讀書記》、顧校本、章校本、吴校本、傅校本、安刻《文粹》補。

金山寺水陸堂記

慶曆八年，潤之金山寺火。明年，寺之僧瑞新來治寺事。某月，擇山之陽，亢爽之地，勸州之人某氏爲水陸堂，積錢之數百三十萬，積日之數若干而成。夫金山之以觀游之美取勝於天下，非獨據江瞰海，并楚之衝，而濱吴之要也。蓋其浮江之檻，負崖之屋，椽摩棟揭，環山而四出，亦有以夸天下者。則天下之東馳，莫不顧慕者，豈特一山之好哉？而其作之完，蓋非一人一日之力。及火，余固嗟夫未嘗得與時之君子者游，而縱夫余心之所樂焉。至於今未久也，則聞夫山之穹堂奥殿、瑰杰之觀滋起矣。此非徒佛之法足以動天下，蓋新者，余嘗與之從容，彼其材且辨有以動人者，故成此不難也。夫廢於一時，而後人不能更興者，天下之事多如此。至於更千百年，委弃鬱塞而不得振行於天下者，吾之道是也。豈獨牽於勢哉？蓋學者之難得，而天下之材不足也。使如此寺之壞，而有新之材，一日之作，軼於百年累世之迹，則事之廢者豈足憂，而世之治可勝道哉？新方以書告某氏之世善，而其子某又業爲士，因以求予記堂之始，故爲之歷道其興壞之端，而并予之所感者寓焉。《元豐類稿》卷一七。又見《曾文定公集》卷九，《曾子固集》卷二六，《南豐曾先生文粹》卷五，《古今圖書集成》神异典卷一一五，乾隆《鎮江府志》卷四五，《金山志》卷三，《京口山水志》卷二，《金山龍游禪寺碑略》卷一，光緒《丹徒縣志》卷五四。

鵝湖院佛殿記

慶曆某年某月日，信州鉛山縣鵝湖院佛殿成，僧紹元來請記，遂爲之記曰：自西方用兵，天子宰相與士大夫勞於議謀，材武之士勞於力，農工商之民勞於賦斂。而天子嘗減乘輿掖庭諸費，大臣亦往往辭賜錢，士大夫或暴露其身，材武之士或秉義而死，農工商之民或失其業。惟學佛之人不勞於謀議，不用其力，不出賦斂，食與寢自如也。資其宫之侈，非國則民力焉，而天下皆以爲當然，予不知其何以然也。今是殿之費，十萬不已，必百萬也，百萬不已，必千萬也；或累累而千萬之不可知也。其費如是廣，欲勿記其日時，其得邪？而請予文者，又紹元也。故云爾。《元豐類稿》卷一七。又見《曾文定公集》卷九，《南豐曾先生文粹》卷五，康熙《廣信府志》卷二七，同治《鉛山縣志》卷二三。

兜率院記

古者爲治有常道，生民有常業。若夫祝除髮毛，禁弃冠環帶袠，不撫耞耒機盎，至他器械，水土之物，其時節經營，皆不自踐，君臣、父子、兄弟、夫婦皆不爲其所當然，而曰其法能爲人禍福者，質之於聖人無有也。其始自漢魏，傳挾其言者浸淫四出，抵今爲尤盛。百里之縣，爲其徒者，少幾千人，多至萬以上，宮廬百十，大抵穹墉奥屋，文衣精食，輿馬之華，封君不如也。古百里之國，封君一人，然而力殆不輕得足也。今地方百里，過封君者累百十，飛奇鈎貨以病民，民往往嚬呻而爲塗中瘠者。以此治教信讓，奚而得行也？而天下若是者，蓋幾宮幾人乎？有司常錮百貨之利，細若蓬芒，一無所漏失，僕僕然其勞也。而至於浮圖，人雖費如此，皆置不問，反傾府空藏而弃與之，豈不識其非古之制邪？抑識不可然且固存之耶？愚不能釋也。分寧縣郭内外，名爲宮者百八十餘所，兜率院在治之西十里，其徒尤相率悉力以侈之者也。其構興端原，有邑人黄庠所爲記，其後院主僧某，又治其故而大之。殿舍中嚴，齋宮宿廬庖湢之房，布列兩序，厩園囷倉，以固以密，資所以奉養之物，無一而外求。疏其事而來請記者，其徒省懷也。噫！子之法，四方人奔走附集者，衎衎施施，未有止也。予無力以拒之者，獨介然於心，而掇其尤切者，爲是説以與之。其使子之徒，知已之享利也多，而人蒙病已甚，且以告有司，而諗其終何如焉？《元豐類稿》卷一八。

又見《曾文定公集》卷九，《南豐曾先生文粹》卷五，《皇朝文鑒》卷八〇，《文章正宗》續集卷一五，《文章辨體彙選》卷五九一，《古今圖書集成》神异典卷一一五，雍正《江西通志》卷一二三，乾隆《寧州志》卷一二。

江州景德寺新戒壇記　熙寧十年五月

江州景德寺戒壇，作於熙寧九年某月某甲子，成於十年某月某甲子。其費出於太子賓客陳公諱昇，其主而成之，出於寺之僧智暹。壇成，是歲同天節，度僧若干人。初，景德寺屋壞幾廢，智暹慨然以經營爲己任，不舍其晝夜之勤，凡二十年，爲佛殿、三門、兩廊、鍾樓與戒壇，總爲屋若干區，總費錢二十餘萬。智暹食淡衣粗，所居屋壞不自治，所得於人惟資治其寺。以其故，人皆信服，凡所欲爲無不如志。今年六十有七矣，其經營寺事，不懈如初，而其强力蓋有餘也。余嘉其意，故爲之記云。熙寧十年五月乙亥記。《元豐類稿》卷一九。又見《曾文定公集》卷九。

吕夏卿

吕夏卿，字縉叔，泉州晋江（今福建泉州）人。慶曆二年進士，調高安主簿，改江寧尉。皇祐元年調充《新唐書》編修官，嘉祐五年書成，進直秘閣、同知禮院。英宗世，歷史館檢討，同修起居注，知制誥，與修《仁宗實録》。熙寧中，出知潁州，卒，年五十三（一作五十五）。著《唐書直筆》四卷（存）、《兵志》三卷，文集五十卷。《宋史》卷三三一有傳。

明州雪竇山資聖寺第六祖明覺大師塔銘[一]　治平二年二月

夫真空不空，是有無證；寂滅不滅，是往來相。佛以權實一法，開頓漸之徑，使隨器而趨之，有不離道場得大智慧，有難行苦行爲人天業。日月爲明矣，而盲者不見睫毛；舟楫可濟矣，而溺者淪於波浪。人之未有惡明而忘濟者，其心一也，其途异矣。昆蚑之性，群行食啄，倦則息，觸則避，求所以安樂，不待教而能也。人之於貴賤貧富壽夭得喪，不知自然之分，愛惡悲欣，廉貪静躁，糾纏桎梏，無所解脱。晝勞形骸，夜動夢寝，至於老死，且不知息。彼昆蚑知所以安樂，人顧不能也。佛之教人，推性命之際，以極天地之外，乃至觀身如掌中物。傳付法寶，不寓文字，是謂禪那。山岳之大，有時而泐，金石之剛，有時而刓，形器之用也。我則异於是，無去無住，無取無離，不見於内，不見於外，不見中間。自利義也，利他仁也。是謂涅槃妙心諸佛法印無上微妙秘密圓明真實正法眼藏。佛以授摩訶迦葉，傳僧伽梨衣，以待補處出世，爲成道之符。自是衣法相傳，二十有七世香。至王子初入中國，謚曰圓覺。圓覺傳大祖，大祖傳鑒智，鑒智傳大醫，大醫傳大滿，大滿傳大鑒，大鑒藏衣傳法而已，大慧繼之，大寂承之，其後皆以所居稱。若天皇、龍潭、德山，雪峰、雲門、香林、智門，其世次也。禪師諱重顯，字隱之，大寂九世之孫，智門之法嗣也。俗姓李氏，母文氏，以太平興國五年四月八日，生大師於遂州。始生暝目若寐，三日既浴，乃豁然而寤，屏去葷血，不習戲弄。七歲，有僧過其門，挽持袈裟，喜不自勝。聞梵唄之聲，輒泣下。父母問其故，懇請出家。父母執不可，師不食者累日。咸平中終父母喪，詣益州普安院仁銑師，落髪爲弟子。大慈寺僧元瑩，講《定慧圓覺疏》，師執卷質問大義。至心本是佛，由念起而漂沈，伺夜入室請益，往復數四，瑩不能屈。乃拱手稱謝曰：『子非滯教者，吾聞南方有得諸佛清净法眼者，子其從之，彼待子之求也久矣。』師於是東出襄陽，至石門聰禪師之席。居三歲，機緣不諧，聰諭之曰：『此事非思量分别所解。隨州智門祚禪師，子之師也。』師乃徙錫而詣之，一夕問祚曰：『古人不起一念，云何有過？』祚招師前席，師攝衣趨進，祚以拂子擊之，師未曉其旨，祚曰：『解麽？』師擬答次，祚又擊之，師由是頓悟。尋往廬山林禪師道場，問之曰：『法爾不爾，云何指南？』林曰：『只爲法爾不爾。』師遂拂衣而退，衆皆股栗。有毁於林者，林諭衆曰：『此如來廣大三昧也，非汝等輩以取捨心可了別也。』師辭往池州景德寺爲首座，爲衆解肇法師《般若論》。知州曾公會以果子抵於地曰：『古人云，不離當處常湛然，即今在何許？』師指景德長老曰：『只此長老亦不知落處。』曾公云：『上座知也，不得無過。』師曰：『明眼人難瞞。』師南游杭州，住持蘇州洞庭翠峰，嗣智門也。未幾，曾公出守明州，手疏請師住持雪竇資聖。蘇人固留不可，師曰：『出家人止如孤鶴翹松，去若片雲過頂，何彼此之有？』雪竇本智覺禪師道場，智覺亦雪峰五世孫，備傳琛，琛傳益，益傳韶，而壽繼之，智覺其號也。一法同源，而地有盈虚，師之至猶家焉。決潢污，變清泚，掖躄偃，争迅馳，州邦遠近，輻輳座下。駙馬都尉和文李公表錫紫方袍，侍中賈公又奏加明覺之號。師住持三十一載，度僧七十八人。先是，門弟子建壽塔於寺之西南五百餘步，一日命侍者灑掃塔亭，行至山椒，歷覽久之，曰：『自今過此，何日復至？』左右皆大驚。衆迎師還，師堅指塔所，衆皆號泣。隨至塔前，或曰：『師無頌辭世耶？』師曰：『吾平生患語之多矣。』翌日出杖屨衣盂，散遺其徒。有問疾者，留食，殷勤與之約曰：『七月七日復來相見。』其夜盥浴整衣，側卧而滅。時皇祐四年六月十日，俗壽七十三，僧臘五十夏。以七月初六日入塔，如師之約。嗚呼，師得妙用善機，不敢諸法，能知去來、達性命。故方是時升堂皇、游墻藩者，悟性相體空，頓息萬緣，爲大乘法器，曰義懷、在和，凡百五十人，傳其法於天下。彼遮護意根，網絆初心，背覺合塵，逐念流徙，得少爲多，妄立知見，雖三詣投子，九陟洞山，師亦援手濡足，而無以救之。是猶孔子之有宰我，孟子之有盆成括，非其師之過也。自師出世，門人惟益、文軫、圓應、文政、遠塵、允誠、子環，相與裒記提唱語句詩頌，爲《洞庭語録》《雪竇開堂録》《瀑泉集》《祖英集》《頌古集》《拈古集》《雪竇後録》，凡七集。師患語之多，而其徒愴然猶以爲編据有遺，蓋利他之謂也。余得其書而讀之，二十餘年，雖瞻仰高行，而録利所縻，無由親近。使得稽首避席，沾彼法雨，覺悟塵勞，庶幾可教者，今蔑如之何。師辭世十有三年，碑表未立，餘杭僧惠思撰《行業録》，與其徒元圭、覺濟大師悟朋繼踵，裒文請銘。以予跂慕之心，重之以門人之請之勤，抑有待耶？愚公叩壤以移山，雖不量力，其誠則至矣。謹焚香再拜，繫之以銘曰：

噫蠢愚，背本源。一念异，生二根。勝與劣，駟馬奔。嗜所得，自詐諼。失大道，南北轅。艾至老，愉朝昏。正遍覺，人天尊。迷者挽，溺者掀。朝暾出，彗霾雲。渴得漿，寒得薪。悟報化，知非真。趣安隱，擺客塵。王叔生，廣佛事。破六宗，應彈指。法來東，非會際。信衣傳，隻履逝。頂五山，真法器。立積雪，殊其臂。忍非忍，得法髓。債必償，有裔嗣。皖公潛，佛日翳。翩南游，立如緇。乞解脱，强哉慧。攘蜂蠆，神兵衛。破頭峰，衆雲從。横六氣，釃二宗。教任意，任懶融。黄梅兒，陌上童。闕七相，了諸空。聖服勞，杵臼傭。和心偈，掊争鋒。夜南鶩，懷是逢。帝稽首，晞下風。舟復新，葉歸叢。有道得，無心通。世有承，四衆依。燈相續，塤應篪。師异禀，自孩提。斥腴雋，蹈聖梯。慈固揠，不得施。起恭孝，終苴縗。銑落髮，瑩質疑。漢之東，得我師。抉盲瞶，柞荒菑。昔無有，今委蛇。遇沾洽，發萌荑。淫蛙鳴，鍾未虡。魚目藏，明珠吐。皈二山，下擔負。來萬里，足繭踽。訇春雷，披蟄户。辯縛解，訣去住。沃醍醐，斟甘露。百五十，胄蕃廡。窮車轍，誦句語。瞻骨肉，軸繪素。遠胡越，近杖屨。捐粗相，悉開悟。山茀鬱，泉呷幽。虎迹交，鼪猱啾。塔門閟，松柏樛。天南垂，海彪彪。囊破褐，笈單裯。來環繞，五體投。名强身，禄飽喉。狃怨憎，甘鮑鱐。睨真乘，等贅疣。慶我生，辯蕃蕕。蕲誘掖，邈無由。瑑堅石，攄我憂。

治平二年乙巳歲二月五日。《明覺禪師語録》。又見《延祐四明志》卷一七，《四明圖經》卷一一，《雪竇寺志》卷六。

〔一〕題後原署：『尚書度支員外郎、直秘閣、兼充史館檢討、賜緋魚袋吕夏卿撰。』

蘇頌

蘇頌（一〇二〇——一一〇一），字子容，泉州同安（今屬福建廈門）人，徙居丹陽（今江蘇丹陽）。紳子。慶曆二年進士，授宿州觀察推官，徙知江寧縣，調南京留守推官。皇祐五年召試，除館閣校勘，歷集賢校理、同知太常禮院，編定集賢院書籍。出知潁州，遷度支判官，爲淮南轉運使。召修起居注，擢知制誥、知通進銀臺司、知審刑院。出知婺州，徙亳州。召歸，勾當三班院，出知應天府。復知銀臺司，再出知杭州。元豐初，權知開封府，降知濠州，坐事罷。起知滄州，召判尚書吏部。元祐初，授刑部尚書，遷吏部，兼侍讀，改翰林學士承旨。五年三月，拜尚書左丞。七年，拜右僕射兼中書侍郎。八年三月，罷爲觀文殿大學士、集禧觀使，出知揚州。紹聖四年，以太子少師致仕。建中靖國元年五月卒，年八十二。贈司空、魏國公。南宋理宗時追謚正簡。嘗校訂《神農本草》等醫書多種，主持研製水運儀象臺，著《新儀象法要》，爲宋代杰出科學家。又編《華戎魯衛信録》二百卷。爲文馴雅有體，有文集七十二卷。見曾肇《贈司空蘇公墓志銘》（《曲阜集》卷三），《宋史》卷三四〇有傳。

沂州氶縣崇勝寺重修上生院記〔一〕

崇勝，古寺也，在氶之西。隋開皇十六年初建於甑州，號維衛，未幾，與州俱廢。至唐初復興，歷載三百，州縣或降或徙，而寺不復毁。國初，太平興國三年，遂賜今額，而隸邑籍焉。由寺之西序，其别院曰『上生』，實行凝、海静二上人之經始也。凝，東京人，少受具於景德寺西禪院，有《經論》，學通上生、百法二教。開演既久，學徒浸廣，應請兹地，遂爲下方。至則視棟宇之摧落，風雨無以庇覆。乃條其佛事之不如儀者，以告於邑人，謀所以新之。積勤累勞垂二十年，而基構始就。既老且死，衆以其事屬於静。又八年，乃克成之。凡爲屋僅二百楹，堂皇階庭，門阿環合，佛寢僧廬，亦既完具。又冶鐵爲像三十一軀，坐立侍衛，品地有序，圖形賦采，悉如教相。於是緇徒知所以宴息，里閭知所以信向。或曰：兹吾邑之崇觀，不可以無紀也。静乃狀其事，因宗秀師求文以劖於石。秀，愿士也，往來沂、魯間，尤樂其土俗，以謂氶本蘭陵故地，多楚、漢聖賢遺迹。是宇也，雖無奇偉絶异之觀，而當往來走集之會，將勤館人，此焉其歸。予雖未嘗過而游之，然而望荀卿之舊邦，想二疏之清塵，因欲載文其地，以寄懷古之思。异日有來觀之，當爲我留連於兹，以訪耆舊之遺説也。蘇廷玉道光二十二年校刊本《蘇魏公文集》卷六四。

〔一〕氶：原作『承』，文中則作『氶』。按：此字或又作『丞』。縣當以氶水得名，作『氶』是，因改。

靈香閣記

棟宇可以庇風雨，臺榭可以遠燥濕，庭除可以肅賓客，山川可以廣眺望。此居處之壯觀也。而爲浮屠之説者則不然。曰不閎偉不足以容衆大，不盛麗不足以來信向，故惟善經構者，增飾窮年而不已。既而已閎麗矣，而吴、越之俗猶以爲未也。丹雘金碧，斫礱炫焜，至於殫人之財，極工之巧，而不知止。故其山林之峻深，郊郭之爽塏，幽人之所卜，智士之所營，非爲浮屠者不得而居有也。思允師居睦州兜率寺之法華院，佛學之外，兼妙岐、黄之術。有以疾病告者，必盡其技以而爲之診視。凡湯液之所餌，砭針之所加，無不如期而應。自郡官至於編户，皆稱其方技之神良而功施之周普。由是車馬之踵門者，日月相繼而不絶也。嘗患其居宇之湫陋，賓至無所容，遂闢故址，革而新之。又於其傍爲閣五間，楹桷崇高，軒檻虚朗，經像嚴於中，草石蓄於次。齋房客館，左右布列；藥欄花圃，前後相望。升其堂則聞芝朮之芬氳，游其庭則見竹樹之蔭翳。雖密邇闤闠，而山居岩處之趣備焉。考成之日，太守集賢王微之率賓僚燕飲其上，且嘉儲峙之美，因題其顔曰『靈香』。又賦詩以紀其事，繼而作者貳車史館劉元忠也。觀二詩則院與閣之所有，皆可見矣。後三年，予自東陽赴亳社，憩郡郵，會故人留止。過允之居，因得一游目焉。嘗謂桐廬郡溪山之清絶，自晋、宋以來文士多稱述之，往往載於題咏。觀夫城邑閭井，皆坦塗平陸，蓋與他州無有异也。及登高而望，則群峰回環，一水縈帶，烟雲晻靄，朝暮异狀，不離指顧而萬景在目。信乎吴、越之佳郡，前人之所稱咏不爲虚談也。而兹閣又占一郡之勝處，高高下下，皆有幽致，足爲端居造適之樂。復以甘辛寒温之上味，給人朝夕之求，其爲利固已博矣。然則不得與夫競土木而誇閎麗者并也，宜乎黴之、元忠嘆賞之勤勤如此。因書所見，以繼二詩之後云。《蘇魏公文集》卷六四。

温州開元寺重修大殿記　熙寧十年三月

古聖人立言垂教，皆所以長世而利物也。至若道被幽顯而不遺、事見久遠而易信者，其惟浮屠氏之法乎。自中國達於蠻夷，自郡縣至於鄉聚，凡在含識，無有愚智，一聞其説，靡不歸誠而信向焉。由漢迄今，千有餘歲，雖世教有隆替，而佛事未嘗廢絶者，以其爲道一本於人心。人心欲安樂，則曰積德重者能享之；人心惡罪苦，則曰殖福厚者能去之。故塔廟布於四方，像設備於家户，猶以爲奉之未至也。今夫吴、越之俗，以薰修相勝，至於傾竭財力而不爲勞，崇飾土木而不知止，是孰驅之使然耶？皆至誠悃愊生於信心，故莫之能禦也。先是，永嘉郡火始作於民廬，延及官寺，遂逮僧舍。所謂開元寺者，東南之壯觀也，一旦煨燼，人用愁戚。其欲興造，切於己居。寺僧擇隨素有行願，知衆人之所欲爲也，於是盡發私槖，以圖修復之役。且謂築室者始乎成寢，治寺者先乎抗殿。乃即故地，規創新宇，料工度材，初亦無求於外。而郡之大姓聞風響應，願心而樂施者，不謀而同焉。締構既有日矣，適會擇隨順世，其徒曰有英等六輩，閔師之艱勤，賫志而殁，共誓勠力繼成其事，指期促辦，卒亦如師之素焉。粹其資費，幾數千萬。凡爲殿之堂室，暨四旁環屋曰游巡者，總三十有一間。其崇七尋，其深倍之，其廣益深之半。中楹塑大像者三，左右立像者十。妙嚴之相，高廣之坐，瓔珠之具，金采之飾，一仿其教之所述焉。既而緇俗競勸，合爲廊宇房闥者，繼踵而畢事。不及三年，重門周閣，廣居大厦，巋然如初。而閎侈巨麗，又非疇日之擬也。按寺本東晋郡人李整之所捨宅也，歸佛於大寧之二祀，得號於開元二十六年中，廢於昭肅之初，復造於宣皇之季，火於治平之乙巳，完於熙寧之癸丑。六百年間，再毁而再復，終不可廢也。向非人情之所欲爲與僧志之不可奪，則渠能集大緣於一時，復已廢之頽址耶？夫人情之所欲爲，功雖大而易就，蓋不强之使然耳。下之人能不强人者，其興事也猶若此之速。然則爲治者亦有不强人之政乎？以之興事而就功，况於是其猶反掌歟？熙寧十年三月二十二日。《蘇魏公文集》卷六四。

釋維肅

維肅，一作「惟肅」，神宗時人，嘗講經於長安覺王寺。見乾隆《浙江通志》卷二二七。

覺王結大界碑記　元豐八年正月〔一〕

浙西，杭爲巨藩，鹽官爲杭所屬之邑，長安復爲鹽官所屬之鎮。覺王寺在鎮之西，一徑直北數百步，坐古三女墩〔二〕。始乎李唐，有正覺寺名。逮錢氏之世，屋宇墮廢，但存階基、蓮花幢、石尊像而已。是時文穆王爲太史令，公判府事，有邑氏盛瑫、吴乃者，具狀陳乞，欲就舊址重建藍宇，公從其請。實寶正六年十月也。至宋治平二年，改賜今額。自寶正距今元豐八年〔三〕，一百五十有七載矣〔四〕。雖山門、佛殿、法堂、方丈、僧房、廊宇悉備，惟大界未結，尚存自然之地。是猶基址不築，欲棟宇安立，其可得乎。予嘉祐庚子歲爲主僧惠嵩請，居方丈，尸講席凡十載，未嘗一日不思結界焉。無何，以師老却歸，因而弗果。越十五年，又爲主僧智淵敦勉，復來方丈。繇是準毗尼，秉羯磨，立標相以結之，即元豐乙丑歲正月十一日也〔五〕。噫，予之往來此寺也二紀有餘矣，考乎再創，僅二百年，而結界之務今纔成辦，乃知劫火不壞之法，豈偶然而得行與！

〔一〕八年：《浙江通志》本文稱九年，《海寧州志》《海寧州志稿》題下亦作九年。考元豐無九年，今據乾隆《浙江通志》卷二二七，影印文淵閣四庫全書本。又見乾隆《海寧州志》卷六，民國《海寧州志稿》卷一九。《海寧州志稿》本文作八年。

〔二〕『一徑』至『三女墩』：原闕，據《海寧州志稿》補。

〔三〕八：原作『九』，據右引改。

〔四〕一百五十有七載：此推算有誤，自錢鏐寶正六年（九三一）至元豐八年（一〇八五）計一百五十四年。

〔五〕乙丑：原作『丙辰』。考元豐間無丙辰，《海寧州志稿》作『己丑』，『己』亦爲『乙』之誤。乙丑即元豐八年，與文中所述行實推算相符，據改。

徐發

徐發，莆田（今福建莆田）人，復子。慶曆元年補試秘書省校書郎。元豐中官奉議郎、知絳州曲沃縣事。紹聖中爲朝請郎、重修敕令所删修官。累官至龍圖閣待制。見《續資治通鑑長編》卷一三二、三八九，《宋史》卷四五七《徐復傳》，道光《重纂福建通志》卷一五〇。

常樂教院寺記　元豐五年八月

元豐壬戌夏五月，人有持書叩予門者，乃龍井法師辨才公之所遣也。曰：『吾邑於潜武勇山之前有寺，敕名常樂，乃東晋時高僧佛圖澄之所經始也。綿邈數百歲，其遺迹餘烈之傳在人者，尚歷歷可數。然其寺之或盛或衰，而吾道之或替或隆，蓋不可得而詳之也。粤數十年間，主者不任其事，而棟宇隨亦荒圮。或烟蕪野蔓交結於頹垣壞屋之上，猩鼬貍鼠往往亦相與而出没，而僧徒之居不足以蔽風雨，况所謂精嚴者乎？晨昏不傳鐘鼓擊考之音，室廬不聞旃檀燔爇之氣，爲師者無教，爲徒者無習，况所謂信鄉者乎？治平改元之初，邑大夫陸君衍因出按民田，且觀其勝概超絶如此之可悦也，既又憫其遺址靡敝如此之甚也，思有以營葺之。乃詢於邑人之可語者，復稽於衆，僉謂：「郡境之長安靖山院有上人者，厥名保元，實常樂之嗣，行能動人，才足辦事，儻召而諉之，俾興其所廢，必能就厥緒而如公志也。」陸君然之。保元公欣然承命，焦心刻意，募輯氓之樂善者，不以富貴貧賤之爲間，諄諄喻之以福田報應之理，而造請往來，了無難色，手足胼胝而不以爲勞，飢色皯黣而不以爲瘁。其斂積也，以一而累之萬；其持久也，以日而繼之年。俄而殿堂門廡重檻連欐，煥然備於數載之間。而土木之功，赭堊之色，無遺巧焉。始於治平之丁未，終於熙寧之丙辰。居者享其利，行者得其歸。雖由檀信之施，營緝之功，實繫法王之餘蔭。』故因屬予以紀歲月之實。予惟釋迦如來處世四十九年，以五時説教，盡小大淺深之機，天人蒙賴者不可勝紀。及其滅度，苟來者崇飾塔廟，遵事遺像，亦可以迴善根而終造真如之境，固知至人之澤亘於終古而不竭。雖然，苟非其人，道不虚行，亦在乎學者誠固真實之意，知夫高屋廣厦不爲己設而無傲然之色，則福田之施又且繼之無窮，而亦不爲天神之所譏誚也。辯才法師號元净，實當時之高僧云。八月越一日，奉議郎、知絳州曲沃縣事東海徐發製文，淮南兩浙等路計置開封界保甲賞物事、東明縣主簿任廣書，權管勾荆湖廣西路提點鑄坑冶事兼專切催船上供及銅鉛錫、宣德郎、飛騎尉號略楊蟠篆額。

《淳祐臨安志輯逸》卷七，清光緒二十六年刊本。

王鴻

王鴻，字翼道，雩都（今江西于都）人，王羲之二十四世孫。博學，工篆隸草書。皇祐中以鄉舉游太學，再薦省試第一，廷試因失韵被黜，遂歸隱鄉里，名其山曰峿山。嘗注《太玄經》，從游者甚衆。事迹見嘉靖《贛州府志》卷一〇，道光《雩都縣志》卷二一，《宋史翼》卷三六，《宋元學案補遺》卷一二。

妙净寺重修三門記

物塡則敝，敝而不修則革，其所以爲物之始；事塡則廢，廢而不治則失，其所以爲物之紀。妙净寺權輿於梁，寺三門鼻創自唐。桴宗軒鴻，栟幪豐隆，材良工堅，垂庥於今。罹凶刃而不摧，戹狂雷而始巇，雄雄無支，將頹爲墟。彼游適之人，殆無以隆瞻仰而起莊恪焉，過於其下者無不唶唶嗟惜之。居人劉賨謹篤善就事，且曰：『吾俗雖貴費而於佛奉尤勇，顧兹宇之垂毁也，疇不旦旦動念而欲膳治之？蓋力有所不給，故赧赧然莫之舉也。幸今邑有明大夫純慈愛民，政不苛撓，春蠶秋農，一繭穀不爲吏所虠。人既紓溢而用不蹙，奚爲而不從寺門之役？宜有所倡也。』肆與寺僧仲安協謀同辭，程功計費，更募良淑，聞者獲意而樂輪焉。大率材木甓石、承覆涅瓦之阤剥斷裂蠹腐，杭洈之爲委壓之亹者〔一〕，一切完補，裁選必稱。自夏營工，告休於冬，巍然倂新，揭於清宮。來者改觀，過者勿嘆，經辰歷年，於後又未可期也。是知物之興廢繫乎時，事之修舉存乎人，二者相須而後有所成。斯門也，非時之偶，斯人之首，則爲爨煤、爲朽壤，終移於泯泯爾，尚何楹楹直植而復完於古創者哉！賫相與琢石，請勒傳永故，茂揚其事而書之，尚來者觀而可礉焉。乾隆《贛州府志》卷三七，乾隆四十七年刊本。又見道光《雩都縣志》卷三一，《贛石録》卷一。

〔一〕杭洈：道光《雩都縣志》作「机桅」，似是。

吴師孟

吴師孟（一〇二二——一一一〇），字醇翁，成都（今四川成都）人，縝父。慶曆二年進士及第，累遷鳳州别駕、閬州通判。王安石當國，以與師孟同年生，擢爲梓州路提舉常平。後官至左朝議大夫、知夔州、蜀州。大觀四年卒，年九十。見《全蜀藝文志》卷五三、《宋史翼》卷一。

大中祥符禪院記　熙寧中

一真無相，窮理則非空；萬法有爲，要終則不實。然而證於無者孰能離相，資於有者安得不爲？諸器世間，一切法爾。敕賜大中祥符禪院者，唐元和聖壽寺三十院之一也，然自係賜敕額，不隸於寺焉。孟昶爲蜀，檀越主樞密使王處回字亞賢之所建也。僞廣政九年丙午歲，實晋少帝開運三年也，亞賢捨私帑買毗盧、百合、法寶、羅漢、七俱視等五院合而爲一，其年七月二十四日僝工。締構之初，鼎新大壯，一椽一甓，皆不即舊。至十三年庚戌歲二月迄成，土木之盛，冠諸羅摩，號曰崇真禪院。佛殿、法堂、僧堂、客館、齋廳、净厨，乃至波演那舍、應用什物及諸犍椎，罔不備具。自開運以來，名畫事相，遍滿其間，輪奂瀟灑，實大殊勝，無慮四百楹有畸。僧堂南北構二堂、二龕，蓄秘典兩藏。時有一老人自來應募，頗矜其能，伐石爲龍，磐繞龕下，活狀蜿蜒，巧制精絶。夜輒光怪，觀者駭异。而老人不取傭直，唯日食須魚及水中之物。功既畢，而不知所詣，人皆以爲龍所化現，自鎸其象云。僧童之籌七十，成都縣文學鄉負郭水田七頃，華陽縣金城坊賃院一所，皆充常住，歲入租斛，月斂僦緡，以備蒲尼繕葺之費。始，亞賢之子曰秘書少監德琦，建白知府、侍郎吕公餘慶，請靈龕山諗諲禪師住持。諲傳小師懿爽，爽傳德嚴，爲都監寺。至道乙未，順賊既殲，德嚴詣闕陛見之日，太宗嘉獎，面賜紫衣，號圓明大師。仍許復歸。住持本院。祥符元年歲次戊申，轉運使、刑部員外郎施公護奏賜今額。嚴既圓寂，院付小師仁璲，以管内都僧正主之。璲傳崇教，教傳守則，則傳守謙。則、謙皆八十餘歲矣。知府、龍圖劉公庠以今都表白賜紫惟古净行純裕，緇白信向，特給符牒，俾之住持。先是，崇教舊已磐石〔一〕，欲俾師孟紀叙建院賜額之因，久而未克。今兹古師又能追繼祖師之志，復以識文及書丹見屬。師孟自念昔者先大父與圓明有方外之契，嘗爲親題院額，於今手澤存焉。重愧二師之勤，其敢以淺陋爲解?熙寧十九年記〔二〕。

《成都文類》卷三八。又見《全蜀藝文志》卷三八，嘉慶《四川通志》卷三八，嘉慶《成都縣志》卷五，同治《成都志》卷一三，《宋代蜀文輯存》卷一四。

〔一〕磐：疑誤，或是『礱』字。

〔二〕十九年：按熙寧無十九年，顯誤，或衍『十』字。

馮京

馮京（一〇二一——一〇九四），字當世，鄂州江夏（今湖北武漢）人，富弼之婿。皇祐初舉進士，自鄉舉、禮部以至廷試，皆爲第一，以守將作監丞通判荆南府。遷太常丞、直集賢院、同修起居注。先後以龍圖閣待制、右正言知揚州、江寧府，以翰林學士知開封府，以端明殿學士知太原府。神宗即位，復爲翰林學士，改御史中丞，擢樞密副使，進參知政事。以反對王安石變法，罷知亳州，改渭州，徙成都府，以觀文殿學士知河陽。哲宗立，拜保寧軍節度使、知大名府，又改鎮彰德。元祐七年，告老，以太子少師致仕。紹聖元年卒，年七十四，謚文簡。著《文集》《奏議》凡三十卷。《宋史》卷三一七有傳。

嘉祐禪院記　元豐三年

成都府嘉祐禪院，古名毗盧，本僞蜀近密王處回所捨宅也。兵火之餘，有敝屋十數楹，在頹墉荒榛間，雖邇通衢，而門無車馬之迹。嘉祐二年，端明殿學士宋公守都，始命長老齊海開堂演法，十方住持。七年，詔賜今額。初，海師之來也，召參學門人峨眉紹而議曰：『今吾與爾俱被府命，以興梵刹，非大法堂不足以倡吾宗，非香積食不足以具供施，非巨厦不足以安清衆。』於是募信者，建法堂、僧堂、香積厨，六年而後成。治平二年，海師移席長松山，府尹端明殿學士韓公命紀師嗣領其衆。紀師營繕日勤一日，乃建寶殿以嚴尊像，購經典以備誦持，闢三門以示趣向，立丈室以延叩請。有太廟齋郎游之才爲起藏殿，以秘教乘；新津張氏壽亨施田七十畝，以助歲供；都人王守慶入圃畦八畝，以廣院基。凡爲屋百五十楹，居者得所安，學者蒙所益，始於都會，號大道場。游方之徒，歸者如市，遠邇檀信，靡然嚮風。非紀師智力，安能至是哉！西蜀士民繁多，人心樂善，然禪林之興，殆無二世。使繼而主之者皆如師之勤，則法會有不興乎？使釋氏子皆如師之心，則祖道有不隆乎？紀師以余鄉守是邦，屢嘗訪師廢興本末，聞見最詳，不憚數千里之勞而以記文見托，因直書以貽之云。元豐三年記。《成都文類》卷三八。又見《全蜀藝文志》卷三八，嘉慶《四川通志》卷三八，嘉慶《成都府志》卷五，同治《成都縣志》卷一三。

王安石

王安石（一〇二一——一〇八六），字介甫，號半山，撫州臨川（今屬江西撫州）人。慶曆二年進士及第，授簽書淮南判官。仁宗朝歷官至三司度支判官、知制誥，以母喪去職。神宗即位，起知江寧府，召爲翰林學士兼侍講。熙寧二年拜參知政事，主持變法，陸續頒行農田水利、青苗、均輸、保甲、免役、市易、保馬、方田等新法。次年拜同中書門下平章事。新法遭保守勢力强烈反對，七年，罷相，以觀文殿大學士出知江寧府。八年，復相。九年，再罷相，出判江寧府，退居江寧半山園。次年封舒國公，元豐三年改封荆國公。元祐元年卒，年六十六。紹聖中，謚曰文。崇寧三年，追封舒王。安石善屬文，爲唐宋八大家之一，有文集百卷傳世。另著有《三經新義》（已佚，後人輯有《周官新義》《詩義鈎沉》）、《字説》等。《宋史》卷三二七有傳。

真州長蘆寺經藏記

西域有人焉，止而無所繫，觀而無所逐。唯其無所繫，故有所繫者守之；唯其無所逐，故有所逐者從之。從而守之者不可爲量數，則其言而應之、議而辨之也，亦不可爲量數，此其書之行乎中國，所以至於五千四十八卷，而尚未足以爲多也。真州長蘆寺釋智福者，爲高屋，建大軸兩輪，而栖匭於輪間，以藏五千四十八卷者。其募錢至三千萬，其土木丹漆珠璣萬金之閎壯靡麗，言者不能稱也，唯觀者知焉。夫道之在天下莫非命，而有廢興，時也。知出之有命，興之有時，則彼所以當天下貧窶之時，能獨鼓舞得其財以有所建立，每至於此，蓋無足以疑。智福有才略，善治其徒衆，從余求識其成，於是乎書。四部叢刊初編影印明嘉靖撫州刻本《臨川先生文集》卷八三。又見《文章辨體彙選》卷五九一，順治《六合縣志》卷九。

漣水軍淳化院經藏記

道之不一久矣，人善其所見，以爲教於天下，而傳之後世，後世學者或徇乎身之所然，或誘乎世之所趨，或得乎心之所好，於是聖人之大體，分裂而爲八九。博聞該見有志之士，補苴調胹，冀以就完而力不足，又無可爲之地，故終不得。蓋有見於無思無爲，退藏於密，寂然不動者，中國之老、莊，西域之佛也。既以此爲教於天下而傳後世，故爲其徒者，多寬平而不忮，質靜而無求，不忮似仁，無求似義。當士之夸漫盜奪，有己而無物者多於世，則超然高蹈，其爲有似乎吾之仁義者，豈非所謂賢於彼而可與言者邪？若通之瑞新，閩之懷璉，皆今之爲佛而超然，吾所謂賢而與之游者也。此二人者，既以其所學自脱於世之淫濁，而又皆有聰明辯智之才，故吾樂以其所得者間語焉，與之游，忘日月之多也。璉嘗謂余曰：『吾徒有善因者，得屋於漣水之城中，而得吾所謂經者五千四十八卷於京師。歸市匭而藏諸屋，將求能文者爲之書其經藏者之歲時，而以子之愛我也，故使其徒來屬，能爲我强記之乎？』善因者，蓋常爲屋於漣水之城中，而因瑞新以求予記其歲時，予辭而不許者也。於是問其藏經之日，某年月日也。夫以二人者與余游，而善因屬我之勤，豈有它哉？其不可以終辭，乃爲之書，而并告之所以書之意，使鑱諸石。《臨川先生文集》卷八三。又見《文章正宗》續集卷一五，《文章類選》卷四，光緒《安東縣志》卷二。

蔣山鐘銘

於皇正覺，訓用音聞。肆作大鐘，以警沉昏。《臨川先生文集》卷三六。

郝矩

郝矩，嘉祐時人，進士。

新修普净下院記〔一〕　嘉祐四年四月

夫民，冥也，生而無知，必有厥尸。尸之者，非聖人而誰歟？何以化而成之？必由於學。古之設教，家有塾，黨有庠，術有序，國有學，皆俾民爲善也。降及叔世，兹道浸息，倀倀而趨於他歧，甚久矣，甚久矣！不髮不儷不嗣者，歷觀州閭鄉黨之中，未嘗無之。曷化而致悉歸正道，納中人於君子之塗？在帝天下者之所職哉！炎宋秉籙，革五季之弊，啓萬世之祚。文物彬郁，車書混同。六合晏然，洗元之事幾百年。君子在朝，賢不家食。禮義之教，風行萬里。三辰順度，嘉瑞輻湊。雖堯舜之世，其盛止於此焉。軍城戍壘萬疊，軍威四熾。邊峰接祁連之山，古路指定武之郡。田野沃壤，居人繁夥，士伍雲會，郛郭翼舒，控扼要地也。方當萬里滅烽，异俗慕化，臺障卧鼓，兵農息肩，含哺鼓腹，樂歲熙時，無横役以殫力，無重斂以竭財，其俗往往栖心於釋氏之教，依之者十有七八。釋教之起，肇自後漢明帝，夜夢金人飛行殿廷，問於朝，傅毅以佛對。遣使天竺，得佛經、釋迦像。自後遍於中夏。其説教大底言生生之數，皆因行業有三世，識神不滅，凡爲善惡，必有報應。漸積勝業，陶冶粗鄙，經無數行，澡練神明，乃致無生而得佛道也。及至偕次功行，等級非一，皆緣淺以至深，藉而爲著，在於積澄心清欲，習虚静而成通照也。其始修心，則依佛、法、僧三歸。又有五戒，去殺、盗、淫、妄言、飲酒，天畀以仁義禮智信同。噫！兼愛之談，夸誕之説，不足取，亦立教之一端耳。王仲淹謂西方之教，韓退之謂害過楊、墨，誠非要道，施於中國則泥，宜乎聾俗之所忻慕也。粤有浮圖生瓊能潜心於道，老於空門，因啓意即寨城之東北隅卜隙地數畝，建佛堂，爲普净之别舍。乃率大姓以及其徒，爲佛是聽，樂然而具金數十萬，遂命工飭事。厥功告畢，曾不逾歲。峻宇壯麗，足以防風雨，繪像丹青，足以美瞻仰，實瓊能劬勞之力矣。矩才乏中人，辭愧黼臼，既禀嚴旨，難於退讓，直筆以書，用志歲月。大宋嘉祐四年乙亥歲四月己丑朔，十五日己卯記。三班奉職、監定州軍城寨酒税趙□，左班殿直、定州軍城寨兵馬監押李□，銀青光禄大夫、檢校太子賓客兼御史大夫、内殿承制、定州軍城寨主、騎尉、京兆縣開國子、食五百户□□。

〔一〕題上原署『宋進士郝矩』。光緒《保定府志》卷七七，光緒刻本。又見國家圖書館拓片·各地六八八五。

鄭惟幾

鄭惟幾，嘉祐中官殿中丞，熙寧七年爲都官郎中、知夔州。見《續資治通鑑長編》卷二五七。

張師皋大悲尊勝幢銘　嘉祐七年

世謂金仙氏能除苦惱，滅罪障，有功力如化者。人以是習其書，行其教。至於□者，必以幢刊陀羅尼文樹之□左。噫！蓋□人子者，欲報罔極，庶薦福於先乎！下缺。陽之原亦立是幢。甥殿中丞鄭惟幾謹書於石，而爲銘云：

佛之理，其可詰乎？幢之立，其惟□乎。

□□□□壬寅三月戊申朔，十日丁巳立。《八瓊室金石補正》卷八二。又見《洛陽存古録》卷三一。

劉攽

劉攽（一〇二三——一〇八九），字貢父，號公非，臨江新喻（今江西新余）人。慶曆六年登進士，仕州縣二十年，始爲國子監直講。熙寧中，判尚書考功、同知太常禮院。以論新法不便爲王安石所怒，斥通判泰州，遷知曹州。歷開封府判官、京東轉運使，知兗、亳二州，坐事黜監衡州鹽倉。元祐初，起知襄州，入爲秘書少監，以疾求去，加直龍圖閣、知蔡州，復召拜中書舍人。元祐四年卒，年六十七。攽邃於史學，助司馬光修《資治通鑒》，專職漢史。著有《彭城集》四十卷（存）、《東漢書刊誤》四卷（存）、《漢官儀》三卷（存）、《中山詩話》一卷（存）、《孟子外書》注四卷（存）等。《宋史》卷三一九有傳。

太原府資聖禪院記

惟元聖以神武撥亂，出民塗炭之域，所乘者時也；惟大雄以慈悲衍法，濟民生死之海，所會者因也。夫治道陵遲，彝倫斁敗，方隅幅裂，聲教否隔，運極數還，乃復壹統。故西伯崇壘，再駕而後服；武王牧野，一戎而大定。聖人不能先時而亟其欲焉。四生异稟，五藴殊感，空性迷没，邪法肆行，德非宿殖，莫聆真諦。故舍衛吃食，肇沇一音；毗耶問疾，乃至不二。如來不能無因而唱其端焉。在昔僞漢竊號，盗有汾晋，資魏氏河山之寶，倚并州兵馬之盛，曰實夏隸，蘄亢劉宗。及衆正龔行，小腆負固，藝祖無剿民之念，神宗收卒伐之功。而後氛祲清蕩，書軌無外。遷商餘民，用誥多士；本堯舊俗，謂之唐風。自是里閭逸居，田畝昏作，中外一體，遐邇禔福。世歷三紀，重熙累洽。邑具五民，既富而教，明則禮樂，幽有鬼神。習豆籩而率職者，必惟新於後生；衽金革而强死者，或未悔於前日。益兹象教，用照大迷，上以儲二后之冥祐，下以副兆姓之洪願。蓋資聖禪院，是始權輿焉。然則元聖建功，循斯教於休命；大雄妙覺，繇信向於方來。乘時會因，不其然乎？故知弁冕端委，莫匪帝力；塔廟莊嚴，則爲佛土。於是中外虚心，氓庶就義，崇兹勝果，底於日新。詔發秘藏，申錫舍利。既而肇建兹廟，儀形天表。軒臺靈威，懔懔如在；帝梵極樂，亹亹現前。嘗試揚搉，以告比丘。惟此晋國，始封叔虞，疆以戎索，啓之夏政，孰若清凈寂滅，至於無争。闕鞏密鼓，分器之薄，孰若示現靈迹，持以堅固。九宗五正，域民之陋，孰若四衆招提，十方無礙。而况有先王之别廟，實曰都城，稱使者而侍祠，付之官守，兼是數者，其亦盛哉！自禪院初建，敕選名行僧二十八以充供養，歲度學者，并錫命服。暨舍利之降，始創雁塔。劫火變壞，更置寶閣。及太宗神御落成，輪奂蜎蠖，金碧照爛，中人營辦，冠蓋相望。爰田上腴之賜，蠲其國征；邸舍廛欿之布，厚厥緡算。上恩賚予，至於再三；歲計會最，始盈千萬。其餘則元臣巨公，競加外護；里豪居士，欒輸檀施。於是高閎大厦，長廊邃宇。經行禪誦，香積宴座，各有攸處。矩模旻然，鱗次翼舒，星陳棋布。始由工度，儼若化城。自天聖初元至元豐紀號垂六十載，能事斯畢。總若干間，以殿名者幾所。鐘樓、經閣、香壇、廳事，凡若干名。於以資薦純佑，弼成鴻化，豈特憂深思遠之俗，益知用禮；權變縱横之士，舍其業結。抑自實沈曠林，悔懺尋戈之咎；負貳盤石，解脱囚械之苦矣。丞相韓公某樞軸均逸，開封作牧，分閫秉鉞，威懾殊俗，惠孚小民。禮賢下士，常若不及；博古求舊，未之或遺。僧正檀江總持浄衆，綿歷歲月，緣化積累之勤，經營卜築之盛，不愆於素，率與有勞。求刻珉石，以垂不朽。公嘉允其意，樂道人善，以愚有志鉛槧，見命刊述。某晚聞道要，無所折衷，能讀書史，豈曰多學！爲之歌唐，竊季子見微之妙；其若有佛，愧靈運先成之知。辭不獲免，因直書云爾。武英殿聚珍版書本《彭城集》卷三二。

嚴遜

嚴遜，遂州（治今四川遂寧）人，後徙居大足。

石篆山佛惠寺記

警人損動諸龕像及折伐龕塔前後松柏栽培記

釋迦如來滅度，於今二千三十九年，其教流於中國幾千年矣。中間爲建後，立宗多古，復引所斥，似是而非，因以廢興。而終不至於泯滅者，其教能使人愚者避惡，趍善息貪；能使人賢者悟性達理，不昧因果。是於先王致治之禮法，蓋有所補而不可一日亡也。予讀佛書，年體修行，持齋有日矣。生佛末法，不親佛會，不與勸請；去佛時遠，思作佛事，而莫之能也。於是稱力復斯，以錢五十萬購所居之鄉勝地曰石篆山，鑱崖刻像凡十有四，曰毗盧釋迦彌勒佛龕、曰熾盛光佛十一活曜龕，曰觀音菩薩龕，曰長壽王龕，曰文殊普賢菩薩龕，曰地藏王菩薩龕，曰太上老君龕，曰文宣王龕，曰志公和尚龕，曰藥王孫貞人龕，曰聖母龕，曰土地神龕，曰山王常住佛會塔。凡龕堂塔前後左右并植松柏及花果雜木等。元祐五年諸像既就，所植亦皆長茂，春時節日，往往爲鄉人瞻禮游從之所。予漸老，不及見予身之後子孫智否，有能成予之智而常切護念者，因書予志以告於人。一者凡龕堂塔像所作，不以財貨爲吝，精擇奇工，不計時日，及金彩妝繪褫，每親拂拭。人或不思，妄加毀破，及痴小嬉戲，不爲告諭。二者龕堂塔前後各十丈地，不架屋宇，而專植松柏及花果者，蓋以謂屋宇之庇，經久不葺則頹弊，而松柏之茂，愈久而陰覆愈密，人或不思，妄加折伐。三者游禮之人，皆善知識，其有不善之人肆很恃强，侵侮凌辱，或酗酒博簺，以致争競。如是三者，實非予所造像之志，苟不知所戒，則恐種福之地亦長禍根。且地獄天堂，不過一念之間，而報應分明，猶形影聲響，人所宜覺知者也。若今所造龕堂塔像，同爲愛護，龕堂塔之前後左右各十丈地，松柏叢木得無折伐，游禮之人，各生歡喜心，共起慈悲行，共成佛事，以畢予志乃幸。予本遂州潤國人，父應役小溪，因舍縣之北隅。天聖中，予九歲，父以避役居昌元今賴川宅，且病。是時小溪方買旁居人宅，以廣公宇。既賣宅，又聞父病，尋來寓居於此，因置古村、銅鼓、石篆莊，各種松柏數十萬餘。辛酉年，輒以三處莊均付三子，且歲貯二千斛以充齋粥湯藥之具，凡造像所費，皆其餘也。子孫勿以所付田疇園林爲不均，與今龕堂塔前後左右十丈地内松柏蒼木爲未分而折伐之，以自取禍。近歲鎮州得古鐵塔，其間造塔人名姓一一皆今時人；又今知靈泉縣傅奉議者於長松山，沿夢尋佛像，削土石，上得唐大曆年造佛像碑記，亦官姓名。因略記本末，安知千年之後，不睹於此？元祐庚午歲二月十五日嚴遜記。男駕于。程驥刻石。甥遂州表白僧希晝書。《金石苑》卷三。又見《大足石刻内容總録》第三一〇頁。

釋宗正

宗正，天台宗僧，寶雲義通之重法孫，賜號文慧大師。治平中住明州延慶寺。

巨宋明州寶雲通公法師石塔記　治平元年三月

法師諱義通，字惟遠，德業詳諸行狀。本海國高麗君族尹姓。母孰氏，妊誕頗异，因捨龜山院，師釋宗。及冠染具，傳《華嚴》《起信》，彼尤仰止。殆壯，游中國，晋天福時也〔一〕。至，始訪雲居契悟，嗣謁螺溪寂師，了天台宗。緊道且逢源，具體之聲浹聞四遠。姑曰：『圓頓之學，畢兹轍矣。吾欲以此導諸未聞必生地。』始乃括囊東下，道由四明，太師錢公惟治問以心要，洊辟爲戒師。繼此道俗蕲嚮，請留依怙。師曰：『非始心也。』公曰：『或尼之，或使之，非弟子之力也。如曰利生，何必鷄林乎?緣既汝合，辭不我却。』因止焉。會漕使顧承徽捨宅爲傳道處，第乞額寶雲，昭其祥也。既而日揚教觀，逾二祀。知禮、遵式，子矜之高者，其餘升堂及門，莫可勝紀。凡諸著述，并逸而不傳，嗟夫！君子曰：『天台之道，勃然中興，師之力也。』俗壽六十有二，端拱改元，龍集戊子十月十有八日示疾，越三日左脅而逝。既荼毗，門弟子收骨，藏於育王山之陽寺西北隅，禮也。後七十有七載，甓甃已蕪，乃就之累之爲方墳，增顯其處。爾時皇宋五葉，歲在甲辰，天王即位之明年，改元治平之暮春十日，重法孫宗正記。《寶雲振祖集》。

〔一〕天：原作『禾』，按後晋年號有『天福』而無『禾福』，據改。

方預

方預，吴郡（今江蘇蘇州）人，在英宗世。見《延祐四明志》卷一八。

釋迦殿記　治平二年十二月二十五日

三代而下，自天子達於庶人，爲之宫室，莫不有制。卑逾尊、賤敵貴，則其制亂。是故聖人作爲法度，雖毫毛纖悉之餘，未嘗不叮嚀規戒。盡君臣上下之分，使尊而貴者不過其侈，卑且賤者亦不甚陋，爲萬世之定法也。自爾創營百出，事非經見，窮巧極智。矧生於後人，則學者未聞，固不敢輕議。余以此事牽〔一〕，出鄞江，因次象山縣。有浮屠氏慶恩者，忽見余而言曰：『負縣之北隅，有我佛所居，曰等慈慶恩〔二〕，實僧院也。且院之名，今天子詔以賜之，舊亦以「鳳躍」爲額，甲乙繼守，四百餘歲。咨嗟前人，蔽於自奉，以法堂、方丈、香積、僧室逸居飽食爲事，獨大殿歷年逾久，棟楹梁桷，橈折朽腐，飄風暴風，無以處我佛。某方遠慕覺道，繼唱真乘，不忍坐見隳敝，發無量大慈悲心，一日率住持人友宗訪縣人林奉元，實此民巨富之又豪者，同力勸緣，廣募檀信，乃得錢百萬。涓日命工，雨錨霜斤，鼎新革故；飛甍畫棟，蟬聯綺錯，仰望俯視，丹雘浮動。乃以釋迦佛坐之於中，文殊、普賢、迦葉、阿難四菩薩侍焉。護法二神立於其外，復以十八大羅漢環拱旁列。就其佛之尊者名之曰釋迦殿。遠近嚮慕，源源如歸。嗚呼！非我佛法廣大，妙道通達，則何能集是壯觀哉！以元嘉八年十月始作〔三〕，治平二年十一月休工。某能力爲如是，願丏之以書本末，將激其不能爲者。』余應之曰：『師之言詳矣，使余雖信後之嚮向之巧而復爲之説，亦無以過之也，況余所不敢輕議者耶。』治平二年歲次乙巳，十二月己丑朔，二十五日庚戌書。《延祐四明志》卷一八，文淵閣四庫全書本。又見民國《象山縣志》卷三二。

〔一〕『此』字疑衍。

〔二〕『慶恩』二字疑承上文衍。

〔三〕元嘉：咸豐四年《宋元四明六志》本改作『嘉祐』，當是。

章衡

章衡（一〇二五——一〇九九），字子平，建州浦城（今福建浦城）人。嘉祐二年進士第一。通判湖州，直集賢院，改鹽鐵判官，出知汝州、潁州。熙寧初，判太常寺，歷知審官西院，判吏部流内銓，知通進銀臺司，直舍人院。拜寶文閣待制，知澶州、成德軍。哲宗時，歷秀、蘇、揚、廬、宣、潁等州。元符二年八月卒，年七十五。嘗纂歷代帝系爲《編年通載》十五卷（今存四卷）。《宋史》卷三四七有傳，又見《續資治通鑑長編》卷三四七。

大宋杭州惠因院賢首教藏記　元祐元年十二月十八日

資政殿學士、太中大夫蒲公鎮錢塘之明年，政成民樂。春正月，請晋水净源闍黎住持南山惠因道場，又施金立賢首華梵七祖之像，設帳座而祠焉。轉運使許懋、孫昌齡同繪善財童子參善知識五十四軸，并供具三十事。通判軍州事、朝散郎李孝先、姚舜諧其置經函六百餘枚。高麗國祐世僧統義天聆芳咀潤、禮足承教，印造經論疏鈔總七千三百餘帙。莊嚴壯麗，金碧相輝。其弟子希仲等欲光昭偉迹，以文見屬，因語之曰：昔者無上法王出現於世，以空化執，以福利化欲，以緣業化妄，以地獄化愚，故五蘊九識十八界膠固循環，回復於生老病死之中者，咸歸度門。至於妙用無迹，真空無體，本源清净，覺照圓明。即《華嚴》海會稱性極談，無大無小，同證菩提，恢恢焉，炳炳焉，不可得而思議也。暨乎能仁滅而法網散，宗途异而諍辯興，馬鳴菩薩乃造《起信論》，發明大乘，以摧邪説。龍勝得之，開章釋義，又入龍宮，誦《華嚴》，以傳於世。帝心尊者應迹終南，挾論集觀，以授雲華。於時機感尚微，法雷未振，於是賢首菩薩統一心，宏五教。大明既升，爝火斯息，大雨普注，群物咸潤。清凉、定慧二大士又從而演之通之，如貫意珠，圓融無盡。噫，去聖益遠，精義漸隱，源公以超悟浩博之才，力扶祖訓，集注大經，著述疏記，無慮數十萬言。始建教藏於蘇之報恩、法華，秀之密印、寶閣、普照、善住。今惠因虚席，又偶當世明公相與協力而興之，闡揚尤盛，學者如歸。隨根器，破疑惑，能脱纏縛者，入正解，悟本覺，離我人相者比比有之。宜乎名流天下，化行東表，俾世之言佛法者，知賢首之爲正宗。刻之金石，無愧辭矣。元祐元年十二月十八日，朝散大夫、提舉杭州洞霄宫、護軍、吴興縣開國男、食邑三百户、賜紫金魚袋章衡記。承事郎、監杭州都酒務、兼權市舶司唐之問書。奉議郎、簽書昭慶軍節度判官廳公事、賜緋魚袋文勛篆額。資政殿學士、太中大夫、知杭州軍州事、兼管内勸農使、充兩浙西路兵馬鈐轄、兼提舉本路兵馬巡檢公事、輕車都尉、河東郡開國侯、食邑一千六百户、實封一百户蒲宗孟立石。

《八瓊室金石補正》卷一〇五。又見《慧因寺志》卷六，《兩浙金石志》卷六，《越中金石記》卷三。

重修長水疏主楞嚴大法師塔亭記　元祐三年五月

昔玉氈既灰，世眼將滅，有大智慧，集修多羅。以一切衆生迷失真心，分爲四纏，疊爲五濁，妄想於煩惱塵勞之境，汩没於生死苦海之中。能仁愍之，此《大佛頂首楞嚴》所由作也。開示第一義諦以斥因緣自然，舉二源以證真妄，設三觀以融法界，標四輪以明所起，觀五陰以辯衆魔，破六入以指根塵，論七大以訶妄計，列八還以別色相，釋九位以成勝果，談十種禪那以息邪静慮。至於綰結華巾，開合寶手，飛光晃昱，照徹真精。則是經也，作億劫之津梁，實生靈之耳目。去聖既久，遺文未剖。宋興，有大法師諱子璇，覺性圓通，辨智淵博，撰《義疏》一十卷，并《科旨》二篇。演暢微妙，學者宗之。世號長水，因所居之地。故丞相王公遂爲序以冠其首。法師俗氏鄭，錢塘人，生有异稟，九歲禮普慧寺契宗爲師，十二爲沙彌，十三度具戒。太平興國中，如秀州靈光寺，依洪敏法師，傳賢首教觀，探道睹奥，而於《楞嚴》尤明隱賾。厥後登法席，開誘緇褐，無慮三十餘會。於《金剛》著《刊定記》，於《起信》著《筆削記》。又講法界觀、圓覺十六觀等，亦無慮數十會。大中祥符六年，翰林學士錢公易奏賜號『楞嚴大師』。寶元元年夏四月滅度，瘞塔於

章衡

城南真如院。今杭州慧因道場住持法師净源，素學於長水之門，猶南岳之一，思之遷也。元祐元年，高麗國王子祐世僧統義天承佛夙記，航海來朝，請益慧因之室，爲長水嗣法孫，過真如，禮謁靈塔，葺新損陋。請主客員外郎楊公杰題其額。净源師求余文以記。夫鷄林之遠中國也數千餘里，長水之弃世也五十餘載。師其言，不遺其德，悵其亡，事之如生，可謂篤厚好學君子矣。予因樂道其善而書之。元祐三年五月既望，朝散大夫、提舉杭州洞霄宫、上護軍、吴興縣開國男、食邑三百户、賜紫金魚袋章衡撰。《大佛頂首楞嚴經疏解蒙鈔》，續藏經第一編第二十一套第五册。

敕賜杭州慧因教院記　元祐三年八月二十八日

杭之爲州，領屬縣十，寺院五百三十有二，凡講院所傳，多天台智者之教。惟賢首一宗，歷年沈隱，是以法師源公力振宏綱，始立教藏於蘇於秀。元豐八年，高麗國王子祐世僧統義天聞風摳衣，願承密印。於時資政殿學士、大中大夫蒲公來牧是州，以廊廟之器而臨一方，其愷悌之政、威懷之略，指麾於談笑之間，綽有餘裕。乘間率賓僚游南山慧因禪院，覩其締構棟宇，規摹壯麗，惜其久寂而不葺，乃命法師主之。又施金塑賢首七祖之像，僧統從而印造經論疏鈔七千有餘帙，教藏之能事畢矣。於是其徒晋仁等以狀援例乞易禪院爲教院，永世相承，以嚴師席。蒲公即具奏以聞。

越元祐三年五月一日，錫命報可。崖谷輝焕，邦人踴躍，賢首之教，自是而興。其學之淺者，知由文字入不二法門，而不泥於文字；其學之深者，見佛性於言下，而至於無言。則此院易名之旨，乃示人像法之宗，如暗室而照明燈，如步海而駕大航，豈小補而已！法師敬上之賜，刊敕於石，托予述而揭之，以垂不朽。三年八月二十有八日，朝散大夫、提舉洞霄宫、上護軍、吴興縣開國男、食邑三百户、賜紫金魚袋章衡記。維那沙門履淵，監院沙門晋仁，勾當廣潤大師曇真，首座沙門道璘。通義大師子寧書。住持傳賢首祖教沙門净源。朝散郎、權發遣兩浙路提點刑獄公事、兼本路勸農、提舉河渠公事、上輕車都尉、借紫楊杰篆額。朝散郎、權發遣兩浙計度轉運副使公事、兼勸農使、兼提舉本路鹽事、權杭州軍州事、充兩浙西路兵馬鈐轄、上輕車都尉、借紫葉伸立石。《慧因寺志》卷六，武林掌故叢編本。

釋守端

守端（一〇二五——一〇七二），俗姓葛，衡陽（今湖南衡陽）人。幼事翰墨，及長，依茶陵郁禪師得度，後參臨濟宗大師楊歧方會，遂嗣法席。嘉祐中住潯陽能仁寺，後住舒州白雲寺。熙寧五年卒，年四十八。其弟子編録有《白雲守端禪師廣録》四卷（存）、《白雲守端禪師語録》二卷（存）。見《禪林僧寶傳》卷二八，《釋氏疑年録》卷七等。

新潯陽能仁寺堂厨記　嘉祐四年九月

古之稱善知識者，蓋專以祖法爲務。旦夕坐於方丈間，應諸學者之問而决疑焉。若院之事，則有學者分而集之。故善知識之稱，得其實而有尊矣。愚嘉祐丙申孟夏，自圓通應命來繼兹席。雖不揆其實而至，且患其法堂厨舍，悉皆頹圮，有風雨不堪之憂，何足以容衆而繼人之後者哉！已而得州人周氏懷義大新其堂，明年有慕藺來者，又新其厨，然後風雨不足憂，而徒衆得以安焉。周氏素達於吾教，不欲書以自顯。愚謂厨資出諸遠近之人，不書之無以嘉其善，乃并以二善刻於厨壁。

噫，考於古之稱善知識者之義，愚尚有愧焉！己亥九月十七日，住持沙門守端述。《雲卧紀談》卷上，續藏經第二編第二十一套第一册。

釋智原

智原，熙寧中綿州彰明縣中和大明寺僧人。

敕賜中和大明寺住持記〔一〕　熙寧元年十月

近乃疆里，秀境偏多，武城西北，奇踪不一。且太白歸山，大明古寺，靠戴天之山，□松□□□門迹□題之千年□厥韵其上有小階，侍御書岩不遠，覽景堪願□伊竇真人□□□□幽可訪。晴郊送目，郡城之飛閣連雲；秋夕憑欄，縣井之層樓入畫。卜勝游則林泉爽愷，賞佳藝則川岳□齊。下瞰溯乎，五色之波瀾繞澗；旁兮平隰，兩岐之稼穡盈疇。陟崔嵬□□□□□□難過於百會；遇莽蒼而地連獸目，名菌雅載於陸徑。往來多好鳥珍禽，下生臺兮略無悚愓；春夏足仙苞□□，臨高檻兮時適路春。挂薜蘿之老檜參天，瀉瀑布之寒泓浴日。□滋□□□□□唐而興建，魚鼓喧闐；迄我宋而葺修，鐘梵鏘響。僅五百歲星宿列章，歷七八代焚點住持。古碑蘚剥於是文，鷄根薙草；後輩同探於往事，孰資爲堂？浮傳憲涉其枝，辭約理□□□□□昔貞觀中始祖師法云，不知姓氏，號長眉僧。駭智識以孤高，必資加之品□。卜基勤止，宅此喬林；跨谷憑危，界成梵苑。振當時之德望，爲護法之宗師。騰芳於像末千齡，垂範於本□□□□歲之後。唐第七主玄宗朝，翰林學士李白字太白，少時爲當縣小吏，後於此山讀書十載。於喬松滴翠之平，有十載吟風之處。爾時星燦，豈無人莫識諸仙客，混塵世無由別。以至閣□□□□□□詔鸞殿殊榮，脱白衣而入翰林，草檄蕃而喧紫禁。厥初有題是寺詩云：『曉峰如畫參差碧，藤影摇風拂檻垂。野徑來多將犬伴，人間歸晚帶樵隨。看雲客倚啼猿樹，洗鉢僧臨失□□。□□□心戀清境，已將書劍許明時。』丁丑中，内翰太原公禹偁嘗有謫仙序曰：『觀謫仙之容，態秀姿清，融融春露，曉濯金莖；謫仙之奇，才俊氣清，泠泠碧江，下浸秋石』。□其翰林文集，率另□□□□□篇題异今體，盛行於世，此不復書。中和三年癸卯僖皇在蜀，邑人何宗敏詣□闕進狀稱當寺有觀音泉，江流不斷，迦葉蓋足以長存；聖燈夜觀，以堪□□□□□而可畏，蕭灑宛成於界道，清幽迥隔於囂紛。曾致清儒，審二高士嗣續香燈，抑欲選名行十七員表和迤趨。雖彰寺號，未稽嫸呼，伏□□□□宸煦□後民生，果頒諭旨，允副夙□□□□□敕贈中和大明寺額。山東十五里，路隈花鎮，院目新興，事擴一時，敕題報國，作兹峰之頬輔，充下院之股肱。既而天王狩於蜀都，有隨駕法師覺輝大德，極僧録浮光之門，弟真門□□□□孫預内設殿，講論長才，願萬乘雨花大匠，願迂馭不弃舊游，尋訪烟嵐，檢校功德，愧迴鳳象，簡在帝心，曾進狀以朝天，悉應試而益善，遇此以往來之□□□□郭頭陀焚師丈失其名字，諒係彼名行僧十七人之數乎！良以歲律懸深，圭晷□邈，莫得詳而叙之。建隆初乃祖曰澄遂者，瑰琦狀□勇鋭情，曰雙流爲桑梓，非遥胄族，即琅琊不□□□□三祀，蟬蜕而去。門人法號廣辭，郡止蘭陵，扶像運之法駿，荷空王之了使，中興□苑，類幹曇宗。是時有石馬名家、晋陽茂族，東補巡檢景産嵩□□高風□□□□乃裹□□□□□□捐萬貫之青金，同建五間之新殿。紅梁輝奂，挨月窟於九霄；藻棁鮮□，射星□於午夜。大宋乾德六年戊辰十二月三日立□望釋迦大像、放光慶喜香花二菩薩，及壁繪十□□□□化相共一堂。感神璀璨，疑净土以移來；金碧玲瓏，訝海宫而涌出。□公咸平五稔示疾歸真，剃三弟子，長曰□□□□□□；次曰弘□不忍而喪；季曰附惟，紹親之美躅□主事□□□□天聖五年丁卯起門樓五間、厨房三間。迨慶曆辛巳告卒。度三員小師德倫、德俊、德侃，其寺務即次小師德俊幹轄住持。恭勤整葺，星傳晦朔，雪入眉豪，不知老之將至。於慶曆甲申□□□□終即德倫繼踵近二年，又付智聰，頗周一。爾后侃公發憤，鮮克有以，貽伊戚以潜征，適他邦而不返。衆議僉以智明承資知堂，幽志焚修。迢迢粗歷於歲寒，亹亹聿彰於勞績。自□□□□治平甲辰，一紀將半，艱險備嘗。入己巳春，晝丙丁例，周而復始，無黨無偏。前寺主俊公有四門人，即智聰、智明、智滿、智海。此四昆仲，聰公居長，□□持爲道業，以般若印身心。韞櫝□□，□□□之行；被褐懷玉，見老成之功。景祐丙子起觀音堂七間，塑觀音像，持手捧花兩菩薩，顒昂梵相，晶耀金容，鑾妝妙殫於實陁，瞻禮不離於堪念。皇祐庚寅重建大殿，再揆深功。瓦疊·□□□□□於雲棟；，檐張風翅，摛榻於蓮台。度一小師普周，禪優梵修，宛□勤恪□□宇，諸不具陳。戊申熙寧改元，漸及縱心之歲，又鑄蒲牢一架，創立璇琰一廳，俾古迹而今而後若拔茅□□□□□諸堂我法中乃子乃孫辟因心之孝，無忝爾所生。功不虛捐，物有良□□□海公舊置四大部經一藏，今添盤龍龕一座。紀綱吾道，羽翼法門，夙傳江龍之宗，自得終南之趣。夫□□□□□麗竊侔於北遠，亭台遥道處其中，雅好福盛躬萬壽倍□添膏遐想於南泉。殿塔立德，居其上端，□荷□□□□賢徙千秋。況乎受佛蔭庥，適足履清凉田地，檀那供四事；賜僧行止，游心參解照門庭，妙用撥九族。詩□□□□□聿修厥德，其斯之謂歟！當寺名勝錦府，譽播神京，賢良賜放於虛夥，朝野屢資於譚柄。長郊澹澹，聽孤猿徹瞑之吟；，峭壁峨峨，玩餘霞散成之綺。异哉！從根及帝，始終强載於厥□□□□□前後弗遺於歷世。此皆□聰大德，欲其永久不昧於祖宗焉。智原文慚五色，語類七襄，耶抉鄙懷，以塞來命云爾。時熙寧元祀龍集戊申十月十日立，謹記。當寺法眷師叔德倫，寺主沙門智明、師弟智福、藏主日海、住房比丘普因，師侄重行、智浦、智流、智元、元静、元進、元□、元正。敕賜香林院修造苾蒭允元書，王雅、王便刊字，車勾當修造住持沙門智聰。《四川歷代碑刻》第一五四頁，四川大學出版社一九九〇年版。

〔一〕按此篇，原書未載拓片，而釋文及標點錯誤百出，不可通讀。因未見原碑，不能一一改正，今姑據文意略加整理，不再出校。

陳舜俞

陳舜俞（一〇二六——一〇七六），字令舉，湖州烏程（今浙江湖州）人。嘗居秀州白牛村，自號白牛居士。少學於胡瑗，年二十一，登慶曆六年進士第，授天台從事。十五年間，再官於台、明二州。嘉祐四年，自明州觀察推官舉制科第一。歷光禄丞、簽書壽州判官，宰南陽。熙寧初，以屯田員外郎知山陰縣。三年，以拒行青苗法，上疏自劾，坐責監南康軍鹽酒稅。越五年而卒。著有《廬山集》五卷、《都官集》三十卷。《宋史》卷三三一《張問傳》有附傳，又參本集《上歐陽内翰書》《明州鄞縣鎮國禪院記》《楓橋詩》《騎牛歌》等篇及陳杞《都官集跋》等。

海惠院經藏記

秀州，檇李之奥壤；華亭縣，唳鶴之名邑。白牛村在其西，有人烟之富；海惠院於其間，爲蘭若之勝。先是賜紫僧奉英智力膚敏，杰爲主者，乃募人書所傳之經，其函八百，其卷五千四十有八〔一〕。而居人吴氏子行義好施，號爲長者，爲之募財僝工，作轉輪而藏之。其屋若干楹，載甓載琢，飾以金碧。以某年某日落其成也，白牛居士陳舜俞叙其義而贊之曰：天下之險，東有泰、華，南有衡、岷，西有昆侖、龍門，北有太行、羊腸，此天所以限方域也。然而寶貨出焉，而負重者至；草木禽獸生焉，而樵蘇弋獵者往。馮焉蹶而傷，下者踣而死，又生生之大患也。聖人爲之觀轉蓬而作車以載之。嵯峨决而蹊通，崒屼碎而塵飛，視千仞以爲夷，化顛踣以爲安。則車之爲利蓋遠矣。無明之山，慳貪之壑，嗔恚之岡，痴暗之崔嵬，詐妄之叢棘深林，淫亂之坑谷溪澗，而衆生莫之能免也。於是教之以法爲車，以布施爲輈，以禪定爲軫，以忍辱爲轂，以持戒爲轄，以勇猛精進爲輻，以般若爲輪，度脱諸險，不墮生死，始於自載，終於載人。故此經之輪不爲無意也。况夫我爲法輪，致遠由己，有相雖外，發心必内，心轉輪駛，心止輪柅。舉真如之性海，一指而遍；盡塵沙之法門，有念斯足。須彌納於芥子，滄海入於毛端。真體道之樞機〔二〕，利物之關鍵。作之可謂妙用，施之者不爲無窮之利乎？若夫山澗同平，夷險一致，馳騁乎無傲之駕，遨游乎無方之機，非作非止，孰溺孰載？吾非斯人之徒，其誰與游，然殊途同歸，何遠之有。陳舜俞記〔三〕。民國三年南城李氏宜秋館刻本《都官集》卷八。又見紹熙《雲間志》卷下，《古今圖書集成》神异典卷一〇三，康熙《松江府志》卷二六，乾隆《婁縣志》卷一〇，嘉慶《松江府志》卷七三，《嘉禾金石志》卷一九。

〔一〕四十：原作『四百十』，據影印文淵閣四庫全書本（簡稱『庫本』）、《嘉禾金石志》删『百』字。

〔二〕真：原作『具』，據《雲間志》改。

〔三〕陳舜俞記：原無，據《嘉禾金石志》補。

秀州資聖禪院轉輪經藏記　至和元年三月

天輪左旋，四時不令而行；地輪右旋，萬物不言而生；藏輪北旋，諸法不諭而明。輪之義大矣哉！四時推互，萬物流布，諸法無住，其道一也。然如來出世，惟以一大事因緣，示悟一切，緣諸根异，有二三説，非意本然也。迷塵末路，流蕩忘返，善門百啓，無一入者，朝講暮誦，人其難乎！大智創物，嚴一屋處，以衆經聚，號大法輪。一轉萬遍，能令衆生於一念頃含受諸化，是所以速其歸也。愚者曰：『善哉轉輪，植我德本於未來際，獲無上道。』智者曰：『大哉轉輪，即我自性於當念處，悟無上道。』推是而議，院之有斯作也，悲護饒益，可勝言哉！以至和元年三月丁亥營基，十月辛卯落成。贊曰：

琅函星環，赤軸金晃。墨寶珍聚，香題金榜。是謂經藏，是非經藏，是名經藏。轂運環循，電走雷振。鐘幢前引，歌唄後陳。是爲轉輪，是非轉輪，是名轉輪。名即是實，實即是名。空華之果，叩寂之聲。爲大饒益，法界含生。《都官集》卷八。

明州鄞縣鎮國禪院記　嘉祐五年十月

世傳五土九宫之書，鬼瑣不經，其義殆不可得而詰之矣。凡其説者以乾、坎、震、離同凶，坤、艮、巽、兑同吉。持而考諸天下千夫之州、百室之邑，陵園廟塔之負據面勢，往往得其所由廢興者。故上至朝廷，爲立官局，置署丞長，以日相講肄，人著其説爲篇。下至公卿大夫士，雖好古信道之人，猶或畏以信。甚則雜以耕夫野老之言，張福禍之驗如影響，以動蚩蚩之民，使生者不得保其安宅，死者火燔水溺而無以葬。痛哉，賊道禍俗〔一〕，而莫之能救也！予十五年間，再官於天台、四明之二州，此古所謂天下奇山。復即其雄偉險怪、古今有稱於山者而游焉，求其所以。凡得不墜者，不獨物象之特出而不可蔽塞，亦必世有材力之人主而起之。一日，鎮亭山鎮國院之僧某乙持其所居之形勝，及興作之歷事〔二〕，詣予請文爲記。且其僧有殿，其法有堂，其居有室，其廪有廚，鐘臺浴屋，崇扉修廡，焕乎無一不備，而又盛矣。其門之闢則曰丁，其路之行則曰丙，其山水之會則曰巽。考其然，則曰：『是本於五土九宫之書所同吉者。』嘻，將有是耶？將適然耶？及問其初，則曰：『唐貞元六年，其徒曰慈雲，居而基焉。會昌中悉廢。大中九年，曰靈持乃復興葺。中和五年，始得今號。皇朝天禧二年，曰普光、慶成又廣基構。景德三年，曰寶寧主之，及今傳襲不絶，故大成。推而言，廢興圮完，果繫乎時？及其人之能不能，而不在乎吉凶之説者矣。不然，何一吉而中廢，垂二百七十三年而始備？《詩》曰：『維其有之，是以似之。』因書而授焉，且告惑者。嘉祐庚子十月癸未記。《都官集》卷八。

〔一〕賊：原作『賤』，據庫本改。

〔二〕歷事：庫本作『歷年』。

秀州華亭縣布金院新建轉輪經藏記　嘉祐六年十二月

布金院去邑七十里，居有上人曰清已，其行淳白，善護其法，所謂慈忍精進者〔一〕。歲既久，閭里莫不嚮焉。邑人曰顔霸，乃首施錢二百萬，書其凡所藏經，又相與謀營大屋，爲輪而環積之。其後工未就，於是無遠近争投以財，若堂而構。越二年而告成。函以文木，襲以綈錦，載以華輪，瞰以藻閣，繚以珠貝，負以虯龍，覆以隆厦，周以廣廡。方琢圓磨，明怪幽巧，塗金間碧，嚴飾雜繪。總用錢千萬，前後施者略數百人，焕乎盛哉！夫西方之書，生滅之極談也。生滅者周流而無窮，周流之謂迹，無窮之謂性，迹有去住，性無前後，萬物見義，莫妙乎輪。輪之名有二：一曰法輪，諸佛之所乘也。智慧解脱以動之，戒定悲忍以行之。小而入乎微塵而有餘，大而御乎太虚而不能容。擬諸形容，而莫之能名，法輪也。其二曰苦輪，衆生之所乘也。動之以煩惱貪著，行之以冥亂罪罟〔二〕。上騁乎天，中騁乎人，下騁乎地，散而入乎鬼神之都、禽獸之鄉，而莫知其歸。擬諸形容，而亦莫之能名，苦輪也。噫！在佛爲法，在衆生爲苦。有衆生乃有佛，非佛不能度衆生。然佛之度衆生也，未嘗脱吾輪而載之。蓋即其所乘而指其所向，故能方軌同轍，而出乎無窮之域焉耳。然則凡所謂輪者，皆可以推止諸苦，令法流轉，亦幾於佛矣。輪之成也，上人以予能善解其義其文，可以申贊嘆，見屬者不遠千里云。時嘉祐辛丑十二月壬辰也。《都官集》卷八。又見紹熙《雲間志》卷下，《至元嘉禾志》卷一九，康熙《松江府志》卷二七，嘉慶《松江府志》卷七六，《嘉禾金石志》卷一九。

〔一〕忍：《雲間志》《嘉禾志》等作「惠」。

〔二〕冥亂罪罟：右引作「嗔亂罪害」。

湖州安吉縣靈峰殿記

障南古邑，靈峰在西南，水石甚美。負山爲宇，始五代開平丁卯歲，高僧義璘號明義大師作也。當吴越王重佛尚施，因用褒賜，且名靈峰。長興癸巳歲始作佛殿，以待有像。宗室太傅之夫人劉氏粤通夕夢，喜發檀信，乃損奩金，選工奏技，香塗嚴飾，尊侍列席，蓋已大備。越一百五十有九年，實皇朝治平元年甲辰，追用嘉祐壬寅明堂詔書，改賜令額。雖承平天覆，林泉有光，而風雨歲久，土木壞矣。院之七世法嗣仲賢曰爲上首〔一〕，游方受道，多所明達，賢首法門，持擅師講。行力既餘，博善兼術。於是徒尊於堂，人嚮其方，嘆此傾圮，慨慕興作。俄有邑民施則安、則寅、則寬、彦邦，及嘉禾沈承禮、唐簡，遠近十餘姓人，方企重師學，亦樂植福果，乃聚錢三百萬，共起敝舊。以治平丙午十二月十九日己亥經始，明年春大落成。金椎奠礎，文木繩直，若植其楹，如飛其甍，丹漆内外，紺碧上下，視古有褒，於邑爲勝大哉。薄伽梵之道也，以無我爲己，故萬物莫能逾；以無盡爲仁，故群生莫不被其力；以無邊爲量，故大至於虚空而不容；以無受爲得，故施等於大地而不爲極。顧一微塵之財，施一毛髮之棟宇，烏所以報稱者？然智者之至於斯也，修作之體空而成壞等，慳施之性一而受捨忘，中立於無相之域，而大寓於有爲之時，豈復一事而非道者？使衆人之至於斯也，香火以薦，歌唄以樂，登降旋拜，一合掌，一俛首，類如是者皆生乎無心而致其心，遂即其心而識乎無心，則其報於佛多矣，其利於人遠矣。可不記諸！時治平四年八月初一日丁未記。《都官集》卷八。又見同治《湖州府志》卷五五。

〔一〕『曰』字疑在『仲賢』上。

秀州華亭縣天台教院記〔一〕　熙寧五年正月

善哉，天台氏之建化也，以觀心爲法，以念佛爲宗。觀心者觀有心以至於無心，念佛者念彼佛以證乎我佛。或升階納陛，同踐堂奥，或順風乘航，横絶苦海，真可謂大乘之淵源，導師之方便者矣。原夫清净本然，無有空假，因緣忽生，萬法以起，河沙妙門，一念而足。所以體同寂照，神冥樂域，丘陵坑坎，悉見嚴净，衆鳥行樹，皆出法音。用之則然，何遠乎爾？佛隴肇基，神化周浹，諸方向風，緣應如響。則夫來四方之珍聚，肄六時之白業，棟宇具而神人安，鍾梵作而齋戒修，又可闕乎？秀州華亭縣某寺天台教院者，真鶴唳之奥園，實龍象之精舍。先是界相東南，地隙草茂。時和年豐，民有餘施，師徒日演，廣厦斯作。講誦未聞，人莫知嚮。法師元湛〔二〕，台嶺之宗，實爲苗裔，言厭游方，聿來胥宇。既以知見提撕其新學，亦用方便誘掖於里俗。於是檀供旁午，規模備具。復即净室，作西方彌陀之像，其高十有六尺，巋然垂臂，若將援溺，以應經量。邦人延宥，善施樂義，乃爲之購金，以極塗飾。然後居者有以係瞻誦之慤，游者以之起師仰之願，揭像運之觀瞻，畢空門之能事矣。嗟乎，誰謂布施爲住於相？衆生不愛頂踵，慳貪無厭，暗覆直覺，集爲苦本，流轉生滅，莫知攸止。故夫信舍作則執著亡〔三〕，執着亡則空寂見〔四〕，空寂見則佛性具矣。誰謂聲色不足以見如來？今夫金山之聚不輟乎吾目，和雅之音不息乎吾耳，塵法雖外，其心則我，苟無見聞，則無我佛〔五〕。故夫樂苦空而斷因果，厭諸相而求解脱，未足與語道者也。院既大成，嚴像且畢，以僕夙體斯道，見囑隨喜云。時熙寧五年正月辛巳陳舜俞記〔六〕。《都官集》卷八。又見紹熙《雲間志》卷下，康熙《松江府志》卷二六，乾隆《婁縣志》卷一六，嘉慶《松江府志》卷七五，《嘉禾金石志》卷一九。

〔一〕《雲間志》《嘉禾金石志》等均題作《超果天台教院記》。
〔二〕元湛：右引作『惟湛』。
〔三〕『夫』原作『無』，『作』原作『相』，據右引改。
〔四〕『執着』句：原無，據右引補。
〔五〕我：原作『有』，據右引改。
〔六〕末句原無，據右引補。

明教大師行業記　熙寧八年十二月

宋熙寧五年六月初四日，有大沙門明教大師示化於杭州之靈隱寺，世壽六十有六，僧臘五十有三。是月八日，以其法荼毗。斂其骨，得六根之不壞者三，頂骨出舍利，紅白晶潔、狀若大菽者三，及常所持木數珠亦不壞。於是邦人僧士，更相傳告，駭嘆頂禮。越月四日，合諸不壞者葬於故居永安院之左。其存也，常與其交居士陳舜俞極談死生之際而已，屬其後事，兹用不能無述也。師諱契嵩，字仲靈，自號潛子，藤州鐔津人。姓李，母鍾氏。七歲而出家，十三得度落髮〔一〕，明年受具戒〔二〕。十九而游方〔三〕，下江湘，陟衡廬。首常戴觀音之像，而誦其號日十萬聲。於是世間經書章句，不學而能。得法於筠州洞山之聰公。慶曆間入吴中，至錢塘，樂其湖山，始税駕焉。當是時，天下之士學爲古人，慕韓退之，排佛而尊孔子，東南有章表民、黄聱隅、李泰伯，尤爲雄杰，學者宗之。仲靈獨居，作《原教》《孝論》十餘篇，明儒釋之道一貫，以抗其説。諸君讀之，既愛其文，又畏其理之勝而莫之能奪也，因與之游。遇士大夫之惡佛者，仲靈無不懇懇爲言之。由是排者浸止，而後有好之甚者，仲靈唱之也。所居一室，蕭然無長物。與人清談，亹亹至於終日〔四〕。客非修潔行誼之士不可造也。時貳卿郎公引年謝歸，最爲物外之友。嘗欲同游徑山，有行色矣，公亦風邑豪預焉，冀其見仲靈，而有以尊養之。仲靈知之，不肯行，使人謝公曰：『從吾所好，何必求富而執鞭哉？』凡其潔清類如此。皇祐間，去居越之南衡山。未幾罷歸，復著《禪宗定祖圖》《傳法正宗説》。仲靈之作是書也，慨然憫禪門之陵遲，因大考經典，以佛後摩訶迦葉獨得大法眼藏，爲初祖；推而下之，至於達摩，爲二十八祖。皆密相付囑，不立文字，謂之教外别傳者。居無何，觀察李公謹得其書，且飲其高名，奏錫紫方袍。仲靈復念幸生天子大臣護道達法之年，乃抱其書以游京師，府尹龍圖王仲儀果奏上之。仁宗覽之，詔付傳法院編次，以示褒寵，仍賜明教之號。仲靈再表辭，不許。朝中自韓丞相而下，莫不延見而尊重之。留居愍賢寺，不受，請還東南。已而浮圖之講解者惡其有『别傳』之語，而恥其所宗不在所謂二十八人者，乃相與造説以非之。仲靈聞之，攘袂切齒，又益著書，博引聖賢經論、古人集録爲證，幾至數萬言。士有賢而好佛者，往往詣而訴其冤。久之，雖平生厚於仲靈者，猶恨其不能與衆人相忘於是非之間。及其亡也，三寸之舌所以論議是是非非者，卒與數物不壞以明之。嗚呼，使其與奪之不公，辯説之不契乎道，則何以臻此哉！雖然，仲靈之所以自得而樂諸己者，蓋不預於此，豈可爲淺見寡聞者道耶？仲靈在東南，最後，密學蔡君謨之帥杭也，延置佛日山，禮甚厚。居數年，然言高而行卓，不少假學者，人莫之能從也。有弟子曰慈愈、洞清、洞光〔五〕。所著書自《定祖圖》而下，謂之《嘉祐集》，又有《治平集》，凡百餘卷，總六十有餘萬言。其甥沙門法澄克奉藏之，以信後世云。熙寧八年十二月五日記。《都官集》卷八。又見《鐔津文集》卷首，《咸淳臨安志》卷七〇，《武林靈隱寺志》卷六下。

〔一〕落：原無，據庫本、《鐔津文集》補。

〔二〕具戒：原作『其戒』，據右引改。具戒即具足戒。

〔三〕『十九』下原有年字，據右引補。

〔四〕終：原作『中』，據右引改。

〔五〕慈愈：原作「慈俞」，據右引改。

福嚴禪院記　至和二年八月

佛無二道，末有禪、律，道异徒别，而居亦判矣。崇扉闖然，鐘倡鼓和，圓頂大袖，塗人如歸，環食列處，不問疏親者，謂之十方。人闔一户，室居而家食，更相爲子弟者，謂之甲乙，甲乙非道之當也。朝廷之法，緣人情而治人，大約不欲擾動，而卒要之以公。故制曰：其徒願爲十方居者，官聽之。近世稍稍有請者，公道之勝而徒之相嚮也。崇德介餘杭、嘉興之兩間，邑東北十里，林木蔚然而美者，福嚴院在其下。院始五代乾符之乙未，邑人鍾離裴置之，地有千乘，因名焉。聖籙重熙，號命丕冒，祥符始年，改賜今額。歷年雖多，有徒居之，獨稟自宇。皇祐庚寅歲，主者志洪率其屬僧願爲十方。縣爲之告於郡，郡謹用朝廷之法，即許之。其年七月，縣令命僧曰處成主之。成未幾弃去，而縣亦新令尹矣，又擇主曰繼式。成、式禪者，而皆出於十方居中，論議招納，皆不戾公道，而其徒歸之。人睨其道之勝、而徒之歸如是，而衆亦嚮。鐘鼓而食，斧斤而居，求於人皆樂然與之，惟恐不及。予居嘉興，小舟及其門，不遠二舍。嘗游於院之甲乙時，若像而殿，若聚而堂，苔沿甓隕，圮坍不支。後三年，游於式之時，前之草萊則蘭若矣，前之瓦礫則金碧矣。地非特勝也，人非始尚也，道之公而主之者亦才也。噫！天下之事不獨是，廢興之由未有不繫於公不公、才不才。公道未嘗亡，才固不少，顧擇之舉之之道何如耳。始，成之來，乃見命以記，作而未成。成之後會式，式復以請。院之廢興，則所目擊者，因興感以及人事，遂不愧而爲之辭。時至和二年八月一日，宣德郎、試大理評事、權雄州防禦推官陳舜俞記。《至元嘉禾志》卷二六，影印文淵閣四庫全書本。又見萬曆《崇德縣志》卷八，嘉慶《石門縣志》卷九，《嘉禾金石志》卷二六。

范純仁

范純仁（一〇二七——一一〇一），字堯夫，蘇州（治今江蘇蘇州）人，仲淹次子。皇祐元年進士，父死乃出仕，以秘書省著作佐郎知汝州襄城縣，簽書許州觀察判官事、知襄邑縣。治平元年爲江東轉運判官，擢殿中侍御史，屢奏不當追尊濮王，遂出通判安州，改蘄州，歷京西提點刑獄，京西、陝西轉運副使。召拜兵部員外郎、兼起居舍人、同知諫院，加直集賢院、同修起居注，改判國子監。因反對王安石變法，語多激切，出知河中府，徙成都路轉運使，左遷知利州、慶州，黜知信陽軍，移齊州。乞罷，提舉西京留司御史臺，再知河中。哲宗立，復知慶州，召除給事中，進吏部尚書、同知樞密院事。元祐三年，拜尚書右僕射兼中書侍郎，明年出知潁昌府，逾年知太原府，徙河南。八年，召復拜右僕射，再出知潁昌府，忤章惇意，累貶永州安置。徽宗立，歸許養疾。建中靖國元年卒，年七十五，謚忠宣。著有《彈事》五卷、《國論》五卷、文集二十卷。見曾肇《范忠宣公墓志銘》（《曲阜集》卷三），《宋史》卷三一四有傳。

安州白兆山寺經藏記　元豐元年十一月

予自少喜爲山水之游，凡所至有名山勝概，雖遐險必造焉。治平二年，自侍御史責倅安陸，安之西有金峰山，山有古白兆僧寺。時道人垂素爲之長老，而衆皆稱其名德。寺有本朝列聖御書，歲時郡遣從事檢校。予到官纔數月，遂自求以往。至則愛其林泉幽茂，岩谷深邃，周游登覽，而邀素從焉。惟法堂土木新，詢之則素所營也，予益嘉其必葺。又至僧堂北隅，有老屋，若殿而小，視其榜則經藏也。素指謂予曰：『此雍熙中所建，有龔御史石記在焉。然地址隩僻，蠹腐所滋，游禮者或不能至，將徙而置於大殿之西爽塏之地而新之。』予詢其期，則曰：『釋子舉事，待信施而集，雖志於有成，未可必其期也。』予移官去後一紀，謫守義陽，距安爲近。地僻少賓友，思得素談老、莊，而聞其老益高介，弃其寺而庵居，罕與俗接。予謾以書招之，書未達而素已惠然見訪矣。語道之暇，因曰：『昔者欲徙之經藏，今已成矣。自治平三年冬十月經始，至熙寧四年夏五月告畢，計用檀施之財八十萬，將刻石以記歲月，願公爲我書之。』予曰：『師嘗自謂傳達摩之宗，不立語言文字，直指心源，見性成佛，奚取五千之書，而復新其藏爲？又以一切有爲，皆如夢幻，已則忘之，何用歲月名氏之記，而求知於後人哉？』師曰：『不然。夫衆生靜明，真心與佛齊等。由情著於物，故翳而爲病。佛猶良醫，知病之本，皆稱其淺深緩急，爲藥以治之。今之經，猶對病之藥也。物之感情無窮，故衆生之病無窮，則其所治之藥亦無窮。此五千之書所以必有也。今之經藏，猶藥之府也。則其栖貯不得不嚴，將以應夫病者之求，則亦藥之肆也。其置設不得不顯，此藏之所以必徙而新之也。大凡前人有爲，必告後人以爲之之意，則庶幾其守而不墜矣。此記之所以必作也。』予聞師之言，愛其有理，故爲之書。元豐元年冬十有一月壬申記。宣統重雕歲寒堂本《范忠宣公集》卷一〇。又見同治《安隆縣志》卷三四，光緒《德安府志》卷五。

王欽臣

王欽臣，字仲至，應天宋城（今河南商丘）人，王洙之子。以父蔭爲大理寺丞，熙寧三年文彦博薦試學士院，賜進士及第。任開封府判官，徙群牧判官。元豐中，歷熙河路轉運使、陝西轉運副使。元祐初，爲工部郎中、直秘閣，進太僕少卿，遷秘書監。六年，擢工部侍郎，權吏部侍郎。紹聖元年降知廬州，徙饒州，入元祐黨籍，四年斥提舉江州太平觀。徽宗立，復待制，起知潁昌府。卒年六十七。欽臣生平爲文至多，家藏書數萬卷。其事見《續資治通鑑長編》卷二一三、二六七、三二〇、三三二、三八七、四〇四、四一五、四六六、四六八、四八四，《宋會要輯稿》職官六七之一六、選舉九之三、選舉三三之二一，《北宋經撫年表》卷二、四，《宋元學案》卷九六，《宋史》卷二九四有傳。

廣仁禪院碑

王師既開西疆，郡縣皆復，名山大川悉在封内。惟是人物之未阜，思所以繁庶之理；風俗之未復，求所以變革之道。詩書禮樂之外，蓋有佛氏之道大焉，乃敕數州皆建佛寺，岷州之寺曰廣仁禪院。於是守臣爲之力，哲僧爲之幹，酋豪爲之助，雖經歷累歲，而數百區之盛，若一旦而就。初，前守种侯度爽塏之地於川之西南，背山面川，規可以容數百區之廣，以爲不如是之宏大，則不足稱佛宇之尊。今守張侯謂經營之既久，而恐勤者有惰，日加戒促，以底厥成功。初，岷州之復也，詔以秦州長道、大潭二縣隸之。長道有僧曰海淵，居於漢源之骨谷，其道信於一方，遠近歸慕者衆，州乃迎海淵以主其事。其道勤身以率下，愛人而及物，始至則程其力之所及，必使力勝其事，事足其日。又有藥病咒水之術，老幼争趨，或以車致，或以馬馱，健者則扶持而至，人大歸信。郡之豪酋曰趙醇忠、包順、包誠，皆施財造像。荆榛薙而宫殿巍然，門扉闢而金人焕然。次則範鐘以鼓其時，藏經以尊其道。徒有常居，客有攸舍，儲峙有廪，涓潔有庖，最其凡四百六十區。其衆瞻之於高山大川、深林臣郭之際，來者趨，過者下，咸曰：『壯哉，吾昔之未嘗有也！吾昔之所謂佛居而持其教，知爲日矣。岷州故和政郡，通吐谷渾、青海之塞南，直白馬氏之地，大山重複以環繞，洮水蕩潏於其中，山川之勝可以言天下之壯偉。前日之頹垣廢壘，今雉堞樓櫓以衛之；前日之板屋聚落，今棟宇衢巷以列之。又得佛宫塔廟以壯其城邑，凡言阜人物、變風俗者，信無以過此也。西羌之俗，自知佛教，每計其部人之多寡，推擇其可奉佛者使爲之。其誦貝葉傍行之書，雖侏儷鴃舌之不可辨其音，琅然如千丈之水赴壑而不知止。又有秋冬之間聚糧不出，安坐於廬室之中曰坐禪。是其心豈無精粹識理者，但世莫知之耳。雖然，其人多知佛而不知戒，故妻子具而淫殺不止，口腹縱而葷酣不厭。非中土之教爲之開示堤防而導其本心，則其精誠直質，且不知自有也。傳曰『用夏變夷』，信哉其言乎！恭惟聖主之服遠也，不以羈縻恍忽之道待其人，必全以中國法教馭之。故强之并弱，大之淩小，則有甲兵刑罰以威之；擅山澤，專障管，則或賦或禄以易之；鳥獸驚駭，則文告期會以束之；閑田沃壤，則置兵募士以耕之；書勞告勤，則金帛爵命以寵之；争訟不决，則置吏案法以平之；知佛而不知戒，則塔廟尊嚴以示之。日計之不足，歲計之有餘，必世而後仁，盡在於是矣。元豐初，予以市國馬數至其郡，見海淵首其事，其後繼之，則見其功之半。今年遂自來告其功畢，請予記其終始。予謂海淵既能信其衆，又能必其成，復能知其終必以示後，皆非苟且者，乃爲書之。七年八月十四日記。《隴右金石録》。又見康熙《岷州志》卷一七，《甘肅新通志》卷三〇。

王安國

王安國（一〇二八——一〇七四），字平甫，臨川（今屬江西撫州）人，安石弟。幼敏悟，年十二即以文章稱於世。熙寧初韓絳薦其材行，召試，賜進士及第，除西京國子教授。改著作佐郎、秘閣校理、大理寺丞。熙寧七年八月卒，年四十七。安國與其兄政見有异，屢以新法諫之，且結怨於吕惠卿，及安石罷相，遂奪官歸田里。著有文集六十卷，詩《王校理集》一卷（存）。參見王安石撰《王平甫墓志》（載《臨川集》卷九一），《宋史》卷三二七有傳。

治平禪寺記

處州之松陽資聖寺，距縣郭西一里，矗然見於山林之間，而溪落其前。出入甌閩者，由之取道，而禱祠觀游者無時而不集，實爲一邑賓客之湊。太宗出御書，真宗出芝草，使藏其中，而仁宗又出御書，其來久矣。英宗即位之初，詔天下寺觀無籍而額不出於朝廷者，聽州縣條上，特賜以名。於是始被詔用治平之紀元以易其額，而歲度學者一人。父老相與語曰：『吾邑之遠而四朝寵錫，實爲盛事。且吳越之俗，鼓舞佛法者，固不迫於號令，而樂致其力。吾聞五代之時，黎民愁嘆於征戍調發之勤，迄我朝始合正朔於一，而百年之中養生送死於無事之際。退而思前人值其不幸之時，而我得不自幸耶？且聞佛法有因緣之理，苟貪今日之福，而不知福之所以植，庇上之德而不知德之所以報，泯然待終而爲後世之因緣者，尚何待也？』道寧乃輸錢於印經之院，售五千四十八卷，歸之寺，又合福之錢萬一千有奇，屬弟道隆者，使作轉輪之藏，有殿有堂，列以兩廡。又命僧省文丐佛像六十，而工以期年而就。噫，何其盛也！世之儒者以百氏出於道術散裂之餘，而佛尤後出，自西域數譯而至中國，上古之人不道也，詩書無有也，遂肆意詆斥，以爲與楊、墨、申、韓等，爲詭駁之説。雖然楊、墨、申、韓能行於一時，而終無抗儒者之辨。獨佛法之旋廢旋興，而山海荒忽之俗，聞佛則瞻仰贊嘆，與儒者并出而牢不可壞者，豈非其道神妙得於人心之自然耶？故雖不遠萬里，迹絶形殊，其言不可算數，而理則一也。彼以上古詩書求之者，特見其粗耳，孰知其精之在人而不自悟耶？方其因歸依之感於外，而使人之内有以發其信心，則侈其事以報之，奚曰不宜？同郡國子監直講龔原深之，吾游之賢者也，語其寺如此，而乞余文揭之碑，遂爲之書。光緒《松陽縣志》卷一一。又見雍正《浙江通志》卷二三四。

攝山白雲庵記

浮屠奉然自其鄉會稽絶江入於金陵，得攝山，游而愛之，結庵以栖，間語人曰：『利勢者天下之騖也，吾不能逐之。山川者天下之好也，然人不暇以争，吾得其不争者，而又不失所以同天下之好，以老吾生，豈不樂哉！凡食飲於山者二十有五年，而未嘗役使於吾者，波濤之洶涌，風雨之晦冥，蛟龍之怒，虎豹之號，出吾之上下，俯仰於庵中，唯裘葛之與俱，然吾之心不動而樂也。嗟夫，世之人遂以是動其心，而怪吾之不能逃而去之，安知夫可逃而去者，不有重於是乎？吾之志固無求於天下矣，然得吾志於此者，亦有命焉。』又曰：『用於時而喜與吾語者，吾獨得於南淮張公。張之來也，自以杖屨行，而坐乎草莽崖石之間。公歌而吾和，麋鹿馴其後前，忘其堂隍之上，冠帶嚴而徒隸役也。食蔬而飲泉，野老之睥睨，而山鳥之啁啾，忘其燕享之際，賓客到而管弦侑也。吾知其心，雖富貴無以易此之適也。』已而臨川王安國過之，然告以其間語於人者，安國曰：『古之人萬物不能喪其志，而有以自樂於出處者，惟義與命。然則山川之間，未必有不可處者，而朝廷之士，亦□□□岩逃心，坐則亂抽群言以諷誦，而不知世人之喧，歌咏先王之道以適意，寫長言以攄積，而不知世人絲竹移感之音。牖雖小，而不害其日月之光，水雖在盤，而不傷其澄清之氣。室雖周施無丈尺之多，足以優游逸樂乎吾身；地雖不容尺，足以想像黄河、泰山、九州、四海於其前。』予之貧困窘拘，而得室如此之卑，且不以爲憾，而足以樂分於是其間，又自喜其所益者愈大而無窮，然後知天之所欲成就乎人者如此。故使予仰不愧乎天，俯不尤於人，而知命之在我者無如之何。夫君子之學唯其命，是以不固其本，故邪心動乎内，而非義干乎外，不得則非其上者衆矣。以予之不肖而幸能自安，或者天其有意於我者，是未知也。故特記其室中之卑陋，而自知其窮之可笑，使予他日脱乎閭閻，衣被天子之恩寵，垂紳正笏，左右人主，富貴滿門，子弟光榮動鄉閭，而思今日無聊，足以去驕懷德，以道事天子，而無苟容坐食之責。予則今日之窮，迨將有以自堅。嗚呼！視人之所志，亦可以知人之所學，視人之貧賤，可以知人之處富貴，則予之記斯室也，豈苟然哉！故書於壁，以堅早夜之思云。《聖宋文海》卷七。

黄揆

黄揆，神宗時建陽（今福建建陽）人。見《咸淳臨安志》卷八三。

杭州雙林院記　熙寧元年

杭州臨安縣之西北寶林院者，即後唐天成初，里人大理評事俞壽以其山之高明深秀，真浮圖氏之所居也，遂召徑山僧景文廬於其旁巔。一夕，景文夢有祥氣達天三，及覺而异之。翌日，發地得金仙軀。於是俞氏族人盡絶其旁地以爲寶林院焉。院之建，距今百有餘年，堂殿摧圮，法像隤壞。其徒冲廣、藴式自嘉祐庚子同心悉力，募諸鄉人，鄉人樂施其財以成其志。以至於今，凡八年而工畢。其丹漆之宇、泥金之相，莫不焕然一新矣。英宗即位，例更天下寺名，於是始易今額云。夫金輪氏之教，自漢明帝時流於中國，及晋、宋、齊、梁之間，崇尚益甚。自是之後，夸侈日滋，樓觀相望，多於廛野之廬井，亦其習俗漸漬，而非釋氏之本然也。抑嘗聞，菩提以法界爲居，本空爲相。居以法界，則群生之前、萬物之後莫匪佛也；相以本空，則無倫之大、無内之小莫匪佛也。然而必宮其居，必像其象者，蓋爲之教，而使民得以景仰修省，而善之所自歸焉爾。冲廣請余書廢興之迹以示於後，余嘉其成功，而亦明其學佛之本焉。《咸淳臨安志》卷八三。

呂陶

呂陶（一〇二八——一一〇四），字元鈞，號浄德，成都（今四川成都）人。皇祐五年進士，調銅梁令，知太原壽陽縣，府帥唐介辟爲簽書判官。熙寧三年應制舉，對策枚數新法之過，雖入等，纔通判蜀州。改知彭州。十年，屢上書言禁榷蜀茶之弊，責監懷州商税。起知廣安軍，召爲司門郎中。元祐元年，擢殿中侍御史。二年，因與蘇軾兄弟同賈易、朱光庭等争論，被目爲蜀黨。後出任梓州、成都府路轉運副使。七年，回朝任起居舍人，改中書舍人，進給事中。紹聖初，出知陳州，移潞州、梓州。後奪職分司、衡州居住，徽宗立，復集賢殿修撰、知梓州。崇寧元年致仕。是年秋被列入元祐黨人碑。三年卒，年七十七。著有《浄德集》。《宋史》卷三四六有傳。又參本集《乞别給致仕狀》及戴揚本《關於吕陶生卒年歲的辨誤》（載《華東師範大學學報》哲學社會科學版一九九六年第三期）。

聖興寺僧文爽壽塔記　元豐元年九月

僧文爽詣予而言曰：『文爽之先居濟南，姓朱氏。方少時，去父母，來成都，學浮圖道，得聖興寺，藴中而禮之。會真宗皇帝吴國長公主爲報慈正覺大師，以普恩落髮，今六十九載矣。自爲童讀佛書，以至隸僧籍、登講座、主贊懺、長戒壇、居副職、衣紫方袍，無一不足者。行年八十，復何爲哉！惟晦默澄静，日俟終化。有爲我穴西郊之地，他日以燼骨藏其間而謂之壽塔者，敢請文以志焉。』陶伏聞家君言：『師字鑒之，相從最舊，知其爲人有律行，該通教典，終日演講，僅五十年，就壇禀戒者無慮千數。』嘗委橐金新護净寺門闌，求所利益，天章待制李公爲記其事。年雖耄，意氣不少衰，陶向遭先妣喪，數爲水陸大供，覬享冥福，師夜誦真諦，亹亹達旦，聲韵遠暢，愈於壯夫。蓋諸經所載佛語者嘗總而記之，故多且不遺也。悲夫！世之妄人牽聯馳突於利欲之墜哀惡貯過，以自封殖，伐滅天和，投墜罪境，不知其神魄之喪奪固已久矣。而猶蚤夜惕惕，恒恐浮軀之忽壞。凡如此者，又安能知釋氏之於死生甚近而易，乃有往來彼此之論，雖然，以師之輕清悦豫，不夸能，不役智，則未可以歲月期也。曰仲倪、仲昂、惟賢、士曇、士獨五人者，實繼其後云。元豐戊午歲季秋朔日。文津閣四庫全書本《净德集》卷一四。

眉州醴泉寺善慶堂記　元豐元年十月

士君子少而從政，老而謝事，去仕途之勞，就林泉之佚，康寧壽考，泰然自得，其始終往返之際，固已高於人矣。至於子孫，皆能有立，從而光大之，則尤可高也。吾鄉秘書監程公，踐歷寄任凡四十年，風迹凛凛，德惠在民。及其老也，得請而歸。高堂廣厦，足以奉起居之安；芳亭茂樹，足以遂吟賞之樂；安車輕蓋，足以便游從之趣；道衣野服，足以資蕭散之味。凡塵埃網羅、深可厭惡之事，無一毫輒累其懷。賓客到門，則置酒高會，劇談大笑如少壯時，往往日暮夜闌，不欲其去。有子五人，而官者四，其一人則又以才能見用，而仕亦顯矣。此退休之美，紹續之隆，皆可高也。非獨此而已，抑有可紀者焉。公嘗念仲弟泳之之亡而禄秩未及，乃以一子恩及其猶子，所以公之幼子尚未仕，而泳之之子已爲丞於大理。則昆弟義好之篤，於古無愧，宜其見愛於鄉黨而推尊之也。郡城之西曰醴泉寺者，公之先世實葬其側，歲時上冢，必止息焉。榛蕪滿前，棟宇敗陋，公出力而完之。僧紹良德公之深，乃建新堂，以繪公之像及諸子之仕者凡六人，而尊奉之。且推本公之祖考以來，積累深厚之所致，而謂之『善慶』，尚虚西壁，以俟俊哲〔一〕。程氏之族，信盛矣哉！昔人蓋有父子皆至公卿，兄弟同時爲二千石，則前史録以爲嘉事，後世藉以爲美談。考古揆今，良可尚矣。公官三品，年八十，古之鄉老也，斯堂之成，必飲酒以落之，子孫列侍於旁。鄉人愛公而來賀者，或以爵，或以齒，序位於前，起而執觴，羅拜而爲壽。賓主相與，尊卑相交，樂作於庭，酒行而無次，老者得盡其樂，少者不敢忘其恭。一席之間，有悦豫而無惰慢，於此觀焉，亦鄉飲之遺風歟。陶同郡人也，喜公之落成，而不得偕衆賓之末，酌以獻公，已而，從杖者以出，安能無慊於心哉？得書其事，不敢辭也。元豐元年十月朔日。《净德集》卷一四。又見《國朝二百家名賢文粹》卷一三八。

〔一〕後：文淵閣四庫全書本（簡稱『文淵閣本』）作『後』。

凌民瞻

凌民瞻，熙寧初爲常州武進縣尉。見《宋會要輯稿》職官六五之三〇。

明因禪院重建方丈記　熙寧八年

世之爲放曠曼衍之言者，指宇宙爲極矣，如來視宇宙猶一漚也。嘗以大千世界爲言，斯多矣，而未極其廣也。嘗又以殑伽沙世界爲言，斯廣矣，而未得爲無量也。然則無量者，非世論所可計矣。如來能以如是無量世界置諸虛空而不墮，納諸芥子而不迫，擲之方外而無動，沃之巨浸而不溺，神化無方，理絶思議。是《莊嚴偈》云：『净土如所欲，受用皆現前。』蓋言諸佛如來，游戲三昧，自在若此。雖欲貿梵世於忍土，遷内苑於鷲峰，固爲不難。然且徇須達之請而經營舍衛之室，忍其虛府庫殫智力而後成，豈神境妙用不足尚耶！嗚呼，非具大悲者，孰能與於此！衆生差别，知見冥鈍，要以檀施攝其初心。由是言之，祇園精舍，豈一手一足爲之哉？兹院成於國初，景祐中，璇玠師頗易舊宇。其間未葺者，日益隳圮，長老唯廣師補漏支攲，迨已四稔，尺椽寸甓，不以强人，凡興斯緣，莫非樂施。熙寧七年四月二十七日始工，後十月而工畢。坎高增庳，廣倍舊址，構櫨欂角，亦攻堅材，圬墁斫削，皆聚良匠。美哉！輪奂不日而成，如天持來，若地涌出，物不終否，在人而興。僝工之初，予嘗謂師曰：『弟子貧不能以財施，弱不能以力施，它日願施鄙文贊勝事。』明年，師故遺書來岳陽，從索斯記。師昔住天峰，蓋有甚大緣事，未嘗刻一言，今反記此者，是欲攝我以文施，因得記其歲月焉。《吴郡志》卷三三。又見《吴都文粹》卷八，《吴都法乘》卷一〇上之下，光緒《蘇州府志》卷四〇，民國《吴縣志》卷三六下。

慈梵

慈梵，神宗間湖州（今浙江湖州）僧人。見同治《湖州府志》卷五〇。

湖州飛英寺浴院記〔一〕 熙寧元年三月

在昔西國，有大醫曰耆域者，一旦趨吾聖人之席，以浴僧爲請。聖人曰：『能除七病也。』他日，二三子侍坐，詳問八道之初。門有賢守者，避席而對曰：『守也疇日於浴僧時肩隨入室，沈思於須臾間，悟觸宣明，成佛子住。』聖人曰：『皆修行也。』既而，其教入於中國，天子奉之，四民良者許爲之徒，學吾聖人之法。自是罄天之下，郛郭山林之勝，列刹相望。吴興飛英寺，殿塔叢立，房廡四周，有衆千指，而潔濯之室，最爲先急。既朽壞且久，不任其用，豈其稱哉？至和乙未歲，今僧判官表師，能以醫術，拔人於疾苦之間；出其囊槖，得錢一百萬，爲施之首。繼有借職楊開、長馬沈舉，及大姓豪士，隨而樂從，又得錢二百萬。遂鳩材命工，革舊而新之。堂曰暵者，冬用也；堂曰凉者，夏用也。設二階者，分長少也；開鉅爐者，以燥衣也。建大釜以化湯也，次小鑊以㸐灰也，方井以準日汲也，圓井以備歲旱也。上焕髹光，下排碧甃。能事既畢，當嘉祐戊戌春二月也。得元載、宗願二上人領之，勤其職也。凡一擊鼓，大衆雜沓，不速而至也。序進序退，雖有歎語，無喧嘩也。澡其外者，曰：『美哉！昔我七病，頓爾消脱；昔我百倦，遽然精爽。』洗其内者，曰：『至哉！尚不見身，何况諸病及以愈者；尚無有水，何况諸垢及以净者。』有一沙彌，束衣纔畢，擎跽而前，曰：『未若内外兩亡，不壞其浴。』予輒然之，因得浴之始末，書以告於來者。時熙寧元年三月十五日記。同勾當、知浴講僧宗願、元載、無外，副寺主、講僧元晟，寺主、持念大德文雅，會首攝長馬沈舉，三班借職楊開，募緣都勾當、管内僧判官、講經律充監壇選練事、醫學賜紫清表。宣奉郎、試大理評事、充平海軍節度推官、知福州寧德縣事李恂書朱，朝奉郎、尚書虞部員外郎、知歸安縣事、輕車都尉、賜緋魚袋鄭惇惠篆額，朝奉郎、守尚書司封郎中、充秘閣校理、知湖州軍州兼管内勸農事、上輕車都尉、賜緋魚袋、借紫王昇立石。同治《湖州府志》卷五〇，同治十三年刻本。

〔一〕題下原署：『苕溪沙門慈梵撰。』

釋神照

神照，熙寧初登州牟平（今山東牟平）開元寺講經律論傳法僧。見民國《牟平縣志》卷九。

宋壽聖院碑〔一〕　熙寧元年十一月

蓋聞金仁入夢，漢帝來祥，初標□□□□□□堂之號。况乎金柩寶地，是英明殖德之場；梵宇精藍，乃檀那種福之所。是以滅怨揚善，須仗奇材；竪正摧邪，仰憑碩德。儒乃五常□□，仁義居先；釋則六□□□，□□□□。□□福業，須仗群英，若不撓於賢豪，獨力難爲成辦。今者當院大殿一座，功德三尊，徘徊七事，周全圓滿，□尊具足，莫不玲瓏异彩□□□□□□□□□□□□□□殿堂，生心歲久，發意年深，良材十方演化，磚瓦遐邇檀那，精藍有地，大殿全無。先鑄金同像佛，無處安祥，致使人天失敬，緇素無依。遂乃輒陳丹□□□□□□□□□每見雲生霧起，靉靆□興，西有岠嵎，名峰常震，八方摇動，四面低印，宇宙□□普天嚮仰。北有神女之山，執爐雙峰，殊常异境，不具備陳。南有黄山之景，

□□□□□□□嵬峨□□地産□宅者，豈不是祇陀施樹，孤給買柢，永作伽藍之主，常爲保之公所。有院主繼貞者，心澄湛□，德峻峰巒，寬之善播緇素，高□□聲傳遠近。典座道威則温恭立性，謙遜成身，□十方以馬依，乃四海□是托，兼則匡護功深，修持務切。今則幸遇聖朝，得值明時，普賜敕額以飛來，何异於堯蕩蕩者歟！照以不才，輒申狂簡，乃述誦曰：

奇哉黄山院，美羡一方緣。聖恩普賜額，興隆得自然。檀那皆助善，生賀太平年。殿堂高□涌，□楹近日邊。慶贊良工畢，彩繪色新鮮。功德三龕有，周迴七事全。崇修勝會者，福業得升天。院□號黄山，徘徊方境全。嵬峨真金壘，峭峻黄玉連。鄰有龍三洞，興雲可覆天。順時甘雨澤，稼穡并常年。必定龍神護，方可得如然。側近神女峰，號曰執爐山。多應蓬島客，必是洞中仙。或即麻姑現，留名遠代傳。

殊常异境，片言難盡，聊序云耳。時歷大宋甲申之歲，熙寧元年十一月二十七日丁酉朔記。開元寺講經律論傳法沙門神照撰，同寺内僧斷講經論沙門□□□□□初參，學究孫競書，匠人孫永吉鎸。

〔一〕題下有編者注云：『在黄山後麓壽聖院中。碑額有楷書九字曰：『敕賜壽聖黄山院之碑。』大宋國登州牟縣東牟鄉巫山保。』民國《牟平縣志》卷九，民國二十五年鉛印本。

楊杰

楊杰，字次公，無爲（今安徽無爲）人，號無爲子。少有名於時，嘉祐四年舉進士。熙寧五年爲禮院檢詳文字。元豐中，官太常者六七任，一時禮樂之事皆預討論。元祐中爲禮部員外郎，出知潤州，除兩浙提點刑獄。六年，爲徐王府侍講。卒，年七十。有《無爲集》十五卷（存）、《别集》十卷。《樂記》五卷。見趙士彩《無爲集序》（《無爲集》卷首），《宋史》卷四四三本傳。

延恩衍慶院記

天台宗師辨才净老，坐道場者四十年。指空假中以接人，其心契於聖智；具戒定慧以行己，其德動於幽潛，真有道之士也。初住錢塘法惠院之寶閣，次住上下二天竺，又住南屏山之興教寺。往來學徒，蓋逾萬人。分傳教觀，多能演其所聞，開悟學者。師平生未嘗輒有求於人，然所至必爲四衆依嚮，莫不興盛，蓋其有以致之也。余在都下，時見清獻公與師酬倡偈頌，已知師之所存矣。及觀蘇子瞻與師言其兒幼弱不能行，因禱師加護，即壯而能行，然後知師功行至矣。師一日謂諸徒曰：『吾筋力衰憊，勞於應接，安得幽僻處一庵地以養餘年？』檀越聞之曰：『辨才師有退居之意，吾輩蒙其德不爲不久，盍往擇可居之地？』乃於龍井山得壽聖院，敝屋數楹，主者不堪其居，願人爲代以捨去。於是請師徒弟懷益主奉香火，汲巾侍瓶，甲乙相承，以嚴佛事。其院即吴越王所創，國朝賜今額也。檀越爲師鼎新棟宇，不日而成。中建尊殿，嚴聖像也；前有三門，示三解脱也；鐘鼓有閣，驚晦明也；堂曰『潮音』，信群聽也；齋曰『訥』，欲無言也；室曰『寂』，寂而常照也；閣曰『照』，照而寂也；泉曰『冲』，用不窮也。又堂曰『閑』，趙公致政訪師，退居二閑人也。庵曰『方圓』，不執一也；橋曰『歸隱』，退以樂也；沼曰『滌心』，淵清澈也；群居有寮，安其徒也。衆山環繞，景象會合，斷崖泓澄，神物攸宅，龍井岩也；勢將奮迅，百獸竄慴，獅子峰也；昔人飼虎，以度有情，薩捶石也；修竹森然，蒼翠夾道，風篁嶺也。元豐八年秋，余被命陪高麗國王子祐世僧統訪道吴越，嘗謁師於山中，乃度風篁嶺，窺龍井，過歸隱橋，鑒滌心沼，觀獅子峰，望薩捶石，升潮音堂，憩訥齋，酌冲泉，入寂室，登照閣，臨閑堂，會方圓庵，從容論議，夕而復還。師异日遣其徒丏文以紀其本末，余既與之記，又繫之以詩十三章云。《西湖志》卷一一，雍正刻本。又見《咸淳臨安志》卷七八，《杭州上天竺講寺志》卷九。

建彌陀寶閣記　元祐元年正月

不願生淨土則已，願生淨土則無不得生；不生則已，一生則永不退轉，世尊所謂阿鞞跋致阿惟越致者歟？夫具縛有漏，凡夫初憑信念，得生彼土，而三毒邪見，未能頓忘。何以知其不退轉耶？蓋以彌陀願力常所攝持，大光常照，上善常聚，壽命永劫。水鳥樹林，風聲樂響。演暢妙乘，聞其聲者，念佛念法念僧之心，未嘗間斷故也。衆生病之，佛爲醫王，法爲良藥，僧爲視病人，三者現前，病不得而萌矣。以是而言，則一生淨土，何從而有退轉哉？錢唐僧監法寶大師從雅，平生修舉彌陀教觀，參究宗風，樂爲偈頌，頗得其趣。又精於醫術，多施藥以濟人，人或以貨資酬之，則曰：『非我能也，三寶之功。』必轉施三寶，乃造寶閣，立彌陀大像，環以九品菩薩。海藏經典在其後，清淨蓮池在其前，定觀奥室分列左右，誓延行人，資給長懺，以結淨土之緣。豈獨以比丘身，慕佛大醫，用法良藥而已者哉！實能運慈施療，利與衆同也。其於念三寶之心，可謂不敢間斷矣。入是道場者，觀一切相爲非相，則能見彌陀之全體；觀一切法如幻法，則能入淨土之真境；觀我身之無我，則能具比丘之正見。故從如來而見無量如來，入一切淨土而周無量淨土，悟一法身而融無量法身矣。無念而念，無證而證，無修而修，淨土果海，豈易量哉！法寶僧監建立寶閣淨土道場，誘集淨業之侣，以期安養，則報緣之至，必果遂其所願也。元祐元年上元日，左朝散郎、尚書主客員外郎、輕車都尉、賜紫金魚袋無爲楊杰述。《樂邦文類》卷三，日本大正新修大藏經本。

净慈七寶彌陀像記

杭州南山净慈道場比丘法真大師守一，結同志洎檀越，用金、銀、真珠、珊瑚、琥珀、硨磲、碼碯造彌陀佛像，聖相殊妙，感應非一，無爲子瞻仰贊嘆。碎七寶以爲微塵，聚寶塵以爲佛身。見寶塵即見佛，佛無不是寶；見佛身即見寶，寶無不是佛。七寶，世間寶也，衆生貪取無有厭足，不得即瞋痴不能悟，此惡道之因也。七寶既已爲尊像矣，則非世間所用，乃出世之寶也。遇寶像者，應生恭敬，嚴奉禁戒，純固定力，了達智慧，此净土之因也。佛身等於大虚，故不設五藏，以衆生心爲心。故會中之人，各書彌陀一願，每四十八人而彌陀之願周矣，悉以藏於身中，示願願不忘衆生也。髻螺千有二百，一一實以舍利，堅固願力也。像成之日，以八種香湯灌沐如來，表八功德水也。人隨意以飲之，均甘露味也。一身清净，則一切身清净，一念清净，則一切念清净。然則不離娑婆，頓超極樂，一見寶像，成就大緣，豈思議之可及哉！乃作偈云：

和聚七寶，成如來身。寶即是佛，佛外無寶。佛即是寶，寶外無佛。於不二境，現諸净土。贊歎巡繞，念念彌陀。當與有情，同超極樂。《樂邦文類》卷三。

褒禪山慧空禪院輪藏記

法界本無衆生，衆生緣乎妄見。如來本無言教，言教爲乎有情。妄見者，衆生之病；言教者，如來之藥。以藥治病則病無不治，以言覺妄則妄無不覺。此如來不得已而言，賢智不得已而述也。故阿難陀集而爲經，優婆離結而爲律，諸菩薩衍而爲論，經、律、論雖分乎三藏，戒、定、慧蓋本乎一心。藏以示其函容，心不可以凝滯。是以雙林大士接物隨機，因權表實，聚言教而爲藏，載寶藏而爲輪。以教依輪則教流而無礙，以輪顯教則輪運而無窮。使披其教者理悟變通，見其輪者心不退轉，然後優游性海，解脱意筌，無一物不轉法輪，無一塵不歸華藏。非有深智者，其孰能與於此哉！《緇門警訓》卷六，《頻伽藏》騰一一。又見同治《鉛山縣志》卷七。

圓寂庵銘

萬法一源，萬念一息。法無不圓，念無不寂。强名而名，車塵馬迹。是庵何如，風清月白。宜秋館《宋人集·無爲集》（簡稱《無爲集》）卷一〇。

羅適

羅適（一〇二九——一一〇一），字正之，别號赤城，台州寧海（今浙江寧海）人。治平二年進士，爲舒州桐城縣尉，移兖州泗水令，改著作佐郎、知曹州濟陰縣，徙知開封府陳留縣、揚州江都縣、開封府開封縣，遷府推官，提點府界刑獄。繼爲兩浙提點刑獄、京西北路提點刑獄。建中靖國元年卒，年七十。適好古强學，獨嗜《易》，著有歌詩章疏碑碣雜文百卷。見舒亶《宋朝散大夫羅適墓志銘》（《台州金石録》卷四）。

定海重修妙勝禪院記　紹聖三年四月八日

元祐七年冬，予受命提點二浙刑獄事。明年夏，出按明州之定海，因之澥浦，經度創鎮，舟過清泉，有梵刹焉。枕河臨道，竹深而林蔭，氣象灑然，清與神會，就之以避炎熇。時長老智榮師喜我之來，芬我以香，息我以床，睡足環視，物幽景涼。觀其院之揭名曰妙勝。智榮師言：『五代時姚綰捨地建之，初號永安。大宋英宗皇帝登極，以治平改元，乃新今額。』熙寧五年，主僧元旦聞於州，願作十方州，致廣惠。首座淡交開堂，始昌禪席。淡交住廣惠，以智榮師繼之。予過時，智榮師造釋迦殿，新厨廊廡，其功將成。予已深嘉師能以禪人興教事，起人之信也。明年，師又使檀越嚴昶持書乞記，且云：『以元祐八年冬經始之，至紹聖二年秋工告畢，凡爲屋一百五十楹，佛像七身，粉繪莊嚴，華而不侈。』嗚呼，天下爲僧者多勞人以逸己，蠹我正法。智榮師能了自性，不爲己勞人，惟張大佛事，使四方衲衣緇侶得以安處乎般若之場，晨兮升堂，夜兮入室，破迷祛惑掃空，了知如來正法眼藏與虚空等。又能使一方白衣俗士信佛有大法門，可以出生死，滅罪業，各植大善根，入我佛境。師之所存，不其偉哉！予嘗怪世之學禪者，自藥山不許人看經之後，妄生疑情，不知藥山爲人破執，欲人言下，一决而悟，由不二法門直入無等等正覺，反以口耳所聞，縱横辨捷，自謂見性，弃經破律，蕩無所守。譬如操舟之人，不信柂楫，流浪江海，安能到彼岸耶？又聞之藥山，嘗自看經，或有問者，藥山云遮眼。此善忘其指者也。如來云：『以筏喻者，法尚應捨，而况非法！』吾知藥山真看經者也。師爲我謝學者，藥山古佛，豈欺後世哉？勉之。紹聖三年四月八日記。《延祐四明志》卷一八。又見《四明圖經》卷一〇，《四明文獻考》卷一一五。

永樂教院記

余成童時，好讀書，而鄉中無文籍。唯鄉先生朱叟綘世傳《論語》《毛詩》，皆無注解。余手寫讀之，茫然不知義旨之罅隙，唯永嘆而已。慶曆中有僧智賢師、禹昭師，皆里釋之秀者，同游錢塘，傳智者教，以餘力事明静大師。惟賢通儒書，能講五經、《論語》。二師性明敏，志堅而氣剛，各以儒釋二家自負，不少下人。余因得與二師游，假其書，叩其論議，日浸淫開發，「聞此達彼，由是知聖賢之門墻，有可入者。遂尋師訪友，以終所業。余知經術之爲樂，權輿於二師也。熙寧初，余以赴泗水令，去鄉凡二十有五年。元祐六年，始按刑二浙。明年春，抵鄉曲，智賢已謝世，惟禹昭師迓余於王愛嶺。師雖雪眉松骨，老瘦成翁，其神清氣静，儼然若昔時。叙别話舊，傷往而感來，遂相與泫然流涕。師且告余曰：『此去東南三里，即蔣山，其院名永樂，老身之故栖也。願公臨之。』因與之踏雲躡翠，入長松之徑，登堂皇，卷簾四顧，美乎哉，前岩後峰，左岡右隴，流泉若蛇，盤屈而東注。東北有峰最高曰石柱，師曰：『以多大楞名之也。』是時春色在物，夕陽滿山，野花開而百鳥啼，微風起而白雲亂，幽芳可櫇，逸興俄生。於是與師扶欄握手，相顧而笑，論無生之法，盡滌有慮之塵。緣言皆投機，默而心喻，何必須過虎溪然後稱陶潛、遠大師之忘形也與？明日歸溪南，師録其建院之因求作記，且曰：『蔣山者，蜀人蔣珏之後，諱政，字文通，避地居此，人以名。由梁天監中捨宅爲海雲寺，隋改曰海月。唐末兩爲兵寇所焚，錢氏乾符中，鄉人王惠與僧道隆興之，吴越王易名永安。本朝淳化中，貞惠大師常覺亦增葺焉。治平初，賜今額。』禹昭顧棟宇之已隳，勸檀那之植福。有麻氏者，鳩信士，率財力，新大殿，作山門，次建法堂、僧堂、方丈、僧房、厨庫及賓客之館，凡七十楹，皆撤舊成新，易卑爲高。始熙寧五年，終元祐八年。功告畢，余得師所録，久弗暇書。易路饑右，坐潁昌府久要堂竊思之，自余登第三紀矣，鄉曲少年，無登第者，亦無僧以儒釋學自負如二師者，然則山川秀氣，豈絶於吾黨也？必將有豪杰之士，發憤自奮，或儒或釋，揚名天下者矣。然則余老矣，不知能及其見否也？因取其所録暨余與二師相遇之始末及前日歸鄉之新事，載之鄙文，使吾黨少年他日觀吾文，知我起白屋之艱。若在故舊之難忘，能自激昂，以成厥志，此余作記之微意。其院之畛域，則紀於碑陰云爾。《赤城志》卷二九，台州叢書本。又見光緒《寧海縣志》卷二一。

蕭佐

蕭佐，吉州龍泉（今江西遂川）人。嘉祐四年進士及第，授校書郎、縣主簿。見乾隆《（江西）龍泉縣志》卷七。

重修資教寺記　嘉祐五年

嘉祐二年，予閑居東堂山齋。一日，僧守聰訪余，謂曰：『聰所居曰資教寺，由唐建置。舊爲金輪山，大中祥符元年敕賜今額。基址廣六七畝，遺落棟梁，不能禦燥濕，散風雨，遽圖新之。慶曆改元與工，勸誘之勤，計慮之密，積十五年於今，幸而畢之。立楹若干，費錢若干。像有殿，講有堂，餐有厨，賓有館，前澗有梁，後寢有室，重門兩廡，高樓複閣，環四周〔一〕，無一缺者，復手植松柏果木幾千本，冬寒可温，夏暑可凉。聰老且疾，旦暮人耳。後之繼予者，其過者將加麗而侈之，不及者將掃而隳之，則平日焦心瘁力，卒無所恃。敢請文於石以示人，有如不侈不隳，則死無遺恨。』予雖諾之，會應舉未暇。越明年，予得第還，聰已死矣。又明年，予將之官，其徒自新、自誠懇於予曰：『先師垂死日，有噫嗚不足之聲，問之，謂足下之文未得也。』予素以信稱，固不誣死者請。嗚呼！聰之意恐傳非其人，故須文以識，新、誠承師意而畢其請，死而有知，則聰魄怍於泉下矣。因詳識其言歸之。若客某人施某山，祈某福，某人施某宇，禱某疾，則非予所聞，請別勒於他石。

〔一〕環四周：疑脱一字。乾隆《（江西）龍泉縣志》卷七，乾隆三十六年刻本。

劉琦

劉琦，字公玉，宣城（今安徽宣城）人。博學强覽，立志峻潔。第進士，熙寧初以都官員外郎通判歙州。熙寧二年爲侍御史。以反對新法，貶監處州鹽税、鄧州通判，卒，年六十一。見《續資治通鑑長編》卷二一一，《宋史》卷三二一有傳。

大寧院塔記　慶曆七年十二月

粤自元胎無象，太素□形，陶冶萬靈，鼓舞群動，而衣被亭育之仁，功不可以名况者，其三極之道，而元氣之宰歟。故聖人作爲郊邱以盡其報祀，陳其祠祝以降乎嘉生。矧惟覺皇之撫運也，等隆二儀之尊，奄荒大千之界，道濟群有，恩加四生，正覺無解而并拯群迷，至慈因相而咸救諸苦。同大虚而物無不納，開證悟而妙議無邊，爲大總持而庇我黎庶。自神光顯赫，紀乎魯史之編；威德開祥，肇乎漢闈之夢。故像法東被，頓教西流，能仁傳洎於舍靈，圜首盡思夫祈報。塔廟之建，此其謂乎。惟宛陵郡作藩南夏，據吴上游，地産氣序之平夷，江漢岡巒之濱帶，餘縣有六，經居上焉。自東晋以還，李唐而降，牧伯令長，必擇其清賢。風謡民教之在柔，神奸癘疫之不作，叢是吉祥，號爲勝壤。負城西出一舍，院曰大寧，乃唐禪師應公宴坐庵址也。自昔迦葉授佛心印，得其人而傳之，至師於比邱凡二十五葉，而達摩得焉。後而傳之徑山融公禪師，即徑山之法裔也。蟬聯珠貫，咸振祖禰，而净土因人，肇爲寶所。厥初聖賢經始之靈异，水木更運之遷迴，締構廢興，悉存院記。院之始創，本曰長安，洎於皇朝，乃賜今額。惟壯嚴清净之居，真日月琉璃之界。經皇之所安止，清侣之所栖游。檀施嗣臻，香象蹴踏。院釋晏明得如來付囑之旨，成諸佛報運之緣。發洪願心，運廣大力，嘗謂道成由乎己立，國净資於他化。遂同本師悟公募施，就院建佛閣一十二間，雕塑聖像三尊。一殿月容趺儼，棟宇翬飛。寶嚴侔祇樹之園，象設擬竺乾之所。勝緣日就，行檀悦隨，入於本院，建法堂三間，香積房廡。院成，乃召其徒謂曰：『夫無存於化，是名無相莊嚴；荷擔受持，故曰菩提妙果。今賢劫去世已遠，大懼教淪，而至聖互興，扶此法要。』於是乃建泗州大聖寶塔一所於院之後。作是願已，爰募有情聚落之人，贊嘆踴躍，委貨幣而言捨者，如號召而至焉。莫不度材揆景，命匠程功，開盤礴之基，穴烟嵐之秀。軋地軸而疏址，摩霄堮而創規。斫峻成夷，鎸岩礱礎。二築靡勞於覆簣，基岡豈自於他山。其徒蒸蒸，其作憑憑。經綸廣袤，棼撩相承。金繩界道以增焕，寶網羅空而上躋。燭萬象之明滅，洞迴溪以無際。右腋於浚壑，左跨於巨峰。重巒伏其背，大野朝其嚮。聳盤據回抱之勝勢，爲堅牢地神之固護。茲所謂成第一希有之功德，就不可思議之福緣者矣。塔成，無慮總五級，而聖像在焉。用緡五百餘萬，自寶元歲在戊寅而矢謀之，年逾七次，慶曆甲申而工役成。噫，西方之教也流於震旦，而巍巍赫赫，如此其大者乎！故離苦惱而涉是境者，疑化城焉。功德既圓，會議刊石，且欲流之异時，以永其傳。慶曆七年十二月十五日記。嘉慶《涇縣志》卷一一，民國刻本。又見《涇川文載》卷三九。

陶輔

陶輔，字佐臣，神宗時永州（治今湖南零陵）人。見光緒《湖南通志》卷二七八《九龍岩相佛殿基題記》。

九龍岩相佛殿基題記

郡下陶輔，因周運判駕漕請，同岩主喜公相九龍壽聖院佛殿基。時熙寧元年季夏初二日，奉還訖，輔記。光緒《湖南通志》卷二七八。

沈括

沈括（一〇三一——一〇九五），字存中，杭州錢塘（今浙江杭州）人。嘉祐八年進士，熙寧中參與王安石變法。歷檢正中書刑房公事、提舉司天監，遷集賢校理、同修起居注，擢知制誥兼知通進銀臺司。熙寧七年爲河北西路察訪使。次年出使遼國，力斥其奪地之謀。遷翰林學士、權三司使。熙寧末，因事降知宣州。元豐三年，除鄜延路經略使、知延州。五年，坐首議築永樂城，責授均州團練副使，隨州安置。元祐初徙秀州，晚年居潤州夢溪園。紹聖二年卒，年六十五。括博學多聞，於天文、地理、典制、律曆、音樂、醫藥等無所不通。有《夢溪筆談》（存）、《蘇沈良方》（存）、《長興集》（殘）等著述四十餘種。《宋史》卷三三一有傳，又參胡道静《沈括事迹年表》（上海古籍出版社一九八七年版《夢溪筆談校證》附録）。

筠州興國寺禪悦堂記　元豐三年二月

嘉祐中，予客宣之寧國。邑溪之西有古佛祠，垣楝顛夷叢薈之間。披道至其下，僅若有人迹，而學者守静居之。比三年，則山嘯木偃，複宫曼閣嵬嶫於溪山之間既完矣。其所以動其邑人，使之輸財捐力，凡一櫋櫨塗藁之細，皆出静之梱致。已則委之而去，莫知其所抵。後十四年，予自禁廷謫守宣州。一日，典客以佛者見，望其貌則静也。徐問其所從來，曰：『客高安郡之興國寺，即其廬爲浮圖，高數百尺。而又使郡人吴文忠與其弟文贊賦泉二百萬，闢大堂於其下。堂成，榜其目曰「禪悦」，而未有以傳其績。所以輕千里，蔑山川之阻以至於宣，將予是請，所以侈堂之成功，而願有以告於其後也。予聞之，佛之爲教，凡所爲廟塔器飾，飲食起居，一莫不寓其法於其間。不獨其道有以動人，而學其法者多能自處於得喪勢利之外。以其無待於勢，乃能使不役於勢者爲之用。以其不瞷於利，乃能使瞷於利者爲之忘其所樂以徇之。此静之所以屢爲宫廬之壯，而力嘗若有餘者。豈其所操任者，獨能果於衆人乎？』静之言曰：『其堂之袤可以飯千人，其廊疏徼道麗嚴宏杰，可以獨名於大江之西也。天下之言宫祠之盛者，無越於江西，是堂也，又將闖然獨賢於其間。至此知静始弃邑溪之勤，不翅若一敝帚，殆不足難也。佛之所爲，寓其法於事物之間，其微至於無所不在，而語言文字爲籧篨，則子復可言〔一〕。』予之所能書，蓋静之所欲言，而主予以爲之説者，如此而已。元豐三年二月庚午記。光緒二十二年浙江書局刻本《沈氏三先生文集》（據吴允嘉校補明翻宋本刊）之《長興集》卷二二。

〔一〕子復可言：疑當作『予復何言』。

泗州龜山水陸禪院佛頂舍利塔記

龜山西壓大淮，其枝自舒蓼漫衍而北，度盱眙之峴東折。其勢垂盡，而一峰嵬然壁挂，踵曳大淵，縈淮墳，蹂博野，壓奔流之匯，縻大菑不能窮其深也。世傳淮靈伏其下，怪風暴浪翕忽崩怒，山淵投播，飛鳥震落，而覆舟發野，其害被於數州。祥符中，淮南至行師始營佛寺於山之陽，偶像數百，皆爚金爲之，所以鎮淮祇、走龍蜃以爲水暴者。力未就，而門人自信繼其業，相因數十年。江淮之間揭貲幣，轉材篚糧，即工於山下者，相尾於道。慶曆中，詔遣中貴人持佛頂骨舍利，函以金塔，坎於山脊，於是即山爲宫，逶蛇登降，環絡彌布。中爲浮圖十有三成，爲高二百有五十尺。面峙峻閣，而複殿翼其後，廊疏句繚，下濱淮澨。至於天清景明，决流凝湛，彩鏤之飾，浮動波間。鍾梵之聲，飄颻下上於杳渺之際。舟楫出於其下者，莫不爲徘徊翔佯，掇操而仰望躊躇者久之。予往來淮泗之間，經於是山者殆數十。每至必翔集顧慮，無風波之虞，然後敢濟。近歲過之，則舟人鼓氣自若，無復向日危懼恂栗之色。問其居人，則指以語予曰：『今之操篙刻舟而濟處，則异時之大淵深潭也。』其説以爲汴流之所堙。然汴之始鑿於西漢元成之間，距今濁河之委貫淮而東者千有餘歲。惟審之，淵不於此時泯滅，而乃驟堙於數十年之間，則其謂之禬禳消伏之所爲，固未容辨也〔一〕。觀龜山之爲袤不能數里，而宫廬像塔美奥之如此，蓋其經營以終其績者，自信師之裔宗衍者。衍主是山且三十年，人信衍，故衍得以發其才於宫廬像塔之美。自至行發其原，再傳至於衍，而後細大之物無一不具。以匹夫之勢，徒步以就萬金之室者，豈易爲力哉？方天下至治極盛，四方朝貢餉饆於京師，舟車道其下者居天下十分之七。奇風駭浪不作，人得以嘯歌俯偃以濟不測之大嶮，則其爲神靈所擁，而宫廟爲之馮翼，斯亦理之宜有者。况其覺寂之所寓，理相冥絶，詎可以起作之意識而窮其變神者哉！《長興集》卷二二。

〔一〕辨：原作『焕』，據四部叢刊三編影印明翻宋刻本（簡稱『叢刊本』）、影印文淵閣四庫全書本（簡稱『四庫本』）改。

宣州石盎寺傳燈閣記

凡所謂山川國邑，一切空有動寂諸相，其廣塵若沙之無窮。有大聖人出，曰：『是皆妄也。』以爲妄者亦妄也。道不二，不二也者，非一也。唯不二與非一，則名尚無所寄，况其爲言也？於是有一乘、三乘、十二分、七拘胝、十二韋陁無盡藏法，遣一切妄執。』有大聖人出，曰：『是亦妄也。法無作無住，至於無説。無説亦妄也，則有一語、一默、一眴摇屈伸而具百千億塵沙法門。』其爲術可謂至約矣。釋迦以是付之迦葉，世相傳述。其流入於中國，記其説者其積又且數百卷，烏乎多哉！宣州石盎寺有孚師，少游四方，得禪者學以歸，又欲廣其傳於异時。悉聚其書，營複屋以藏之，曰『傳燈閣』。或謂書爲道之累，所以釋書而傳之以心，又將收其客智滓粕以寓古人之所弃，豈正法眼之謂也？予以謂無傷也，是欲使人無言者，言何預哉？孚之所欲者傳，夫豈傳書也？苟得其人，雖十二韋陁藏相本空寂；苟非其人，毗耶據坐，未易識辯。知其所以爲善巧方便，奚至蓊蓊計校於理相筌筏之間哉？《長興集》卷二二。

東京永安禪院敕賜崇聖智元殿記

道不可見，古人以謂强名之。物之所由而非所止者，道也。止則非道，以此名乎所不能名者，故道爲芻車，名爲寓馬。佛者名其身且三：以體言則曰法身，以智言則曰報身，以用言則曰化身。芻車之行，寓馬之步，體也。照起則智現，事接則用生，此名之分也。慶曆中，佛之徒宗澤刻像佛於成都之西永安禪院，闢廣殿以居之，爲髣蓮千房以妥大像。復爲蓮英千苞出於房間，房别一佛絶。千苞皆佛也，而攝於一像，是所謂盧舍那者，始名其殿曰『千佛』。千佛者報身之所生，而所謂化身者也。今夫所謂盧舍那者，千佛之所自生而以智名者。智所以作聖，而聖者化之積也。於是改賜其名曰『崇聖智元之殿』，而上親御飛白字以嚴其榜。佛之名體密妙難迹，非上聖超悟境、昭等融，孰能控搏無形，寫之毫素，一言所標而顯三身差別之慧，辨十萬調御之雄照者哉？觀夫妙相凝湛，神筆飛煥，日月之光鬱蟠於櫋櫨之間。神耀相宣，群飾嚴翼，至者赫然若有監其上，有臨其左右。一望璙章，而盧舍那之身具；環視衆色，而千百億之身圓。非由内出，不自外鑠，不墮諸見而見。以此期乎歷階趨隅以瞻夫表揭者，是不可以無志也。微臣瞻仰聖製，以偈贊曰：

具足無畏天人師，大毗盧海不思議。妙湛圓澄離諸量，一念不動遍千萬。芬陀一葉一釋迦，衆生差別之所現。無作光明等法界，是明諸佛大報身。因陀羅相不可睹，要假名言顯實際。我此見佛清净眼，因智元故發妙明。非内非外及中間，文字相空獲自性。前聖後聖嚴此殿，是故此殿最吉祥。是像非像真非真，一薩婆若等無二。不墮諸見見真像，如金剛山坐道場。一毫光相施伽沙，盡諸有情得無漏。《長興集》卷二三。

袁轂

袁轂，字容直，一字公濟，鄞縣（今浙江寧波）人。嘉祐六年進士。尉建安，歷青州録事參軍，後以薦知邵武軍。通判杭州，與蘇軾唱酬篇什甚富。移知處州。終朝散大夫，贈光禄大夫。有文集七十卷，《韵類題選》一百卷。見《寶慶四明志》卷八，《攻愧集》卷七七《跋袁光禄與東坡同官事略》，雍正《浙江通志》卷一六八。

多福院記　元祐二年二月

予自昭武歸故鄉，視其閭巷，非故也。昔之榛棘者，皆連甍而駢棟矣；昔之雕峻者，皆蕭然而不屋矣。見其父老，非故也。昔之孩提者，皆頎然而長矣；昔之少壯者，皆皤然而老矣，且死者十有八九矣。訪其居民，非故也。昔之農者，今轉而爲工；昔之商者，今流而爲隸，貧者富而賤者貴，皆交相爲盛衰矣。嗚呼，世態之變如此！所不變者：巍然而高者，吾知其爲刹矣；儼然而尊者，吾知其爲佛矣；鍾於朝，鼓於暮，環然而食者，吾知其爲僧矣。歲雖水旱，天不能以飢；宅雖不毛，地不能以寒；勢雖王公，人不能以賤。求之於迹，盛多而衰少；推之於心，背寡而向衆。信乎，非有常者，孰能如此！甬東有多福院者，乾德三年，州民趙軒舍園作室，主者德全以施無礙之浴。開寶七年，州刺史錢億易號興福。治平元年，始錫今號焉。熙寧元年，有圓瑩者興其所廢，而人樂輸其財；新其所故，而工樂竭其力。未信者信，人樂從其化；未悟者悟，衆樂入其室。元豐七年春二月，燕然坐終。繼者清雅，亦其人也。夫萬事之理，勤於未就而怠於已成，佚於有餘而勞於不足。師能勤其所怠而勞其所佚，則繼師者雖百世，吾知其如今日矣。元祐二年二月望記。《延祐四明志》，文源閣四庫全書本。又見明抄本《四明文獻考》頁二五三，清抄本《敬止録》卷二九。

蔣之奇

蔣之奇（一〇三一——一一〇四），字穎叔，常州宜興（今江蘇宜興）人，蔣堂侄。嘉祐二年進士，治平中擢監察御史。神宗立，轉殿中侍御史，因劾歐陽修不實，貶監道州酒税。改監宣州税。熙寧中，爲福建轉運判官，歷淮東、陝西等五路轉運副使，擢江淮荆浙發運副使、發運使。加直龍圖閣。元祐中，累遷至寶文閣待制，歷知潭、廣、瀛、河中、熙等州府。紹聖中，召爲中書舍人，改知開封府，進龍圖閣直學士，拜翰林學士兼侍讀。坐事責守汝州、慶州。徽宗立，復爲翰林學士，拜同知樞密院，進知院事。崇寧元年，除觀文殿學士、知杭州。三年卒，年七十四，謚文穆。著有文集百餘卷及《孟子解》《老子解》等書。《宋史》卷三四三有傳。

大寧院大義堂記　熙寧七年

熙寧七年，大寧端禪師訪予於淮南。既見，且言曰：『應端於所居之院新作法堂成。嘗聞百丈禪師謂其徒曰：「汝爲我開田，我爲汝説大義。」應端以「大義」名其堂，不識可乎？』余應之曰：『不亦善乎，若所欲名之也！且若亦嘗究大義之説乎？試相爲言之。夫所謂大義者，非空非色，非受非想，非行非識，是大義。非眼、耳、鼻、舌〔一〕、身、意，非色、聲、香、味、觸、法，非眼界，乃至非意識界，是大義。非無明，乃至非老死，非明盡，乃至非老死盡，是大義。非苦，非寂，非滅，非道，是大義。非常非樂，非我非净，是大義。非檀那，非尸羅，非毗黎耶，非羼提，非禪那、非般剌若，是大義。非須陀洹，非斯陀含，非阿那含，非阿羅漢，是大義。非地，非水，非風，非火，是大義。非煩惱，非涅槃，非魔，非佛，非世間，非出世間，非非，非不非，是大義。人寧若復應知不起晏坐，而現大神通，是大義。不離有爲，而入大寂滅，是大義。』言未既，禪師起，合掌而立；余亦起，叉手以對之。禪師熙怡微笑曰：『大義盡此矣，請歸而刻之，播之遠邇，傳之永久。使若見、若聞、若書寫、若誦讀者莫不開迷雲、裂疑網，燭昏衢而得照，航苦海而得度，其爲利益，不亦溥乎！』余曰：『善！』遂書以授之。堂經始於熙寧三年正月，告成於熙寧六年十月〔二〕。凡爲屋五間，凡施錢二百萬。爲之檀越者，信士凌茂勤而下二十一人，列於碑陰云。嘉慶《涇縣志》卷二五，嘉慶十一年刻本。

〔一〕舌：原作『色』，徑改。眼、耳、鼻、舌、身、意，佛家所謂『六根』也。

〔二〕年：原作『月』，據文意改。

潭州道林寺四絶堂記

彼以杜詩、沈書爲絶，吾無敢言。若夫遺歐陽詢而取裴休，置韓愈而取宋之問，則未然，乃爲詮次：沈書一也，詢書二也，杜詩三也，韓詩四也，此之謂『四絶』。《方輿勝覽》卷二三。

吴從吉

吴從吉，神宗時人，郯城縣東望仙村民。見嘉慶《寶豐縣志》卷一五所撰《獨修第五級大悲塔記》。

獨修第五級大悲塔記 熙寧四年九月

蓋聞名塔之設，金身所憑，第傾清净之心，實睹崇高之像。又見良材未備，巧匠難模，特推今日之功，用助千年之固。於是捨己財於有足之誠，護福慶於無瑕之果，伏願皇帝萬歲，重臣千秋，文武百寮常居禄位，工商樂業，民士安康。餘冀風雨以時，星辰合度，戈鋋寢息，稼穡豐登；四恩三友、七祖先亡，皆乘勝因，同成妙覺。時熙寧四年歲次辛亥九月二十五日，郯城縣東望仙村施主吴從吉并妻趙氏謹記。嘉慶《寶豐縣志》卷一五，嘉慶二年刻本。

繆潛

繆潛，諫子。熙寧中游於修武縣百家岩寺，累官至通仕郎、熙州狄道縣丞。大觀元年，以祖父母有德行，特循一資。政和四年，以文林郎授慶源軍節度推官。見《宋會要輯稿》禮六一之五及所撰《智深上人經幢銘》，《賜紫大師道凝經幢銘》。

崇明寺智深上人經幢銘　并序〔一〕　崇寧四年七月

熙寧改號之五年，歲在壬子，夏四月初，余始來百家岩崇明寺，與二三友人講學於疊雲樓上，有僧凛然其儀，茫然其量，出語無文飾，臨事有剛斷，負荷内外，獨贍百口之衆。余怪而問之，即主僧，俗姓俎氏，法名智深者也。逮崇寧乙酉秋七月初，余思竹林之游，復到岩下。其門人道英出其行狀，且曰：『先師陸真山陸村之人，生而好佛，幼而出家。慶曆八年三月望日，受戒爲僧。元符三年九月八日示滅於衆，得臘五十有三，享年八十有二。度弟子六人，道英其一也。已燼骨葬於山門外之東嶺，立石幢丈餘，刻《尊勝陁羅尼真言》於其上。欲乞一言以銘之，庶取信於來世。』

余惻然，念其至誠，乃爲之銘。銘曰：

堂堂智深，崇明之老。主寺十年，咸以爲寶。壽八十二，天實畀之。葬於東嶺，鳥獸俱悲。誰立經幢，道英之報。九地幽深，慧日能照。

崇寧四年七月望日。本寺僧靜熙書丹。道光《修武縣志》卷一〇，道光十九年刊本。又見民國《修武縣志》卷一三。

〔一〕題下原署：『通仕郎、前熙州狄道縣丞繆潛撰』。

崇明寺賜紫大師道凝經幢銘 并序〔一〕 政和四年三月

政和建元之春，山僧靜熙晨登余門，慘然而言曰：『我先師已葬，經幢未立，欲乞一字，發其幽光。』予諾之，而未暇也。一歲中凡五六至，其請益勤，勢不可辭，援筆而作。大師諱道凝，姓賈氏，懷州修武人也。厭浮世之勞，悟真如之旨，早投百家岩寺事僧智深，夙夜匪懈。熙寧乙卯，遇同天節，以掌御書恩例得度爲僧。□修□心，允符四望。戊辰己巳間，寺主數易，大衆遑然。邑令躬爲選於衆曰，有能容衆者，是能安衆；有能贍衆者，是能帥衆。衆咸以大師爲能。受事之日，滿庭相賀。於是委道英以出納，責道卿以營繕。□□年，金碧相照，倉庫俱盈。毅肅劉公遺表爲乞紫衣，度弟子□滿等一十九人。考其住持，自有崇明以來，未有若此其盛者也。大觀二年三月十四日示寂於衆，得□年七十。余與大師有竹林之舊，銘以辭曰：

白雲無主兮東西飛，幽鳥有情兮朝暮啼。凝師凝師歸何處，萬年明月留清溪。

政和四年歲次甲午三月十八日，前管勾賜紫僧静熙書丹〔二〕。道光《修武縣志》卷一〇，道光十九年刊本。又見民國《修武縣志》卷一三。

〔一〕題下原署：『文林郎、新授慶源軍節度推官繆潛撰』。

〔二〕熙：原缺，據上文補。

釋造乾

造乾，神宗時僧人。

閩縣龍瑞院莊嚴千佛寶塔題記〔一〕　元豐五年十月

當山比丘造乾恭爲四恩三有，法界含生，特發誠心，敬造莊嚴千佛寶塔一座，安於大殿前，永爲四衆瞻禮。然願當來常值法會。時大宋元豐五年歲次壬戌十月初一日謹題。監院僧若觀，住持傳法沙門載文，匠人高成。録自本塔。（江西省博物館盧茂村供稿）

〔一〕以下二塔原在閩侯縣龍瑞寺，二十世紀八十年代遷至福州市鼓山涌泉寺。

鄭富

鄭富，神宗時福州閩縣（今福建福州）人。

龍瑞院賢劫千佛寶塔題記　元豐五年十月

閩縣永盛里清信弟子鄭富與室中謝三十一娘，各爲心□四恩三有，法界含生，同發心敬造賢劫千佛寶塔一座，捨入龍瑞院大殿前，永充供養。然願今生宿世，罪孽消除，闔家男女新婦孫侄等，現處當來，善牙增長；次希有情，俱沾利樂。時大宋元豐五年歲次壬戌十月初一日謹題。緣化僧若觀，勸首住持傳法沙門載文，匠人高成。録自本塔。（江西省博物館盧茂村供稿）

沈遼

沈遼（一〇三二——一〇八五），字叡達，杭州錢塘（今浙江杭州）人。以兄任入官，爲將作監主簿、監壽州酒稅。吴充薦監内藏庫，未逾年，復薦監金耀門書庫。熙寧間，歷審官西院主簿、監明州市舶司，遷太常奉禮郎、監杭州軍資庫，攝華亭縣事。因事下獄，流永州，徙池州，築室齊山，名『雲巢』，杜門不出。工詞章，尤長於爲詩，善書法，楷、行俱佳，爲王安石、曾布所稱。與兄遘，從叔括，稱沈氏三先生。元豐八年二月九日卒，年五十四。著有《雲巢編》。見黄庭堅撰墓志銘（《雲巢編》附録），《宋史》卷三三一有傳。

龍游寺宴堂記　熙寧五年二月

金山在揚子江中流，南直蒜山渡，視丹陽城下人物皆可識。其望揚州山川，隱隱如屏障，而白沙在其西，飄帆舳艫夕至，順趨大海，波濤汹涌，雲霧晦冥，雖在數百里外，止於一瞬也。四方之游士，始望其山，峻特不群。其上翠微森森如冠帽，珍禽翱翔，雅音不絶；其下魚龍出没，千變萬化，莫知其際。及登其間，重樓複壁，横出慢迴，顧瞻眺聽，氣象雄壯，眇然不知其身之在世網也。近世衣冠人物多出於東南，而往來金山者，冠蓋相望於道。丹陽太守有重客乃出游其上，爲雅集，而皆設饌佛右。雖過客欣欣，莫不爲止，而前爲主或病之。今長老寶覺師住持二年，始作堂於其東以延太守者，囑客以其意請名於余。余爲題之曰『宴堂』，語其客曰：『若宴者豈特爲太守宴哉？上人所以宴坐也。日出而人境喧嘩，釃酒擊鮮，慢舞夭歌而賓客歡然者，太守宴爾。江無飆〔一〕，山氣清冷，寂不聞世俗之聲，而虛白生者，上人宴也。余以爲在人情者不足而今有餘，而寶覺師是能爲轉物者耶？無以吾言爲是而所以是者在此。』客以爲知言，請以示其師，因以叙其桷云。熙寧五年二月八日記。浙江書局本《沈氏三先生文集》之《雲巢編》卷八。又見《金山志》卷一七，光緒《丹徒縣志》卷五四。

〔一〕此句疑脱一字。

大悲閣記　熙寧元年八月

浙江南澨，其地名曰蕭山。往來吴越之間者，横流而濟，望錢塘與蕭山相爲歸焉。方其人蹈風波不測之虞，怵生死一時之命，必有動於中者。於是大雄之尊，能仁之道，有以勝焉。覺苑寺大悲閣者，沙門智源之所造也。源爲其像，工未半而入滅，慧嚴繼之。嚴爲像矣，以其事死非命。太原王承浼乃與緣廣謀其閣焉。閣未就，而廣與承浼皆卒，於是中廢，人不敢復視，而聖像委仆在地，其閣爲墟矣。天台教主榮上人，早以其道爲人祈□。一日，慨然將興之，使門弟子允中尸其事，且孱工。而中又不幸，説者莫不以其像爲不偶。而上人獨拳拳不懈，決信不疑。熙寧元年秋八月既望，逐克終事，大啓法席，以落其成。善哉！紫金之相，巍巍堂堂。千手應現，千眼光明。其崇三丈六尺，重構外周，寶華相鮮，厥容千具。於是人人知爲吉祥善事也。其始小基近教院之法堂，而上人之道場也。大衆圍繞，咸相稱贊曰：『聖像多難，師既成之，則是師道場傳於後，以殖以熏。其有能嗣師以教導人者，則爲主，不能嗣師者斥。毋以私爲累，自今爲始。』大衆曰：『善！』於是，其徒走錢塘，爲余言其始卒之故，將刻之。余欲以偈贊功德之盛，會病未果，始叙其大方，以俟他日云。《雲巢編》補遺。又見民國《蕭山縣志稿》卷八。

復放生池碑記

隱學山之棲真寺有放生池焉，在錢湖之陰，其流西出而南匯，其爲浸三百畝。唐大曆時，宏教詮師於此修行垂三十年，有徒萬指。方天下鑿放生池，而此寺詎爲勝者？以錢湖之廣，彌亘數百里，而蟲魚龜鱉蠡蚌之屬，咸集於幢下，洋洋然，圉圉然，使有生之命享無窮之樂者，於是爲聖人之澤其至乎。熙寧元年，太常博士張侯峋爲令，乃復改作，使聚十方僧，召山旁耆耋畫其經界，於是地仿正矣。後三年，黄侯頌時民或治其地，益辨正之，四隅爲立石表焉。蓋池與湖相通而不相絶也。迨今光禄丞虞侯大寧乃始白於州，州爲出檄以詔來者，然後犁然復大曆之勝矣。於是喜爲書之而不拒焉。乾隆《鄞縣志》卷二五。

四明山延勝院碑

四明山有大長老曰修己，初居太白峰，能行其道，不履世事十有餘年，人無識者。然人莫不聞太白道人有至行。天聖初，步下太白峰，始游是道場。其主者瞻望毫相，知其爲太白道人也，稽首致禮，請事巾履。乃曰：『吾之先自石床來。我先師有言：「是爲大福地，當有至人來然後興。」一師逮是，不可捨我去矣。』師心已默許。後數日，州大姓與諸佛徒凡數十百人來造床下，上州所具疏，請以時説法。當時在會者，莫不瞻仰嘆伏，側聆法音，皆以爲登佛道，獲本心也。由是，爲善者知所恃焉。其地在四明山之中，四旁百里曠無居人，土瘠氣寒，逾春常有積雪。方夏時，水泉流行，舟車不通者，或越月逾時，故人迹罕至。師之居也，益日得其道。而游方之士以一語一默請留門下者，蓋不可勝計。至於閭巷耄倪，莫不鄉往，願事其人。州人既將爲師大治道場，乃請於天子，敕賜名『延勝』。後二年，州易守。守欲屈其道，以爲不近於世。師遂去，游衡岳。轉運使貳部張公夏方假守錢唐，雅知其道爲高妙，即强邀止之，乃啓龍興之法席。明年，明守罷。州人乃相携持，奔走東嚮，蹈重江而請於錢唐。於是復還也，益來攻甚力，至於今甫二十年，乃始大備。自一榱一桷，莫不精壯，業業崇崇化成焉。嗚呼！後人非吾師之道入人之深，孰能臻是歟？後之人游吾門，矚吾奥，有不待開擊而了然明徹者，則知是道場爲吾師其不可終已。若吾師無上之道，三昧之功，門人之所傳者，不著於是，乃記其因始。僕何人，而足記之哉？欲叩諸空而不有，欲質之文而何云？不耻蕪穢，爲之辭曰：

吾聞如來號釋迦，初談正法居耆闍。諸祖相傳浩無涯，乃自達摩來中華。曹溪信具闍堵波，鐙分水別相聱牙。爾來百世敝所加，浮圖布列如河沙。法本爲諭返爲嘩，大乘小乘立名家。不求諸心既已差，乃至妄説實亦邪。其一

善哉大士釋之雄，五十餘年功行隆。初住太白最高峰，草衣泥食樂我躬。降於延勝何名同？誓以度脱嗣佛功。大音一振豁群聾，汝昔孰聵今孰通？四衆稽首欽道風，願以金帛明精衷。崇飾師席配佛宫，千百億費誰汝庸？其二

重門嶙嶙揖朝陽，金刻大篆揚天光。正位隆隆仰法王，惟以牟尼非他方。臺觀飄飄勢欲翔，海鯨怒擊洪鍾揚。修廡連連挾兩廂，華幡不動天樂張。法座湛湛伏象王，祖意不道何有

亡？庖厨修潔來衆香，甘露味美不可量。其三

導師無作何爲斯？憫此像教將陵夷。如來本願在慈悲，故爲群生作歸依。厥初開山知爲誰？成是大事吾不尸。於彼於此何有疑？佛土内外增光輝。吾知後世永不衰，何在勇施陀羅尼？鄙夫無能贊菩提，有愧句偈垂豐碑。其四

《雲巢編》卷七。

花藥山法堂碑　元豐二年

花藥山之崇勝寺法堂成，或問法有堂乎？有堂所以爲衆也。諸上善人欲聞我法者，當是之時，如海之會，如雲之合，無有際止，然後法有堂焉。諸佛不説法，諸祖亦不説法。何者？名法以有爲者，一土一木皆是真如；以無爲者，天宫龍象蓋亦土苴。求我道能達此事者，若瞽而明，若聵而聰。吾與其能知，而未必其能行也。熙寧八年，大濟然禪師自萬壽來，始以無二菩提開導有生，直造佛祖，天龍悦焉。諸上人者以故堂庳圮爲不稱也，於是召州之大姓長者相與謀而作新之〔一〕。以其九年丙辰秋七月鳩工度材，距明年夏五月甲申落成。其崇九仞，厥廣八十有五尋，其工與費以億萬數，至不可計。噫！其壯也，望之屹屹然，視之潭潭然，登之廓然，處之泰然。在會之士，莫不瞻仰贊嘆，以爲禪師道力之所化成者，非一手一足之功也。元豐二年，余爲湘南客，始聞其事。既

又造其筵，爲禪師道維摩然之義，俱胝一指之機，曹溪有無之對，南陽即現之化。於是堂也，其猶上下手之間乎？欲著不朽，以偈贊之。其辭曰：

阿閦佛塔，孰知其方？優曇鉢華，未聞妙香。贊嘆希有，如不吉祥。然公之堂〔二〕，乾乾然公，應化三湘。利樂天人，成是道場。望之屹屹，須彌之岡。視之潭潭，滄海之洋。如鵬之運，如翬之翔。莊嚴顯相，蝶蝶煌煌。法鼓朝鳴，大衆瞻相。雁進鶚立，白豪妙光。龍象護持，雨華紛揚。巍乎不動，萬法之王。衡山之左，二水之陽。爲公爲德，保於無疆。《雲巢編》卷七。

〔一〕召：原作『石』，據文淵閣四庫全書本（簡稱『四庫本』）改。

〔二〕此下疑脱句。

邵州立禪師塔銘 元豐四年

禪師名惠立，桂林蔣氏子也，生不食葷血。始九歲出家，依同郡蕩律師求度。五年，遂度爲沙門。入鹿門山，觀三乘經律，深達法相。造龍牙遷公，一言頓徹，若獲亡金，若復故舍，推爲龍牙上首。山盤水渟，還同未悟且三紀。邵陵太守崔侯乃啓西湖之法席以延几舄，始轉法輪，爲四衆師。逾二十年，無爲無作，度度不愛金錢，爲崇飾其道場，舉新之至，尤所用其力。益獻土田廬舍，以供朝夕費。朝廷出使者按夷人所獻地，使者屈禪師先入示信，夷人屈膝受指，使者以爲功，將薦於上，辭不許。轉運使請遷衡岳之大伽藍，亦不許。識者韙之。元豐四年二月三日，戒侍者具湯沐訖，不示疾，亦不説偈，正坐入滅。問年七十七，問臘六十三。門人善琮荼毗之，且以骨建塔於寺之西南隅〔一〕。太守關侯杞以書抵余，道其高行，乞偈以贊之。稽首三歸，銘之偈曰：

少林壁觀本無説，至於咄咄蓋已末。造妙顯微參諸佛，不能無心但小黠。大士迅飛出南粤，道化邵陵嗣者崛。端如亭亭海中月，内含圓明外平澈。不牽名勢事攘奪，不拂因緣爲斷滅。法門浸衰誰可遏？三湘五溪同一筏。巍巍堵波閟靈骨，將與彌勒當來出。南山孤雲自起没，縛芻布流終不竭。《雲巢編》卷一〇。

〔一〕且：原作「其」，據四庫本改。

廣照大師塔銘　熙寧二年正月

廣照大師名慧欽，錢唐人。七歲出家，依寶雲寺惟清上人。惟清以醫名，多賓客，廣照求度時雖甚少，已特然不群。及落髮，盡能傳老師之術，益通黄帝、扁鵲諸書。其視脉投藥不煩，病者霍然已，即謝不往，不以其技爲工。遇所知即行，貴賤不間也。廣照操心爲善，能以意攝物，無内外，自趣法樂，不爲絶行，不爲苟合。與實月廣公爲友，士大夫多賢之，言善行必推二人。皇祐中，恩賜紫衣。後七年，加號廣照。中間爲其衆請主寺事也，食者千指，帑無一錢。廣照不祈於人，求獻者相踵。有餘，爲易其摧木圮瓦，進有筵，安有次矣，付其弟子仲猷而去。數語人曰：『吾將休吾身於寂寞之場，不爲世累也。』方余少時，讀書西山下，與實雲諸公往來者甚久，其朝夕相從若家也。而廣照每遇余，雖甚盛暑，與閑處，必嚴衣履而後進，動不逾矩。余以是尚之。及吾家翰林公開府，始識廣照，尤加异禮。其有所召，如實月、圓明，天竺二公，在會者不過數人，廣照必先焉。文通頃語余曰：『他日予爲州，當謀屈廣照主其教門以表領也。』人或聞者，皆以翰林公言爲然。後三年，卜居青龍。時余將詣京師，送余於檇李，又追於嘉禾之邸，憫憫不去。余固异之。未逾月，余以事復至杭，則實月既入滅一夕矣。居數日，青龍以廣照訃來，釋氏耋倪與士大夫走哭二道場者道爲壅，皆曰：『善人逝矣！善人逝矣！』時熙寧元年十一月辛卯也。嗚呼！當末法時，善士常少，而二大士繼去，其可傷也已。其生也，以善攝不善猶不足，况其已乎？入滅後十三日，仲猶奉其棺自青龍去。以明年正月壬申葬北山鮑家田。爲後者，弟子猷、法孫彦賓、彦昌，凡三人，曾孫曇性一人。猷、曇皆紫方袍。廣照善棋，又善書。與其氏族皆不書，非其事也。將葬，余爲之銘曰：

廣照拳拳，不名仁者。以世放行，孰云可捨？其定在心，如調象馬。其慧及物，乃出陶冶。吾昔有志，遠追香社。善人先逝，我懷曷寫？水泡電光，一切皆假。準此窣波，西峰之下。《雲巢編》卷一〇。

侯溥

侯溥（一〇三二——？），字元叔，河南人。熙寧中居蜀，與蘇軾善。元祐六年中賢良制科。見《國朝二百家名賢文粹》目録，《成都文類》卷三八《聖壽寺重裝靈感觀音記》，明茅維《蘇東坡全集》卷二〇《東坡油水頌跋》。

壽寧院記　熙寧元年

儒之心迹，佛之性相，一也。道不以心性爲體，故求道於心性而不可得，然所以冥於道者，心性也。迹相亦然，道不存乎迹相，故求道於迹相而不可見，然所以行於道者，迹相也。宇之殿之之謂廟〔一〕，層之累之之謂塔。指廟與塔而問人曰：『此道乎？』雖至庸俚，其答之也，必謂之塔廟，而不謂之道。試反之曰：『非道也，則盍摧之？』彼其人必將嗚指膜拜，而不敢作摧之之意〔二〕。推此，則塔廟，其佛之所以行道之迹相乎。釋氏自永平迄今，繇天子、公卿、士大夫或信而愛，或詆而斥，或泥而佞，或毁滅而欲其忘，其爲更閱多矣。蓋周、唐之二武，以君天下之重勢盡力而除之，勢宜不得復興。方是之時，桑門蒲塞，涕目洟鼻，相與賫咨憤戚於隱伏之中。居未幾，而塔廟之嚴復興於天下，而厚費生民之力，不翅膏油之沃炭，雖暫灰死，而卒之逾熾於前也。意者禍福緣報，必有形驗，而生民之震畏忻慕，淪浹肌體，所不可得去邪。佛以靜爲樂，故凡塔廟皆潔精謹嚴，屏遠俗紛。獨成都大聖慈寺據闤闠之腹，商列賈次，茶爐藥榜、逢占筵專、倡優雜戲之類坌然其中，以游觀之多而知一方之樂也，以施予之多而知民生之給也，以興葺之多而知太平之久也。此固壽寧院荒蕪於昔而盛於今歟。何謂之盛？院莫大乎繼承，而僧患夫寡。今有文皇仁廟之灑翰，章聖之文章，以恩歲裓一人，師徒綿綿，日營日修，是故書有完藏，象有宏宇，入其門而杜石潔然，及其中溜而草木修然。其爲殊尤絶勝而得之天人者，有石盈尺，而塔之形影皓焉發乎蒼穹之表，此得之天也。有孫知微之筆，鬼神恐其暴形，日星恐其運行，林木恐其發生，濤浪恐其奔鳴，瘠者爲僧，僂者爲道，趨翔者爲衣冠之士，此得之人者。其爲生者，有温江四夫之田，始於張忠定公咏之所畀，而成於馬正惠公知節之所奏，此其所爲日盛也。初，淳化寇竊之後，院爲廢田，吏民植碑乎其中，以頌上德。於是内臣王繼恩領招安而忠定作鎮，乃議搜擇名行僧，使管是碑，而得僧希白，遂奏求賜今院名。白，華陽人也，姓羅氏。其教外通吾儒經，善草隸，有詩行於時。安文惠王元杰始封益，見而器之，貽之以詩，奏授師名文鑒。凡院之所繇盛，皆文鑒爲之也。獨完藏經成於其孫文藴大師重昇，而藏經之堂繼成於重復之手。昇、復皆言行謹厚人也。復今爲都僧正，而求予記，因書其本末云。熙寧元年記。《成都文類》卷三八。又見《全蜀藝文志》卷三八。

〔一〕殿之：原無，據《全蜀藝文志》補。

〔二〕摧：原作『推』，據右引改。

聖壽寺重裝靈感觀音記　熙寧三年

始，天聖庚午，先人嘗禱嗣於觀音，既寢而夢焉，慈顔法相與世之繪塑者無以异。蓋談緣報感召者久之，且示後年所當有子之兆。先人寤而喜，遽呼工繪其事於繒，手筆以識。已而壬申春，僕以生，如始夢之言。既成人，先人嘗戒曰：『汝他日凡見觀音象，唯謹無少忽。有求汝爲觀音贊記，亦唯謹無少忽。』溥恭服戒訓，刻在心肺。烏乎！先人没且二年，小子未嘗吐一言以文觀音之靈德，而答先人之心，惟是恐恐不敢放。竊欲求觀音驗應之地，以導發愚素，而未之獲。今年夏四月，聖壽寺靈感觀音院僧守賢袖謁以見僕，自言陵州貴平李氏子，幼隨師爲佛學，寄大慈寺。一室湫陋，不足以登講學之徒。治平中，嘗作世之所謂詩書啓事者，以干府帥南陽趙公，願丐帡幪之所，會兹院之所以主持者，公以爲畀。院有觀音塑像，則唐奘三藏畨歲行道乞靈之地〔一〕，久歷年所，象以坋晻。肯此春，始議完飾，嚮佛之人相與施助。今慈觀音大士與奘公侍立之象熠然以新，願求文記，以詳其傳。僕惟先人之戒，其敢少避，又況求之之勤哉。謹綢其事。惟觀音圓通妙湛，普護一切含識，隨緣應見，爲一十九身，其權輿修道，固不可得言。今靈感之象雖發於荴，而象之經始固亦不可得知。蓋寺建於晋而廢於後周，意者兹象其塑於宣帝大象之際乎？按，荴公，潁川人，俗姓陳氏。隋末出家，唐武德初入蜀，至成都，寓今院。院有觀音塑像，師夙宵行道，環繞虔肅，凡三年，此地爲之没踝。一日，師行道，有僧衣敝瘍穢，瘫焉而至。師告曰：『以爾不蠲，勿觸污吾道場。』僧復之曰：『子不讀《普門品》乎？「應以比丘身得度」者云何？』師悟，乃膜拜，則皇然既已化爲觀自在菩薩之形矣。因授師以《般若心經》，且教之曰：『他日逢苦厄，誠心誦此，吾必汝護。』言訖忽不見。貞觀初，師往西域求法，至河沙，無復輪蹄之行，魑魅憧憧，妖形怪儀，或後或先。師誠心念觀音名，不能却，乃誦嚮所授經。甫云『鉢囉誐攘』，而四顧潔然矣。凡師得以達給園親戒賢，獲釋氏書六百五十七部以還震旦，皆《般若心經》之力也。初，師環繞没踝之迹，自唐歷五季二姓之僭，嚴嚴具存。今求之無有也，既磚之矣。詢之耆老，蓋往因寇亂有所圮毁，主者從而堙之。吁！圮而存，不猶愈於堙乎！居其居，食其食，滅其靈感之迹，視今賢公厲力篤志以完飾其象，彼獨無愧於地下哉！賢公門弟子三人：曰勤，曰遜，已祝髮，曰遠者未焉，皆能扶助其師，方將修復堂廡厨室之頽缺甚者。雖靈感之象，而盛衰興廢亦且有定數邪？不然，何前日之坋晻而今日之光明也？賢公世儒家，佛學外，嘗以儒術爲講説。其得有此院而尊大其教者，亦業儒之功也。熙寧三年記。《成都文類》卷三八。

〔一〕奘：原作『獎』，徑改。下文同。按『奘』指玄奘。

靈泉縣瑞應院祈雨記 熙寧七年五月

府之邑曰靈泉，而邑之聚曰洛帶者，有佛廟，其名瑞應。廟之所以名此，以祥符中樞直任公中正奏之。名之所得此，以開皇中信相菩薩致之。信相，菩薩名也。菩薩，隋蜀郡青城縣黑水溪褚氏女也。其《傳》曰：『麻衣竹笄，善説法要。會歲饑，以龍頭小鼎爲粥以飼人，日飫千萬，不竭不盈，人始异之。死之日，用竺法火化，异香彌山，舍利晶瑩。』會昌擯佛，其塔亦圮。大中中，白丞相敏中節度劍南，始命法潤禪師訪其塔之舊石而刻其象。自爾迄今，其驗益神，凡時之旱暵必禱焉。今年春二月，雨膏弗時，甲者弗牙，苞者弗葩，民吁以嗟。知府事、大資政、諫議南陽公曰：『久矣，吾聞褚菩薩之爲靈也！盍請禱焉？』乃命試主將作簿樊靖款瑞應、具香供，以菩薩之象歸於府。蓋十有三日辛巳，發自洛帶，條風隨車，自東而西，距府十里，密雨遽作，通夕霈灑，潤可一尺。公前期戒屬吏齋謹，越翼日，帥屬吏以笙歌鼓逆於門外，而設供於大慈佛廟。炬密烟，乳蔬麵。方丈且告之曰：『民旱久矣，是以有今日之請。願留七日，以祈甘澤。』是夕又大雨。越三日乙酉，通夕大雨，非特一尺之潤而已。原隰鋍發，今合以濡；草木焦禿，今榮以茷。既七日，復命靖奉之以歸於瑞應，公送之如始逆焉。蓋嘗思之，道無所不在，而佛無所不是。翠竹黄花，同歸妙用。故雖塔石之象，亦足以爲惠澤於一方。夫誠者在我，則應者在彼。苟我之不誠，而求彼之應，其亦難矣乎。今夫石象之應，豈菩薩惓惓於其間哉，南陽公之純誠所召耳。溥目是靈感，輒書其事，使人知菩薩之驗與公之誠爲表裏，不以不誠而專恃於乞靈云。熙寧七年五月日記。《成都文類》卷三八。又見《全蜀藝文志》卷三八。

壽量禪院十方住持記　熙寧七年

永平初，佛氏之書甫入於漢，雖四十二章，而性、相二宗參然已具。其曰：心不繫道，亦不結業，無念無作，非修非證，不歷諸位而自崇最，名之爲道。此佛之所以言性而後世指而謂之禪者也。蓋嘗推二宗之説，以謂猶儒氏之四科。顔子請事，非禮勿言，得不長於言語乎？用之則行，得不長於政事乎？好學不二過，得不長於文學乎？聖人獨以德行目之，何也？從其大者焉爾。禪之爲禪，妙湛圓通而莫之閡，此其本也。今夫衫乾陁而名長老者，視肉不食，得蒜不食，昳午不食，此其與戒律之士何以异哉？其獨得名禪者，是猶德行之科，足以兼三長乎。始，四十二章之文雖有性説，而學者溺於淺近，以教自纏，不知己之無垢，乃外求清浄；不知佛之在我，乃從事土木。有大通人曰達磨，爲法隱痛，聿來兹土，始於一花，而枝傳葉布，乃浹天下。在王蜀時，有若洪杲禪師，至自青州，栖於東禪。方是時，二衆錯居，蜀主仰師重德，以一宫奚曰道真、道粉爲之侍使。後有娼道玉聞師説法，言下有得，遂祝髪事師。玉，府娼之尤者。物論填然，朋詈族噱。蜀主震怒，命鞫之。知師純固精確，愈深器之。師因以所栖畀貫休，而卜宅於府郊之東南普通山，距府十數里，誅茅夷林，上下棟宇。玉留於城市，今俗所謂大胡坊青州尼院，則其居也。蜀人號鶺鴒爲連點七，華陽隱士田逍遥訪師於山而見之，問師曰：『如何是連點七？』師曰：『屈指數不及，地上無踪迹。』此《景德傳燈録》之所遺者。自本朝太平興國六年，有澄廣者由邛之大邑演法於此，而昭善者繼之。自時厥後，師徒代襲，法亦罔克傳。前此春，院僧仁鑒、守堅者自列於府，願延道行耆老，闡揚宗風，追復青州之前躅。知府、大資政南陽公是之，命有司精擇其人，而以無爲山長老惟迪充選。迪平生布衣蔬食，怡怡如也。法傳雲門，啓道明切，嘗答問佛者曰：『日出方東卯』，再乞指道。師曰：『三日後看。』又僧問：『諸佛未出世時如何？』師曰：『富嫌千口少。』『出世後如何？』師曰：『貧恨一身多。』南陽公嘗作《賓主語》，師亦繼焉曰：『賓中賓，日月無故新。賓中主，杖長三尺五。主中賓，問答是何人。主中主，正眼誰敢覰？』其語大略如此。其迹可异者，凡三居名山而三紹真身。始居馬溪，則有水觀和尚；次居無爲，則有寛惠和尚；今兹普通，則有青州和尚，皆結滕趺坐，儀相莊重，豈人事之適然乎？迪之來也，成都之人激躍感勸，皆曰南陽公自青州鎮全蜀，而青州之法紹興，其緣會乎此，又尤异於迪之三紹乎其真身也。議者以爲普通復青州之高風，而革其代襲，自今日始，不可以不記，故爲書之。熙寧七年記。《成都文類》卷三八。

郭祥正

郭祥正（一〇三五——一一一三），字功父，自號謝公山人，又號漳南浪士，太平州當塗（今安徽當塗）人。少有詩聲，梅堯臣以比李太白。慶曆中舉進士，熙寧中知武岡縣，簽書保信軍節度判官，以殿中丞致仕。後復出，元豐中通判汀州，元祐三年知端州。弃去，隱於青山縣，政和三年卒，年七十九。有《青山集》三十卷、《續集》七卷（存），《錢塘西湖百咏》一卷（存）。《宋史》卷四四四《文苑傳》六有傳，又見本集卷二三《癸酉除夜呈鄰舍劉秀才》，嘉靖《太平府志》卷六。

净衆寺法堂記

閩之八州，漳最在南，民有田以耕，紡苧爲布，弗逼於衣食，樂善遠罪，非七州之比。爲守令者，得婆娑乎山水之間。《輿地紀勝》卷一三一。又見萬曆《漳州志》卷一，乾隆《福建通志》卷九。

端和尚塔銘

師之道，超佛越祖；師之言，通今徹古。收則絶纖毫，縱則若猛虎。《羅浮野録》卷四。

周　袞

周袞，字彦弼，撫州金溪（今江西金溪）人。嘉祐八年第進士。王安石行新法，深欲袞附之，議不合，以員外郎出知滕州。見《明一統志》卷五四，雍正《江西通志》卷四九、八〇。

流源永興院記

浮圖之祠，宋興詔天下郡國悉注其籍以上，故流源永興院得因其故宫而籍之於省部，所從來尚矣。院在撫之東南，去州城百餘里。初隸臨川縣，皇朝淳化中析其地爲金溪縣。今在縣之西北十里有奇，鄉曰歸政，里曰慕善，無刻識，莫詳其創始所自。考諸故牒，南唐保大十四年，有僧浩聰者始得而居之。聰，有道之士也，姓吴氏，建康人。初祝髮於潤州之延壽寺，既受戒，南游豫章，豫章人以南昌之查城院處之。既復携其瓶鉢與徒延惠者來此，方起廢理舊，不閲歲而我藝祖受周禪，改元建隆，取九國，平僭僞，合四海於一。聰喜復見太平，益致力改作，無所愛，又發所有餘，易旁近山之田以贍衆。聰老矣，自是世有善知識出焉。在天聖、嘉祐之間，有若僧延海、僧德勤、僧德珍、僧守謙、僧惟清，一時賢士大夫樂與相從而不厭。予困於場屋間二十有五年，异時不能遠游，嘗假其居爲别館，當齟齬不偶而能安於貧賤之久，亦由與斯人者處焉。及試於仕，東之吴，西之荆，南之嶺粤，重以憂悲禍釁，出入三十年間，往往罷於道路之勤而無暇一到久矣。今上即位之八年，爲元祐之壬申歲。予告老得請，私居無事，時時操杖履往來其間，而前日之所與游者皆相繼遷寂物故殆盡，爲之惘然者久之。今住持法因師，佳士也。以世次考之，於守謙師爲上足弟子，於浩聰爲五世法孫。與之語，亹亹可愛。以近之學浮圖者觀之，如斯人者蓋鮮矣。予固已奇之，而觀其經構之大致，則前有大殿，後有複堂，高門層閣，修廊廣舍，皆殫極土木金碧之壯麗，下而至於庖湢墻宇，庭階户牖，與夫什物器用之宜，凡浮圖必不可缺者無一不備，故四方賓客之至者如歸。其爲能守浩聰師遺烈緒業，益足尚也。校其費，以緡計之無慮幾百萬。自皇祐己丑首事，至元祐癸丑告成，蓋用力之極者不可以歲月俟之，亦其勢然哉！於是屬予記之。予感其於少壯時爲肄業之地，又感法因爲予道其像設之崇。若諸百事之具，大抵多取資於予大父府君敬觀，於是乎書。因并取其祖師所以修復繕飾之本末而叙之，使來者有考焉。紹聖三年七月十五日記。道光《金溪縣志》卷五四。

葛蘩

葛蘩（一作繁），號鶴林居士，丹徒（今江蘇鎮江）人，良嗣長子。治平中爲許州臨潁縣主簿，熙寧末知吴縣。元豐初，試大理評事、鎮江軍節度推官。元祐初知廣德縣；三年，爲兵器監主簿。紹聖末，管勾真定府路都總管安撫司機宜文字。官終知鎮江府。見王安石《臨川集》卷九二《葛興祖墓志銘》，《續資治通鑑長編》卷四一三，《至順鎮江志》卷一八，《宋詩紀事》卷三七。

慶善寺天台教院記　元豐元年十月一日

天台教法，起於北齊慧文禪師，而祖述於印度龍勝尊者。龍勝造《中論》，而北齊因《中論》悟一心三觀之旨，傳之於南岳思大禪師，南岳傳天台智者，而智者由《法華三昧》悟内觀玄要之旨，開拓義門，融通觀法，以五時八教判一代佛法，以五重玄解解釋經題，以四悉檀意破邪顯正，消釋義路，而隨機應物，無滯不融。以五科爲方便，以十乘爲軌行，而調伏衆生，控制煩惱。故如來世出，大意曉然，如慧日登空而無物不照，分位顯然，而修行頓漸，毫髮不可差忒。教成於智者而始於北齊，故世以其大成之所集者，目其教以爲天台焉。由天台五傳而後至荆溪，由荆溪以降，枝派分流，而傳襲者甚衆，世次相承。至天竺慈雲法師，而大教復興，所修内觀融通圓合，而九祖之意泠然可見，門人高弟入其室者不啻數十人，而顯然有聞於當時者，明智大師而已。明智之高弟有曰宣教大師立言者，摳衣於明智十有餘年，而悉傳明智之要義，居鹽官慶善寺之教院。先時，寺之東南隅有曠隙之地，天聖中慈雲之門人曰禹昌者，與寺之首座僧居湛相地形，募衆緣，創立佛室、僧坊、法堂、門宇二十餘厦，講唱教義凡三十餘年，而宣教大師實紹其事。宣教師行與緣合，而精修三昧，爲人祈福懺罪，則殊感昭著，聞於里閭；其放釋生命則异類馴服，事載别記，故僧俗檀那靡不歸向，而唱道講解日無虚席。由是里人信士委施營葺，建立懺室，爲方丈及講堂、厨庫、净舍、廊廡、寮宇，更易屏門，不啻三十餘厦，而院以之完葺。講誦之聲夜以繼日，而天台教觀之旨化導於幽顯，不動本際而周遍塵刹，使鹽邑之人聞所未聞而相胥以爲善。俾天台之教盛行於此邑者，昌公爲之唱道，而言公爲之張大也。嗚呼！二公之所以區區於建立者，豈特私於一己而適於當年而已哉，將欲會十方學者，傳天台教義〔一〕，以紹隆於百世之後。後之人繼二公而興者，其能忘二公創始之意，而得不以天台教義爲之依歸乎！元豐元年十月一日，鎮江軍節度推官、承奉郎、試大理評事丹徒葛蘩記。《淳祐臨安志輯逸》卷四。又見道光《海昌備志》卷一二，民國《海寧州志稿》卷一九。

〔一〕義：原作『象』，據《海昌備志》改。

净業院結界記　元祐元年五月甲子

深山大澤，草木之所依附，而魚龍之所泳游，蓋天地既付物以生，而動植之所安息在是也。若夫毒龍猛獸、妖蛟怪蜃雜處其中，則山或童而不得茂，淵或涸而不得深；美玉明珠含泳於其間，則光明精粹之氣充溢輝散，然後山淵之物得完其生，而草木之瑞、龍魚之靈□□。是則『水懷珠而川媚，石韞玉而山輝』者矣。佛法之在世何以异此？如來大慈，建立三寶，欲使其法久住於世，在人以持戒爲人道之始，在處以結界爲證道之基。建大伽藍，安立比丘，念十方法界，皆土石瓦礫之所成就。不有妙法禁結其地，則衆魔外道得以乘間而肆毒。故重解重結，即穢而净，寓其法於四隅，而隱妙相於秘密之中。夫惟法之所照，非特珠之光明輝散也；界之所立，非特玉之精粹充溢也；而魔黨破潰，非特猛毒妖怪之奔伏逃竄也。比丘處其間，苟能精進明悟，行道不懈，當有神物念念護持，然而不能成就聖果者，抑未之見。秀州海鹽净業院，久爲僧坊，而界相不具。元照律師從衆請以秉持法事，儀範既圓，屬余爲之記，於是書以告諸學者云。元祐元年五月甲子，通直郎、知廣德軍廣德縣事葛繁記。至元《嘉禾志》卷二三。又見光緒《海鹽縣志》卷七。

真定府龍興寺大悲閣記　紹聖四年二月十五日

距真定府城之西三、四里有大悲寺，唐自覺禪師所造金銅大悲菩薩像在焉，因以名寺。五代之亂，契丹犯境燒寺，鎔毁其半，□□以香泥補完之。周顯德中，國用空虚，掌計者無遠圖，收羅天下銅佛鑄錢，以資調度，於是菩薩之像又以泥易其半。宋興，太祖皇帝開寶二年討晋不庭，駐蹕真定，召群僧而問焉，得像之興□本末，欲徙置城中，不可，且言像壞之時有文在其中，曰『遇顯即毁，遇宋即興』，於是詔遣中使相地於龍興寺佛殿之北，將復建閣，鑄銅像以慰鎮人之意。□駕還京師，未幾，寺之菜園有祥光出其上，凡三年不滅。望氣者占之，得古銅像不可勝數。時暴雨大作，浮棟梁材千萬計，自五臺山而下至頰龍河止。州以事上聞，詔以銅鑄像，以木建閣，内遣軍器使與州鈐轄等領其事，工人冶者與夫力役之輩皆妙選能者，凡所經費，悉從官給。像成，其身七十三尺，其臂四十有二，威容烜赫，相好圓成。善者見之而心開，不善者瞻之而生敬，有生之類，遷善□罪於冥冥不可見之間，其爲利也，豈小補哉！謹案内典，大悲菩薩乃觀音大士應現之身，正法明如來降迹之體也。於曩劫來□□□修入三摩地，成妙功德，獲勝圓通。上合十方諸佛本原妙心，同一慈力；下合六道衆生融通無礙，同一悲仰。能成三十二應入國土之身，超過六十二億沙數菩薩之智，顯現衆多妙容，宣説無邊神咒。通身是眼，不見纖塵，多手護持，拔提諸趣，不動真際，得大自勳業，傳之無窮。以是使㦄因舊文而爲之記。㦄聞聖本無心，以百姓心爲心；道本無言，不得已而後言。故起心爲物者卒乎無心，爲道而言者卒乎無言。大悲菩薩已成佛道於無量劫前，而我太祖皇帝撥亂反正於五季之後，救民出塗炭之苦，與菩薩度生之誓若合符契。興閣建像，作大莊嚴，皆欲福被□□，使人趨善而歸於道，可謂無心之化矣，且得有言乎！蓋寶文公之意，欲尊朝廷而明大道之本。㦄也學淺而文不工，故言多而道不見。雖然，道豈可見也哉？將使觀是文者知聖人之心存乎道，妙圓超悟而不滯於文句之間，則言雖多，亦志於無言而已矣。紹聖四年二月望日，朝奉郎、管勾真定府路都總管安撫司機宜文字、驍騎尉、賜緋魚袋葛㦄記。《常山貞石志》卷一二。又見《金石苑》，光緒《正定縣志》卷一五。

天寧寺偈碑 并跋 政和元年

慣經行脚老禪和，南北東西叉路多。問得臺山驀直去，行行勘破趙州婆。

趙州婆子最多知，不識當年老古錐。幸自臺山行路直，欲便宜處落便宜。

南和尚頌曰『杰出叢林是趙州』，余謂春徒當作安怡，因成此，示諸罷參禪者。鶴林老圃筆。

民國《定縣志》卷一九，民國二十三年刻本。

李騤

李騤，神宗熙寧間人。

開元寺重塑佛像記　熙寧七年二月

佛法之來久矣，稽諸典故，則無所載傳，索其鼻祖，蓋出於極西窮荒之國，其語言、衣服、器用、飲食，大率與中夏不相侔。逮永平之世，符秘夢於顯宗，是時華人始知有佛，故通都大邑，商市農井，苟有生聚，必建招提，大則鎔金鐵以模其像，小則幀縑素而繪其形，或堂或殿，崇敬奉之觀。其發根芽于漢魏，栽培於晋、宋、齊、梁，枝葉於隋、唐、五季，迄今延蔓，梗莽蔽翳，千百年之間，作者不起，孰爲芟夷？大抵種裔繁昌，教法恢誕，有國家者紿而佞之，其故何哉？大要牖愚冥而弭狴犴也。五管之南，韶爲望郡，治城之西，渡江五里，有佛祠曰開元，介于武溪之右。唐季復更名爲大梵。昔曹溪六祖得心要於黄梅，言旋喬木之邦，嘗寓居是寺，講頓教以悟群迷，于今西偏遺址在焉。熙寧二年己酉五月仲夏，天灾流行，洪水爲害，漲入郛郭，衝蕩民居，浩浩横流，勢不可禦，壞界刹幾及浹旬。鴟殿之内，化作泥坑，金仙之尊，土木流潰。寺僧景璡睹兹壞相，疾首痛心。一日聚衆議曰：『我曹荷佛庇庥，恩逾父母，盍各同懷戮力，博求信嚮之家，重塑大覺金身，朝夕得以瞻仰，不亦善乎？』璡師乃軟言誘化，郡城拔萃坊譚寬同其室徐氏謀曰：『我等生逢盛旦，歲計幸充，若不作因，云何得果？』於是傾胠篋之貲，購匠工之巧，再造釋迦住世睟容，一鋪金碧，莊嚴增倍。前制工訖，盛集緇徒，開陳法會，營齋飯衆，以贊其成，一費泉布二十萬。噫！佛之示權也，神而莫測，破貪愛，蕩群有，挈罪福以罔諸迷，使違五教而徇三歸，竭貨貲而無靳吝，退藏妙用之爲，大類霸者之譎。宜乎好辯者謂其教盛過於楊墨，豈空言哉！璡師勸募功就，狀其實，丐文以鑱石，將圖不朽。僕迫於監臨，辭多罅漏，直書經畫始末，庸塞來請。時熙寧七年甲寅歲二月十日記。光緒《曲江縣志》卷一六，光緒元年刻本。又見道光《廣東通志》卷二〇七，同治《韶州府志》卷二六。

石汝礪

石汝礪，字介夫，號碧落子，英州真陽（今廣東英德）人。聰敏好學，之江西從聞人游，遂通五經，尤善于《易》，著《乾生歸一圖》十卷。蘇軾謫惠州，與會于聖壽寺，談《易》終日不忍别。另著有《碧落子琴斷》一卷。見陳振孫《直齋書録解題》卷一，《方輿勝覽》卷三五，《宋詩紀事補遺》卷三二，道光《廣東通志》卷二八八。

南山聖壽寺水車記　元豐七年十月五日

寺始於梁大通之五年癸丑，復興於唐龍朔之二年壬戌，皆慶居於此。今元豐之七年甲子，始更禪席，實奉聖旨。其地多壆，大磐石也，而又阻險焉，石載土也，不可以泉。其下復玲瓏，泉出無泄，不能渟泓，水用多闕。適承議廖公引水爲渠，秋官陳君出俸爲助，謫居鄭君同其志，碧落子石汝礪率衆抄財而幹成之，木工梁德相其崖岸而造軟車，以人運水。横梁駕空，挂石誅木，承輪以樓，覆輪以屋。長繩下垂，修筒抗波，徐徐滿引，連連而上，如龍卷空，首舉而尾隨。灌注堂厨，水事以濟。有客登而言曰：『水法體也，濕法性也，車法輪也。一切法界，情與無情，皆同我體。本一法性而融萬法。怙我法輪，使得運轉，使無性著。』一客在旁，竦而言曰：『車實爲事，水實爲理，理事雙彰，俱在塵境。悟我本空，塵境可空；塵境既空，悟心亦空。既空所空，亦空空無所空，是謂真空。庶幾大衆用此水時，知我法體，因彼大海，而海亦空。飲此水時，知我濕性，同於海潮，而潤亦空。觀此水時，波瀾不生，見無諸行，諸行亦空。見此水時，清浄無穢，知我無染，而染亦空。目此水時，湛然不動，知我本定，而定亦空。當無用時，是我無情。水性澄明，顯露心源，森羅萬象，應物俱見。皆我心照，靈鑒昭昭，智慧圓滿。圓滿之心，於此無空。無所空者，圓滿無窮，是謂流通。車水利益，其有窮乎？』客默然而退。碧落子因而録之，以爲《水車記》。主寺僧有實磨崖，碧落子仍書丹。宋元豐七年甲子十月五日也。《廣東文徵》卷五五，民國三十七年鉛印本。又見同治《韶州府志》卷二六。

王殊

王殊，熙寧間進士。

壽聖寺碑〔一〕

粤自二儀肇分，三才始立；三才既立，乃有四民；既有四民，遂分三教。典其教者，皆聖人也。故後周武帝定之，以儒教爲先，道教爲次，佛教爲後。雖興教之時各有先後，至于懲惡勸善，修因致果，利用之功，其歸一揆。若乃法象之教，起自西方，化流中夏，開善誘之門，施方便之力，拯濟沈溺，啓悟愚蒙。立八戒之緣，化其流俗；設百法之要，誨彼衆生。洗出六塵之心，拔離三途之苦，勸修因果，遣渡津梁，則三教之中，釋氏爲最。所以《維摩經》曰：『以智慧劍破煩惱賊。』由是凶人改節而修行，善者篤志而歸真，易俗移風，助君行化矣。故我大宋皇帝紹六葉之洪基，應千年之景運。纔登大寶，潛懷慈惠之心；既滿諒陰，遂降《蓼蕭》之澤。俾天下寺觀無名額久係存留及三十間已上者，仰本屬州縣，召民陳乞保奏，朝廷當賜壽聖之名。俾盛空王之化，更要重修福地，精選真僧，祈本枝延百世之昌，薦國祚享萬齡之祐，邦家永固，梵宇長㢶。今郡主大諫閻公詢，虔奉詔書，欽承睿旨，應有人户陳詞懇求寺額，晝時判押，剋日奏聞。蓋欲合彼君心，共興象教，□菩提之勝果，成圓覺之良因。月魄未周，敕黄已降，尋頒縣鎮及下鄉村，仍令邑宰張公遍行曉諭，俾雕牌額，各挂寺門。仍令更立一碑，用傳萬古，庶其後輩覽此記文，即知建寺之盛時、賜名之朝代。故鎸翠珉，永表皇恩。然自古帝王皆有建立，不至廣被，多爲特恩。其間廣被者，維大唐中宗令天下建龍興之寺，及明皇嗣位，亦立開元之名，洎至今皇普興壽聖之額。故王符曰：『堯舜之道猶燈燭，大矣哉！』堯舜二帝，相繼而聖明，光被四表，亦如唐宋兩朝相繼而建立，恩臨萬國者也。切以殊辭非潤石，學不際天，頻煩主首之言，請述□鎸之記。因抽軋思，以應來求，固讓無由，直書其事，聊紀建立年月而已。咸豐《澄城縣志》卷二〇《金石》上，咸豐元年刊本。

〔一〕原碑題下署：『熙寧七年五月立。進士王殊撰文，夷門賈永吉正書。』

張舜民

張舜民，字芸叟，自號浮休居士，又號矴齋，邠州（治今陜西彬縣）人。治平二年進士，爲襄樂令。元豐四年，從高遵裕征西夏，因作詩述及宋軍久屯失利之情，坐謫監邕州鹽米倉，又改監郴州酒税。元祐初，以司馬光薦，召爲監察御史，累擢吏部侍郎。崇寧初，坐元祐黨，謫楚州團練副使，商州安置。後復集賢殿修撰。舜民慷慨喜論事，以剛直敢言稱。見《宋史》卷三四七本傳、卷二〇三、二〇六、二〇八、《藝文志》二、六、七。著有《使遼録》一卷、《郴行録》一卷、《南遷録》一卷、《畫墁録》一卷、《畫墁集》一百卷。

定平凝壽寺塑佛記

定平縣山不如水，水不如寺，寺不如凝壽。山無名而水有名，寺無不得山水，而凝壽居其勝。水西爲縣，東爲凝壽。負夕陽，見里社，重樓複道，繚絡上下。烟際隱顯，望如屏障間寫出，故游者不憚其勞，而居者不奪其樂。予始游，寺有大明堂，佛居中，黄金之膚，五色之衣，美哉！從者具，而皆土面骨立，制度尚未明，然予亦知其爲佛之尊也。後予再游而艮前佛之背，又於壁中隱出，爲半見之佛。而從者非向相似，而所謂九耀者爲之也。佛御輪乎其中矣，异矣！夫九耀昭昭在天，寧卑乎？而顧爲臣僕如是邪？豈於教自有所本，而予未嘗學而不能知也歟？又安知不曰九曜？五行之正氣，尚臣吾佛，况於人乎？故王法則曰：『吾不知畏。而飲食男女，常久之道，或一受教，俾之斷弃，至於終身，不敢復有。其設術之甚，無若此者矣。』夫此，則予何能爲哉！至於有善地不爲民居候館，而多聚斯類，然其獨凝壽哉，天下之所共嘆者此也。《皇朝文鑒》卷八四。

李禧

李禧，曲陽（今河北曲陽）人，熙寧間在世。

隴西郡李氏尊勝陀羅尼經幢記

氏本定武曲陽縣歸善鄉虎山里河流李明經咸寧之愛女也。氏以□淑閒缺門有禮，故東郭郭君俊聞而媒娉。及歸其門，果舅姑稱其孝，中外道其賢。缺彦升祖宗積慶，氣概豪杰，果致資□及數萬膏腴缺知也。其治家之道，李氏同有力焉。氏生三女一男：其缺西郭李君衡，女不幸早夭，有甥李子儀，其季女爲高缺爲人倜儻有材力，能挽强善神射，有將材，累試中不缺三女，長曰娘哥，始七歲，次曰昭哥，又次曰住姐，皆孩幼。缺之大莫大於孝，孝之大莫大於終親。然則，其生也可缺也，昊天罔極，則何以哉？亡妣於熙寧八年三月二十六日以壽終，年七十有缺癸地，禮也。且禧聞諸釋氏，世有佛經名曰《尊勝陀羅尼真言》缺如曰□石工刻其文立於其墳之南，待其日亭午，影覆其上，亡靈有罪，免而必生天。遂使天下孝子順孫，聞其大雄之力。如是則元元之衆，得不免而從之者耶？雖匱於財者，亦將勉而爲之，況我巨有資産哉！故元長擇年月市石爲其幢，幢之成必有文以表之，故求之於余。余與元長同鄉里，系親其間，□故不得□焉。時熙寧十年歲次丁巳四月庚辰朔初三日壬午，江夏李□述。中山石玉書并刻字。光緒《重修曲陽縣志》卷一二。

龔原

龔原，字深之，一字深父，時稱括蒼先生，處州遂昌（今浙江遂昌）人，師事王安石，第進士。熙寧中爲國子直講。元祐中勒停。後爲徐王府記室，加秘閣校理，除兩浙轉運判官。紹聖中遷起居舍人。元符中權工部侍郎、兼侍講，出知潤州。入爲秘書監，復兼侍講。徽宗初，進給事中，以論哲宗喪服事，黜知南康軍。三年後復修撰，知揚州。歷兵、工部侍郎，除寶文閣待制、知廬州，奪職居和州，起知亳州，卒，年六十七。著有《周易新講義》十卷。見《宋史》三五三本傳及《續資治通鑒長編》卷二二八、二九九、四七四、四八四、四八八、五〇一、五〇二、五二〇。

遂昌妙靖院記

妙靖院在處州遂昌桃源鄉，始唐咸通八年，曰安靖，今額治平中所賜也。嘉祐初予嘗講學於其法堂之西偏，而院僧奉思者方以行業智辨能服其鄉民，募緣取給，惟所顧指，每與予語舊陋爲甚，今之法堂寶殿實新爲之，然未愜也。間循山而下上，環指而謾言曰：『异時爲丈室於是，爲經臺於是，爲鐘樓於是，既成，願得一言刻之，使後人識舊時之地，亦勝事也。』方是時，左右皆荒山，斷塹莽梗，人不可行，予雖壯其志，疑非易成者，徒意許之而弗答也。後數年，予游學京師，不復見奉思，自桃源至者，必問其院如何，皆曰：『院成矣，施者日益衆，且耕鑿有收，屢以力易度牒，今其徒甚盛也。』又數年，予竊第東歸，奉思相迓道旁，雖不及游，隔溪望之，比舊增麗矣。熙寧中，予奉親之官京師，宿焉，觀基面勢，率如昔年規度，竊自謂事無劇易，特志弗强與力不及，故每廢而莫興，或有爲而不就，若奉思可謂有志而能成矣。適予方事行役，未暇書也。後予遭家艱，既葬，出淮南，復過其院，觸目悵然久之。比官於朝，緣元祐四年，明堂恩封，贈及泉穸。去秋促予記，歸焚黄，而奉思復援平昔言屬記甚迫，且曰：『今老矣，幸一觀石刻，雖瞑目無憾。』予聞而悲之，且念自初及今，日月纔幾而忽焉三紀，院僧獨奉思在，而予初弱冠，今亦白髮滿頭，落筆稍緩如昨，則後此數十年尚誰知本末哉！因書以遺之。《處州府志》卷二八，光緒三年刊本。

盛次仲

盛次仲，開封（今河南開封）人，嘉祐六年進士。元豐初知慈溪縣。元祐元年爲校書郎，三年爲集賢校理。復歷秘閣校理，遷太常少卿。建中靖國元年知鄧州。見《續資治通鑑長編》卷三八〇、三九三、四一九、五〇〇，《道鄉集》卷一五《盛次仲直龍圖閣知鄧州制》《彭城集》卷二〇《盛次仲可集校校理餘依舊制》，《北宋經撫年表》卷二。

常寂大師行狀碑跋

元豐三年秋，本縣以祈雨之驗，太守朝議大夫王公誨奏其事，蒙朝廷下禮官易謚，禮官牒州，須大師行狀，而索之住持僧觀超，乃得此本。其跋尾但云天聖八年秋，住持僧惟德重録，而莫知其何時人撰次也。明年夏，既奉敕更謚真應大師，而予已代去，因歸其故本，而惜其字多漫滅，又考其文有聖代當知大師之言，則今日之知應矣。然則斯文所作，亦有道者乎！遂手自謄寫，以付觀超，庶久其傳焉。五年壬戌六月己巳，宣德郎、知開封府陳留事盛次仲居中書。邑人朱宗昭、宗立施財立石。光緒《慈溪縣志》卷五〇，光緒二十五年刻本。

常景

常景，神宗時河中（今山西永濟）人，後徙家河南（今河南洛陽）。嘗游宦巴蜀。

造像記　元豐二年七月

阿彌陀佛石像者，哀男清孫之所刻也。清孫始二歲，予游宦巴蜀，於馬上抱持之。凡過神宫佛廟，必叩其首以禮焉，知其夙習宗尚神理佛事遠矣。六歲，見官寺壁有書大字者，則以甲畫地而摹焉。因授以短卷，使習之。常至子夜，寐熟筆落，乃肯就寢。十餘歲，已學綴文，通誦《書》《易》，而尤喜浮屠説。一旦書門屏曰：『花外月常滿，林間葉自凋。』予讀之，以爲不祥。其明年，改元元豐，七月，補廣文生，將就試開寶佛寺。九月七日，以疾殁於東都，年二十二。哀哉吾兒！孝於父母，友于叔仲。廛里之游未嘗與，貲貨之利未嘗顧。心不違道，手不釋卷。予之知子，爲不誣矣。又其見當世賢人君子，决欲慕而爲之。有志不就，長號何已！實予不天，鍾釁斯子。昔嘗贊予休官，結廬闕塞，終吾老以奉養。今舍我□去乎！以其平日所游，最樂香山之勝，故礱□于佛室之前，鋟其容於旁，以追薦之，冀其□生復尋兹境。汝之神識，其知之乎？汝之神識，其知之乎？清孫字能世，河中人，後徙家河南。曾王父晝，贈屯田員外郎。王父吉，贈光禄少卿。祖母陳氏，母田氏，妻王氏。二年七月石像成，以其月十二日摹其題壁二，并書兹文于石。河中常景記。石匠閻永真并男忠美刊。《八瓊室金石補正》卷八八。又見國家圖書館藏拓片·章專一二四一。

王鞏

王鞏，字定國，大名府莘縣（今河北莘縣）人，王素子，自號清虚先生。熙寧間爲大理評事。與蘇軾相友善，軾得罪，于元豐三年鞏亦貶監賓州酒務。元祐初爲宗正寺丞，通判揚州，歷知海州、密州。六年，管勾鴻慶宫，以御史言，詔銜替。元符元年特追毁出身以來告敕文字，送全州編管。鞏有隽才，著《甲申雜記》一卷、《聞見近録》一卷、《隨手雜録》、詩文集。事見《東都事略》卷四〇，《續資治通鑒長編》卷二六三、三〇一、三七一、四二四、四二九、四三三、四六七、五〇四，《宋史》卷二〇六、三二〇，《宋元學案》卷九九，《宋詩紀事》卷二八。

湘山無量壽佛碑

百千如來，以方便智，開廣大慈，護念有情，甚於赤子。雖般涅槃成就佛土，不捨衆生，而出現於世，弗起於座，應遍十方。如水中月，著示無邊；如鑒中形，去住無礙。燈燈相續，壽命無窮，利益一切，在昔然已。若全州湘山祖師者，姓周，名全真，郴縣人也。幼負超然之志，出家受具足戒。年十六，參徑山道欽，欽睹其骨相不凡，叩以真諦，應聲響答，妙契佛乘，遂留之。頓悟頓修，不數年道成。後游羅浮，還郴，繼走衡陽，來兹湘山。時湘源縣治在山西南五里山，頗幽勝。築苑剪茅，躬畬自給，未嘗秋毫取於人。衆有諮請，隨其利鈍爲談本際，嘗曰：『我之法要，不著諸相，謝絶萬有，超度色空，真空不二，非三乘所擬，非象教可傳，無量無邊，猶如空海。四方來者，心自化服。』大會之際，先期召衆誡曰：『時不我與，各當還家。』一夕髭髮頓生，易緇爲羽，冠曰青崆法冠，衣曰無量壽衣。容貌不常，時髦時稚。未幾，詔汰僧尼，廢刹院，毁像焚經，迄無寧歲。師藏深岩重岫間，群麋鹿鳥獸之迹，獨演宗旨，開示人天，製教十有二部，凡數十萬言。有衆千萬，周匝圍繞，跪禮合掌，自通姓名曰我金輪王、須彌山王、四海龍王，五岳、四瀆、西天、雪山之主者，仙人神人等衆也，敷座儼然，莫之敢詰。蓋明炳幾先，而事出天外者若此。大中竺法中興，邑之父老子弟入山敦請。久之，始還就故院。雖處冥寂，真常爲娱，而分身揚化，莫紀其數。永州太守韋氏辦齋爲供，遣使走迓，師令先還。翌晨使未反命，師已至矣。至則四門關吏互報其入，守出導迎，合爲一體。其神异大概類是。咸通八年丁亥歲二月八日，忽語其徒圓鏡等：『無色界天請吾説法，今其時矣。吾告大衆，示以生死大事，流水迅速，各明主宰，脱離輪迴。』諄諄告誡，語載智允行狀中。重宣遺偈有曰：『無量壽身無生死，出入娑婆如夢裏。報體成壞性常靈，分身普應諸天地。學人不會有相諍，尋其諍者阿誰語。止這語便是法身，大道見前非别處。千經萬論無量説，無量能吐廣長舌。迷性永劫墮沉淪，悟者刹那即超越。當時生者誰受生，今日滅日誰受滅？但求生滅合還開，求道求佛心迴絶。不從求得主人暉，主人通達則玄機。解此玄機是真實，超凡越聖止如斯。』偈畢跏趺默然而化，相傳法臘百有六十六歲。後八日，奉真身於中峰笋布臺下。逾二七，頂出白毫相光十有一道，光中現十有一佛。士民奔趨，競圖師像，朝夕敬事，殆遍湖湘，至於今弗衰。師嘗自號無量壽主人，以會昌之難，諱言僧佛，故有别名，識者知其彌陀之化身也。乾符元年，師同郡劉瞻弭節湘源，望其山中有光炳耀，躬往禮謁，助緣建浮圖藏焉，是爲古塔。天福中潭帥馬希範以湘源實師道場，請於朝，升縣爲州，徙治院之東南，即師法諱名之曰全聖。宋景德初，敕院爲景德寺，僧志松又增高古塔二丈有二尺。所製教歷五季兵燹後，存者無幾，志松撮拾其餘，以天聖初詣闕進呈，詔賜束帛香茗。元豐三年夏久雨，大水洪發，漲至數十丈，城不没者纔尺許，夜有异物頭角猙獰，噴吐烟焰，鼓浪薄城。州人大恐，李守時亮率衆望湘山號呼懇禱。須臾，光起峰頭，師乘光來翔，及合江門，錫聲一振，烈如雷轟，异物遂去。雨止水平，李守誓建七級浮圖，出真身供養，尋以去郡不果。衆乃募緣，卜竪於飛來石下，一則師嘗有言『异日吾當還止於兹』，一則其石古云自羅浮飛空而來，若杭西之鷲嶺飛自天竺，師又嘗游羅浮，飛錫止此，實有夙因，即不卜亦知爲吉也。顧築基甃石，久莫能就，適僧智允從潭州來，衆廉其篤謹，俾主塔事。重以郡人朱浩，幼有至行，嘗以母疾，誓不飲酒、不食肉、不婚媾，昕夕侍湯藥惟虔，已而氣絶，浩泣血請於師座，苟獲再生，願佐塔事。當晚微蘇，然若醉夢、無能了識者半月，復願剪髮執頭陀行，歸，母乃大愈。浩因是不惜餘力以贊襄智公。及元祐七載，始告成功，爲制宏麗而崇峻。二月朔有八，啓故塔，時師宴坐如生，頂光射人，左右驚仆，就日迎入今塔。輒有紫雲縈迴，屢見師挾二侍者往來其上。全之一境歲無夭札疫癘之患，而祈雨雨應，禳火火滅，求男得男，求女得女，則自荆襄以南迄於嶺海，無地不然。元符三年，又以塔中异花靈卉生其座下，如鋪錦茵，州具其事聞，奉敕賜號寂照大師。一時守令大集人士，爇香祝慶。予荷國恩，投間其地，得逢嘉會，逐隊追隨。智公謂自咸通丁亥至今二百二十五年，始有賜號，神功之周遍，聖化之彰聞，不可無記以傳，投以如椽一管，强予握之。予惟天地之功德，弗容於聲詩；日月之光華，無容於繪像。祖師之神功聖化，雖罄麗水之金，竭昆山之玉，莊嚴靡罄，予何得而名焉？惟是其地與人而有神聖臨焉，爲所依庇，良非偶然，必有如是因，必有如是果，而因緣時節，則猶如寒暑不可易也。湘源之地、之人，遭和平康樂之時、睿明仁聖之主，垂白耕織，不識兵革，固厚幸矣。水旱之患，堯湯之盛莫能免者，而恃有祖師臨於其上，慈育道濟，斷滅若惱。豈非能植如是不可思議因，乃獲如是不可思議果哉？獨虞世遠事淹，反以見聞熟習，玩忽滋長，而敬信或弛也，則可悲可痛，應不僅在水火夭札疫癘已矣。爰考《乾符塔記》，參訂智允所述行狀録之。稽首贊禮而説偈曰：

大慈兩足尊，日度諸禪定。心同太虛空，廣大無窒礙。悲憫行願海，不捨於衆生。普現刹塵身，究竟利群品。弗起師之座，應感娑婆界。逆順化無邊，盲聾之導師。惟恐一含靈，未證般涅槃。譬如垂老人，得子在襁褓，調護忘寢食，畏懼勿成就。又如注大雨，江河海蹄涔，草木邱垤塵，普同一切潤。是故無量壽，示此湘山尊。常轉正法輪，直旨實相印。天龍鬼神人，悉得未曾有。復以過去身，示現入生死。還作諸福田，利益無邊際。罔不獲安樂，莊嚴妙功德。我今稽首禮，爲説此因緣。惟爾見聞者，勿生大我慢。世尊甚難值，值之當起敬。如優曇鉢華，曠劫不出世。塔廟鈴鐸音，竹樹草木音，禽魚猿鶴音，衆籟大小音，種種微妙音，演化七菩提。以至入聖道，廣爲爾等説：自證從證中，不自於他得。耳根甚清凈，乃獲如是聞。塵勞悉消除，應念獲净土。爾等宿福慶，際會實希有。幻化如芭蕉，終不得堅實。速起無上信，成就慈悲藏。舉手一皈依，以復少低頭。至心生净性，種植善根本。如苗漸增長，獲福亦無量。我復稽首禮，願盡未來際。有頃達無間，解脱三塗苦。咸入不二門，志歸大圓覺。如處薝蔔林，更無异香色；又如甘露海，點滴皆法味。永劫坐道場，與佛常住世。《粤西文載》卷四一。又見《湘山事狀全集》卷四，嘉慶《廣西通志》卷二四〇。

蘇軾

蘇軾（一〇三七——一一〇一），字子瞻，號東坡居士，眉州眉山（今四川眉山）人。蘇洵次子。嘉祐二年登進士乙科，受歐陽修賞識。任鳳翔府判官，入直史館。熙寧間王安石變法，軾因政見分歧，通判杭州，徙知密州、徐州、湖州。元豐二年烏臺詩案後，謫爲黄州團練副使。元祐初返京，累遷中書舍人、翰林學士、知制誥。旋拜龍圖閣學士，出知杭州、潁州、揚州、定州，其間曾被召還朝任禮部尚書等職。爲元祐黨争所累，紹聖初謫于惠州，再徙儋州。徽宗立，遇赦北還。建中靖國元年卒于常州。其主要著作存世者有《易傳》《書傳》及《東坡集》四十卷、《後集》二十卷、《奏議》十五卷、《内制》十卷、《外制》三卷、《和陶詩》四卷。事迹見《欒城後集》卷二二《亡兄子瞻墓志銘》及《宋史》卷三三八本傳。

題廣州清遠峽山寺

軾與幼子過同游峽山寺，徘徊登覽，想見長老壽公之高致，但恨溪水太峻，當少留之。若於淙碧軒之北，作一小閘，瀦爲澄潭，使人遇閘上，雷吼雪濺，爲往來之奇觀。若夏秋水暴，自可爲啓閉之節。用陰陽家説，寺當少富云。紹聖元年九月十三日。明萬曆茅維編刻之《蘇文忠公全集》卷七一。又見《八代文鈔》第二九册，《名山勝概記》。

題壽聖寺〔一〕

蜀人蘇軾子瞻，南遷惠州，艤舟岩下。與幼子過同游壽聖寺，遇隱者石君汝礪器之，話羅浮之勝，至暮乃去。紹聖元年九月十二日書。《蘇文忠公全集》卷七一。又見《方輿勝覽》卷三五，《粵東金石略》卷六，乾隆《廣東通志》卷二〇九。

〔一〕『惠州艤舟岩下與』七字及篇末『紹聖』云云十字原缺，據《粵東金石略》補。

題嘉祐寺壁〔一〕

紹聖元年十月二日〔二〕，軾始至惠州，寓居嘉祐寺松風亭。杖屨所及，鷄犬皆相識。明年三月，遷于合江之行館。得江樓廓徹之觀，而失幽深窈窕之趣，未見所欣戚也。嶠南嶺北，亦何以异此。虔州鶴田處士王原子直，不遠千里，訪予於此，留七十日而去。東坡居士書。《蘇文忠公全集》

卷七一。

〔一〕趙刻《志林》題作《别王子直》。

〔二〕《志林》『二』作『三』。

題栖禪院

紹聖三年八月六日夜，風雨，旦視院東南，有巨人迹五。是月九日，蘇軾與男過來觀。《蘇文忠公全集》卷七一。

中和勝相院記

佛之道難成，言之使人悲酸愁苦。其始學之，皆入山林，踐荆棘蛇虺，袒裸雪霜。或刲割屠膾，燔燒烹煮，以肉飼虎豹烏烏蚊蚋，無所不至。茹苦含辛，更百千萬億年而後成。其不能此者，猶弃絶骨肉，衣麻布，食草木之實，晝日力作，以給薪水糞除，暮夜持膏火薰香，事其師如生。務苦瘠其身，自身口意莫不有禁，其略十，其詳無數。終身念之，寢食見之，如是，僅可以稱沙門比丘。雖名爲不耕而食，然其勞苦卑辱，則過於農工遠矣。計其利害，非僥幸小民之所樂，今何其弃家毁服壞毛髮者之多也。意亦有所便歟？寒耕暑耘，官又召而役作之，凡民之所患苦者，我皆免焉。吾師之所謂戒者，爲愚夫未達者設也，若我何用是爲。剟其患，專取其利，不如是而已。又愛其名，治其荒唐之説。攝衣升坐，問答自若，謂之長老。吾嘗究其語矣，大抵務爲不可知。設械以應敵，匿形以備敗，窘則推墮滉漾中，不可捕捉，如是而已矣。吾游四方，見輒反覆折困之，度其所從遁，而逆閉其塗。往往面頸發赤，然業已爲是道，勢不得以惡聲相反，則笑曰：『是外道魔人也。』吾之於僧，慢侮不信如此。今寶月大師惟簡，乃以其所居院之本末，求吾文爲記，豈不謬哉？然吾昔者始游成都，見文雅大師惟度，器宇落落可愛，渾厚人也。能言唐末、五代事，傳記所不載者。因是與之游，甚熟。惟簡則其同門友也。其爲人，精敏過人，事佛齊衆，謹嚴如官府。二僧皆吾之所愛，而此院又有唐僖宗皇帝像，及其從官文武七十五人。其奔走失國與其所以將亡而不遂滅者，既足以感概太息，而畫又皆精妙冠世，有足稱者，故强爲記之。始居此者，京兆人廣寂大師希讓，傳六世至度與簡。簡姓蘇氏，眉山人，吾遠宗子也，今主是院，而度亡矣。《蘇文忠公全集》卷一二。又見《國朝二百家名賢文粹》卷一二四，《黄氏日鈔》卷六二，《成都文類》卷三八，《文編》卷五七，嘉慶《華陽縣志》卷三九。

四菩薩閣記

始吾先君於物無所好，燕居如齋，言笑有時。顧嘗嗜畫，弟子門人無以悦之，則争致其所嗜，庶幾一解其顏。故雖爲布衣，而致畫與公卿等。長安有故藏經龕，唐明皇帝所建，其門四達，八板皆吴道子畫，陽爲菩薩，陰爲天王，凡十有六軀。廣明之亂，爲賊所焚。有僧忘其名，於兵火中拔其四板以逃，既重不可負，又迫於賊，恐不能全，遂竅其兩板以受荷，西奔於岐，而寄死於烏牙之僧舍，板留於是百八十年矣。客有以錢十萬得之以示軾者，軾歸其直，而取之以獻諸先君。先君之所嗜，百有餘品，一旦以是四板爲甲。治平四年，先君没於京師。軾自汴入淮，泝于江，載是四板以歸。既免喪，所嘗與往來浮屠人惟簡，誦其師之言，教軾爲先君捨施必所甚愛與所不忍捨者。軾用其説，思先君之所甚愛軾之所不忍捨者，莫若是板，故遂以與之。且告之曰：『此明皇帝之所不能守，而焚於賊者也，而况於余乎？余視天下之蓄此者多矣，有能及三世者乎？其始求之若不及，既得，惟恐失之，而其子孫不以易衣食者，鮮矣。余惟自度不能長守此也，是以與子。子將何以守之？』簡曰：『吾以身守之。吾眼可霍，吾足可斫，吾畫不可奪。若是，足以守之歟？』軾曰：『未也。足以終子之世而已。』簡曰：『吾又盟於佛〔一〕，而以鬼守之。凡取是者與凡以是予人者，其罪如律。若是，足以守之歟？』軾曰：『未也。世有無佛而蔑鬼者。』『然則何以守之？』

曰：『軾之以是予子者，凡以爲先君捨也。天下豈有無父之人歟，其誰忍取之。若其聞是而不悛，不惟一觀而已，將必取之然後爲快，則其人之賢愚，與廣明之焚此者一也。全其子孫難矣，而況能久有此乎！且夫不可取者存乎子。取不取者存乎人。子勉之矣，爲子之不可取者而已，又何知焉。』既以予簡，簡以錢百萬度爲大閣以藏之，且畫先君像其上。軾助錢二十之一，期以明年冬閣成。熙寧元年十月二十六日記。《蘇文忠公全集》卷一二。又見《成都文類》卷三八，《文章辨體彙選》卷五九一，《全蜀藝文志》卷三八中，康熙《眉山縣志》卷四。

〔一〕吾：原缺，據四部叢刊影刻之郎曄《經進東坡文集事略》（簡稱『郎本』）卷五四補。

鹽官大悲閣記〔一〕

羊豕以爲羞，五味以爲和，秫稻以爲酒，麴糵以作之，天下之所同也。其材同，其水火之齊均，其寒煖燥濕之候一也，而二人爲之，則美惡不齊。豈其所以美者，不可以數取歟？然古之爲方者，未嘗遺數也。能者即數以得妙，不能者循數以得其略。其出一也，有能有不能，而精粗見焉。人見其二也，則求精於數外，而弃迹以逐妙，曰：『我知酒食之所以美也。』而略其分齊，捨其度數，以爲不在是也，而一以意造，則其不爲人之所嘔弃者寡矣。今吾學者之病亦然。天文、地理、音樂、律曆、宫廟、服器、冠昏、喪祭之法〔二〕，《春秋》之所去取，禮之所可，刑之所禁，歷代之所以廢興，與其人之賢不肖，此學者之所宜盡力也。曰：『是皆不足學，學其不可載於書而傳於口者。』子夏曰：『日知其所亡，月無忘其所能，可謂好學也已。』古之學者，其所亡與其所能，皆可以一二數而日月見也。如今世之學，其所亡者果何物，而所能者果何事歟？孔子曰：『吾嘗終日不食，終夜不寢，以思，無益，不如學也。』由是觀之，廢學而徒思者，孔子之所禁，而今世之所尚也。豈惟吾學者，至於爲佛者亦然。齋戒持律，講誦其書，而崇飾塔廟，此佛之所以日夜教人者也。而其徒或者以爲齋戒持律不如無心，講誦其書不如無言，崇飾塔廟不如無爲。其中無心，其口無言，其身無爲，則飽食而嬉而已，是爲大以欺佛者也。杭州鹽官安國寺僧居則，自九歲出家，十年而得惡疾且死，自誓於佛，願持律終身，且造千手眼觀世音像，而誦其名千萬遍。病已而力不給〔三〕，則縮衣節口三十餘年，銖積寸累，以迄于成。其高九仞，爲大屋四重以居之。而求文以爲記。余嘗以斯言告東南之士矣，蓋僅有從者。獨喜則之勤苦從事於有爲，篤志守節，老而不衰，异夫爲大以欺佛者，故爲記之，且以風吾黨之士云。《蘇文忠公全集》卷一二。又見《國朝二百家名賢文粹》卷一二四，《黄氏日鈔》卷六二，《咸淳臨安志》卷八五，《文編》卷五七，嘉靖《海寧縣志》卷九，萬曆《杭州府志》卷一〇〇，雍正《浙江通志》卷二二七，《海塘録》卷八。

〔一〕鹽官：原缺，據郎本卷五四補。

〔二〕祭：原作『紀』，據《國朝二百家名賢文粹》改。
〔三〕病：原缺，據郎本補。

勝相院經藏記

元豐三年，歲在庚申，有大比丘惟簡，號曰寶月，修行如幻，三摩鉢提，在蜀成都大聖慈寺，故中和院，賜名『勝相』，以無量寶、黃金丹砂、琉璃真珠、旃檀衆香，莊嚴佛語及菩薩語，作大寶藏。涌起于海，有大天龍，背負而出，及諸小龍，糾結環繞。諸化菩薩，及護法神，鎮守其門。天魔鬼神，各執其物，以禦不祥。是諸衆寶，及諸佛子，光色聲香，自相磨激，璀璨芳郁，玲瓏宛轉，生出諸相，變化無窮。不假言語，自然顯見，苦空無我，無量妙義。凡見聞者，隨其根性，各有所得。如衆飢人，入於太倉〔一〕，雖未得食，已有飽意。又如病人，游於藥市，聞衆藥香，病自衰減。更能取米，作無礙飯，恣食取飽，自然不飢。又能取藥，以療衆病，衆病有盡，而藥無窮，須臾之間，無病可療。以是因緣，度無量衆，時見聞者，皆争捨施，富者出財，壯者出力，巧者出技，皆舍所愛，及諸結習，而作佛事，求脱煩惱，濁惡苦海。有一居士，其先蜀人，與是比丘，有大因緣。去國流浪，在江淮間，聞是比丘，作是佛事，即欲隨衆，舍所愛習。周視其身，及其室廬，求可捨者，了無一物。如焦穀芽，如石女兒，乃至無有，毫髮可捨。私自念言，我今惟有，無始已來，結習口業，妄言綺語，論說古今，是非成敗。以是業故，所出言語，猶如鐘磬，黼黻文章，悦可耳目。如人善博，日勝日貧〔二〕，自云是巧，不知是業。今捨此業，作寶藏偈。願我今世，作是偈已，盡未來世，永斷諸業，客塵妄想，及事理障〔三〕。一切世間，無取無舍，無憎無愛，無可無不可。時此居士，稽首西望，而説偈言：

我游多寶山，見山不見寶。岩谷及草木，虎豹諸龍蛇，雖知寶所在，欲取不可得。復有求寶者，自言已得寶，見寶不見山，亦未得寶故。譬如夢中人，未嘗知是夢，既知是夢已，所夢即變滅。見我不見夢，因以我爲覺，不知真覺者，覺夢兩無有。我觀大寶藏，如以蜜説甜。衆生未諭故，復以甜説蜜。甜蜜更相説，千劫無窮盡。自蜜及甘蔗，查梨與橘柚，説甜而得酸，以及鹹辛苦。忽然反自味，舌根有甜相，我爾默自知，不煩更相説。我今説此偈，於道亦云遠，如眼根自見，是眼非我有。當有無耳人，聽此非舌言，於一彈指頃，洗我千劫罪。《蘇文忠公全集》卷一二。又見《觀瀾文集》丙集卷八，《文編》卷五七。

〔一〕太：原作『大』，據郎本卷五四改。

〔二〕貧：原作『負』，據郎本、明成化本《東坡七集（簡稱『七集』）·前集》卷四〇改。

〔三〕事：原作『諸』，據郎本、《七集·前集》改。

虔州崇慶禪院新經藏記

如來得阿耨多羅三藐三菩提，曰『以無所得故而得』。舍利弗得阿羅漢道，亦曰『以無所得故而得』。如來與舍利弗若是同乎？曰：『何獨舍利弗，至于百工賤技，承蜩意鉤，履狶畫墁，未有不同者也。夫道之大小，雖至於大菩薩，其視如來，猶若天淵然，及其以無所得故而得，則承蜩意鉤，履狶畫墁，未有不與如來同者也。以吾之所知，推至其所不知，嬰兒生而導之言，稍長而教之書，口必至於忘聲而後能言，手必至於忘筆而後能書，此吾之所知也。口不能忘聲，則語言難於屬文，手不能忘筆，則字畫難於刻雕。及其相忘之至也，則形容心術，酬酢萬物之變，忽然而不自知也。自不能者而觀之，其神智妙達，不既超然與如來同乎？故《金剛經》曰：「一切賢聖，皆以無爲法，而有差别。」以是爲技，則技疑神，以是爲道，則道疑聖。古之人與人皆學，而獨至於是，其必有道矣。吾非學佛者，不知其所自入〔一〕，獨聞之孔子曰：「《詩》三百，一言以蔽之，曰：『思無邪。』」夫有思皆邪也，善惡同而無思，則土木也，云何能使有思而無邪，無思而非土木乎？」嗚呼？吾老矣，安得數年之暇，托於佛僧之宇，盡發其書，以無所思心會如來意，庶幾於無所得故而得者。謫居惠州，終歲無事，宜若得行其志。而州之僧舍無所謂經藏者，獨榜其所居室曰思無邪齋，而銘之致其志焉。始吾南遷，過虔州，與通守承議郎俞君括游。一日，訪廉泉，入崇慶院，觀寶輪藏。君曰：『是於江南壯麗爲第一，其費二千餘萬，前長老曇秀始作之，幾於成而寂。今長老惟湜嗣成之。奔走二老之間，勸導經營，銖積寸累十有六年而成者，僧知錫也。子能愍此三士之勞，爲一言記之乎？』吾蓋心許之〔二〕。俞君博學能文，敏於從政，而恬於進取。數與吾書，欲弃官相從學道。自虔罷歸，道病，卒於廬陵。虔之士民，有巷哭者，吾亦爲出涕。故作此文以遺湜、錫，并論孔子『思無邪』之意，與吾有志無書之嘆，使刻于石，且與俞君結未來之因乎？紹聖二年五月二十七日記。《蘇文忠公全集》卷一二。又見乾隆《贛州府志》卷三七。

〔一〕入：原作『來』，據《七集・後集》卷一九及《續集》卷一二改。

〔二〕吾蓋：原作『蓋吾』，據《七集・後集》及《續集》乙。

黄州安國寺記

元豐二年十二月，余自吴興守得罪，上不忍誅，以爲黄州團練副使，使思過而自新焉。其明年二月，至黄。舍館粗定，衣食稍給，閉門却掃，收召魂魄，退伏思念，求所以自新之方，反觀從來舉意動作，皆不中道，非獨今之所以得罪者也。欲新其一，恐失其二。觸類而求之，有不可勝悔者。於是，喟然嘆曰：『道不足以御氣，性不足以勝習。不鋤其本，而耘其末，今雖改之，後必復作。盍歸誠佛僧，求一洗之？』得城南精舍曰安國寺，有茂林修竹，陂池亭榭。間一二日輒往，焚香默坐，深自省察，則物我相忘，身心皆空，求罪垢所從生而不可得。一念清净，染污自落，表裏翛然，無所附麗。私竊樂之，旦往而暮還者，五年於此矣。寺僧曰繼連，爲僧首七年，得賜衣。又七年，當賜號，欲謝去，其徒與父老相率留之。連笑曰：『知足不辱，知止不殆。』卒謝去。余是以愧其人。七年，余將有臨汝之行。連曰：『寺未有記。』具石請記之。余不得辭。寺立於僞唐保大二年〔一〕，始名護國，嘉祐八年，賜今名。堂宇齋閣，連皆易新之，嚴麗深穩，悦可人意，至者忘歸。歲正月，男女萬人會庭中，飲食作樂，且祠瘟神，江淮舊俗也。四月六日，汝州團練副使眉山蘇軾記。《蘇文忠公全集》卷一二。又見《國朝二百家名賢文粹》卷一二四，《文章正宗》續集卷一五，弘治《黄州府志》卷八，民國《湖北通志》卷九一，光緒《黄岡縣志》卷二四。

〔一〕大：原作『太』，據宋刻大字本《東坡集》（簡稱『集甲』）卷三三、郎本卷五四改。

薦誠禪院五百羅漢記

熙寧十年，余方守徐州，聞河決澶淵，入巨野，首灌東平。吏民恟懼，不知所爲。有僧應言建策，鑿清泠口，道積水北入于古廢河，又北東入于海。吏方持其議，言强力辯口，慨然論河決狀甚明。吏不能奪，卒以其言決之，水所入如其言，東平以安，言有力焉。衆欲爲請賞，言笑謝去。余固异其人。後二年，移守湖州，而言自鄆來，見余於宋，曰：『吾鄆人也，少爲僧，以講爲事。始錢公子飛使吾創精舍於鄆之東阿北新橋鎮，且造鐵浮屠十有三級，高百二十尺。既成，而趙公叔平請諸朝，名吾院曰薦誠，歲度僧以守之。今將造五百羅漢像於錢塘，而載以歸，度用錢五百萬，自丞相潞公以降，皆吾檀越也。』余於是益知言真有過人者。又六年，余自黄州遷于汝，過宋，而言適在焉。曰：『像已成，請爲我記之。』嗚呼，士以功名爲貴，然論事易，作事難，作事易，成事難。使天下士皆如言，論必作，作必成者，其功名豈少哉！其可不爲一言？《蘇文忠公全集》卷一二。又見乾隆《曹州府志》卷二〇，乾隆《泰安府志》卷二五，道光《東平州志》卷一九。道光《巨野縣志》卷一八。

南華長老題名記

學者以成佛爲難乎？累土畫沙，童子戲也，皆足以成佛。以爲易乎？受記得道，如菩薩大弟子，皆不任問疾。是義安在？方其迷亂顛倒流浪苦海之中，一念正真，萬法皆具。及其勤苦功用，爲山九仞之後，毫厘差失，千劫不復。嗚呼，道固如是也，豈獨佛乎？子思子曰：『夫歸之不肖，可以能行焉，及其至也，雖聖人亦有所不能焉。』孟子則以爲聖人之道，始於不爲穿窬，而穿窬之惡，成於言不言。人未有欲爲穿窬者，雖穿窬亦不欲也。自其不欲爲之心而求之，則穿窬足以爲聖人。可以言而不言，不可以言而言，雖賢人君子有不能免也。因其不能免之過而遂之，則賢人君子有時而爲盜。是二法者，相反而相爲用。儒與釋皆然。南華長老明公，其始蓋學於子思、孟子者，其後弃家爲浮屠氏。不知者以爲逃儒歸佛，不知其猶儒也。南華自六祖大鑒示滅，其傳法得眼者，散而之四方。故南華爲律寺。至吾宋天禧三年，始有詔以智度禪師普遂住持，至今明公蓋十一世矣。明公告東坡居士曰：『宰官行世間法，沙門行出世間法，世間即出世間，等無有二。今宰官傳授，皆有題名壁記，而沙門獨無有。矧吾道場，實補佛祖處，其可不嚴其傳，子爲我記之。』居士曰：『諾。』乃爲論儒釋不謀而同者以爲記。建中靖國元年正月一日記。《蘇文忠公全集》卷一二。

應夢羅漢記

元豐四年正月二十一日，予將往岐亭。宿於團封，夢一僧破面流血，若有所訴。明日至岐亭，過一廟，中有阿羅漢像，左龍右虎，儀制甚古，而面爲人所壞，顧之惘然，庶幾疇昔所見乎？遂載以歸，完新而龕之，設于安國寺。四月八日，先妣武陽君忌日，飯僧于寺，乃記之。責授黄州團練使眉山蘇軾記。《蘇文忠公全集》卷一二。又見民國《杭州府志》卷二三。

廣州東莞縣資福禪寺羅漢閣記〔一〕

衆生以愛，故入生死。由於愛境，有逆有順。而生喜怒，造種種業。展轉六趣，至千萬劫。本所從來，唯有一愛，更無餘病。佛大醫王，對病爲藥。唯有一捨，更無餘藥，常以此藥，而治此病。如水救火，應手當滅。云何衆生，不滅此病。是導師過，非衆生咎。何以故？衆生所愛，無過身體。父母有疾，割肉刺血，初無難色。若復鄰人，從其求乞，一爪一髮，終不可得。有二導師，其一清浄，不入諸相，能知衆生，生死之本，能使衆生，了然見知。不生不滅，出輪回處。是處安樂，堪永依怙，無异父母。支體可捨，而況財物。其一導師，以有爲心，行有爲法。縱不求利，即自求名。譬如鄰人，求乞爪髮，終不可得，而況肌肉。以此觀之，愛吝不捨，是導師過。設如有人，無故取米，投坑阱中，見者皆恨。若以此米，施諸鳥雀，見者皆喜。鳥雀無知，受我此施，何异坑阱。而人自然，有喜有愠。如使導師，有心有爲，則此施者，與弃無异。以此觀之，愛吝不捨，非衆生咎。四方之民，皆以勤苦，而得衣食，所得毫末，其苦無量。獨此南越、嶺海之民，貿遷重寶，坐獲富樂。得之也易，享之也愧。是故其人，以愧故捨。海道幽險，死生之間，曾不容髮。而况飄墮，羅刹鬼國，呼號神天，佛菩薩僧，以脱須臾。當此之時，身非己有，而况財物，實同糞土。是故其人，以懼故捨。愧懼二法，助發善心，是故越人，輕施樂捨，甲於四方。東莞古邑，資福禪寺，有老比丘，祖堂其名，未嘗戒也，而律自嚴，未嘗求也，而人自施。人之施堂，如物在衡，損益銖黍，了然覺知。堂之受施，如水涵影，雖千萬過，無一留者。堂以是故，創作五百，大阿羅漢，嚴净寶閣，涌地千柱，浮空三成，壯麗之極，實冠南越。東坡居士，見聞隨喜，而説偈言。

五百大士栖此城，南珠大貝皆東傾。衆心回春柏再榮，鐵林東來閣乃成。寶骨未到先通靈，赤蛇白璧珠夜明。三十襲吉誰敢争，層檐飛空俯日星。海波不摇颶無聲，天風徐來韵流鈴。一洗瘴霧冰雪清，人無南北壽且寧。《蘇文忠公全集》卷一二。又見《文章辨體彙選》卷四七七，《八瓊石金石補正》卷一〇八，道光《廣東通志》卷二二九，民國《東莞縣志》卷八九。

〔一〕《七集·後集》卷二〇題作《廣州資福寺羅漢閣碑》。

方丈記

年月日，住持傳法沙門惟謹，重建方丈，上祝天子萬壽，永作神主，斂時五福，敷錫庶民。地獄天宫，同爲浄土，有性無性，齊成佛道。《蘇文忠公全集》卷一二。

法雲寺禮拜石記

夫供養之具，最爲佛事先，其法不一。他山之石，平不容垢，横展如席，願爲一座具之用。晨夕禮佛，以此皈依。當敬禮無所觀時，運心廣博，無所不在，天上人間以至地下，悉觸智光。聞我佛修道時，芻泥巢頂，沾佛氣分，後皆受報。則禮佛也，其心實重。有德者至，是禮也，願一拜一起，無過父母。乘此願力，不墮三塗。佛力不可盡，石不可盡，願力不可盡。三者既不可盡，二親獲福，生生世世，亦不可盡。今對佛宣白，惟佛實臨之。元祐八年七月中旬，内殿崇班馬惟寬捨〔一〕。《蘇文忠公全集》卷一二。

〔一〕馬：明萬曆刊《東坡先生外集》（簡稱《外集》）卷三〇作「馮」。

趙先生舍利記

蘇軾

趙先生棠本蜀人，孟氏節度使廷隱之後，今爲南海人。仕至幕職，官南海。有潘冕者，陽狂不測，人謂之潘盎。南海俚人謂心風爲盎。盎嘗與京師言法華偈頌往來〔一〕。言云：『盎，日光佛化也〔二〕。』先生棄官從盎游，盎以謂盡得我道。盎既隱去，不知其所終，而先生亦坐化。焚其身〔三〕，得舍利數升。軾與先生之子昶游〔四〕，故得此舍利四十八粒。盎與先生異迹極多，張安道作先生墓志，具載其事。昶今爲大理寺丞，知藤州。元豐三年十一月十五日，以舍利授寶月大師之孫悟清，使持歸本院供養。趙郡蘇軾記〔五〕。《蘇文忠公全集》卷一二。

〔一〕嘗：《七集·續集》卷一二作『常』。
〔二〕化：原缺，據《外集》卷三一補。
〔三〕身：原作『衣』，據右引改。
〔四〕軾：原作『我』，據右引改。
〔五〕趙：原作『巴』，據右引改。

真相院釋迦舍利塔銘〔一〕　并叙

洞庭之南，有阿育王塔，分葬釋迦如來舍利。嘗有作大施會出而浴之者，緇素傳捧，涕泣作禮。有比丘竊取其三，色如含桃，大如薏苡，將置之他方，爲衆生福田。久而不能，以授白衣方子明。元豐三年，軾之弟轍謫官高安，子明以畀之。七年，軾自齊安蒙恩徙臨汝，過而見之。八年，移守文登，召爲尚書禮部郎。過濟南長清真相院〔一〕，僧法泰方爲磚塔十有三層，峻峙蟠固，人天鬼神所共瞻仰，而未有以葬。軾默念曰：『予弟所寶釋迦舍利，意將止於此耶？昔予先君文安主簿贈中大夫諱洵，先夫人武昌太君程氏，皆性仁行廉，崇信三寶，捐館之日，追述遺意，捨所愛作佛事，雖力有所止，而志則無盡。自頃憂患，廢而不舉將二十年矣。復廣前事，庶幾在此。』泰聞踊躍，明年來請於京師。探篋中得金一兩，銀六兩，使歸求之衆人，以具棺椁。銘曰：

如來法身無有邊，化爲舍利示人天。偉哉有形斯有年，紫金光聚飛爲烟。惟有堅固百億千，輪王阿育願力堅。役使空界鬼與仙，分置衆刹奠山川。棺椁十襲閟精圜，神光晝夜發層巔。誰其取此智且權，佛身普現衆目前。昏者坐受遠近遷，冥行黑月墮坎泉。分身來化會有緣，流轉至此誰使然。并包齊魯窮海堧，憤悍柔淑冥愚賢。願持此福達我先，生生世世離垢纏。《蘇文忠公全集》卷一九。《古今事文類聚》前集卷三五，《山堂肆考》卷一三〇，《古今圖書集成》神异典卷一二三，《八瓊石金石補正》卷一一一，《續語堂碑録》，《山左金石志》卷一八，《濟南金石志》卷四。

〔一〕長清：原作『見□』，據《七集·前集》卷四〇改。

大别方丈銘

閉目而視，目之所見，冥冥蒙蒙。掩耳而聽，耳之所聞，隱隱隆隆。耳目雖廢，見聞不斷，以摇其中。孰能開目，而未嘗視，如鑒寫容？孰能傾耳，而未嘗聽，如穴受風？不視而見，不聽而聞，根在塵空。湛然虚明，遍照十方，地獄天宫。蹈冒水火，出入金石，無往不通。我觀大别，三門之外，大江方東。東西萬里，千溪百谷，爲江所同。我觀大别，方丈之内，一燈常紅。門閉不開，光出于隙，曄如長虹。問何爲然，笑而不答，寄之盲聾。但見龐然，秀眉月面，純漆點瞳。我作銘詩，相其木魚，與其鼓鐘。《蘇文忠公全集》卷一九。又見《文章辨體彙選》卷四五三，嘉靖《漢陽府志》卷一〇，《東坡禪喜集》卷四，《古今圖書集成》神异典卷一一五，《楚寶》卷三九，同治《大别山志》卷五。

法雲寺鐘銘　并叙

元豐七年十月，有詔大長老圜通禪師法秀住法雲寺。寺成而未有鐘，大檀越駙馬都尉武勝軍節度觀察留後張敦禮，與冀國大長公主唱之，從而和者若干人。元祐元年四月，鐘成，萬斤。東坡居士蘇軾爲之銘，曰：

有鐘誰爲撞？有撞誰撞之？三合而後鳴，聞所聞爲五。闕一不可得，汝則安能聞？汝聞竟安在？耳視目可聽。當知所聞者，鳴寂寂時鳴。大圜空中師，獨處高廣座。卧士無所著，人引非引人。二俱無所説，而説無説法。法法雖無盡，問則應曰三。汝應如是聞，不應如是聽。

《蘇文忠公全集》卷一九。又見《東坡禪喜集》卷四，《古今圖書集成》樂律典卷九六，嘉慶《重修揚州府志》卷二八。

邵伯埭鐘銘 并叙

邵伯埭之東，寺僧子康募千人爲千斤銅鐘〔一〕。蜀人蘇軾爲之銘，曰：

無量智慧火，燒此無明銅。戒定以爲模，鑄成無漏鐘。以汝平等手，執彼慈非撞。聲從無有出，遍滿無邊空。《蘇文忠公全集》卷一九。又見民國《甘泉縣續志》卷一五。

〔一〕原校：『康』一作『東』。

石塔戒衣銘

石塔得三昧，初從戒定入。是故常寶護，登壇受戒衣。吾聞得道人，一物不可留。云何此法衣，補緝成百衲。諸法念念逝〔一〕，此衣非昔衣。此法無生滅〔二〕，衣亦無壞者〔三〕。振此無塵衣，洗此無垢人。壞則隨他去，是故終不壞。《蘇文忠公全集》卷一九。又見《東坡禪喜集》卷四。

〔一〕念念：原作『念已』，據《外集》卷二二改。

〔二〕無：原作『非』，據右引改。

〔三〕亦：原作『益』，據右引改。

南安軍常樂院新作經藏銘

佛以一口，而説千法。千佛千口，則爲幾説。我法不然，非千非一。如百千燈，共照一室。雖各遍滿，不相壞雜。咨爾學者，云何覽閲。自非正眼，表裏洞達。已受將受，則相陵奪。惟迴屢空，無所不悦。是名耳順，亦號莫逆。以此轉經，有轉無竭。道人山居，僻介楚越。常樂我静，一食破衲。達磨耶藏，勤苦建設。我無一錢，檀波羅密。施此法水，以灌爾睫。《蘇文忠公全集》卷一九。又見《古今圖書集成》神异典卷一〇三。

廣州東莞縣資福寺舍利塔銘〔一〕 并叙

自有生人以來，人之所爲見於世者，何可勝道。其鼓舞天下，經緯萬世，有偉於造物者矣。考其所從生，實出於一念。巍乎大哉，是念也，物復有烈於此者乎？是以古之真人，以心爲法，自一身至一世界，自一世界至百千萬億世界，於屈信臂頃〔二〕，作百千萬億變化，如佛所言，皆真實語，無可疑者。至於持身厲行，練精養志，或乘風而仙，或解形而去，使枯槁之餘，化爲金玉，時出光景，以作佛事者，則多有矣。其見伏去來，皆有時會，非偶然者。予在惠州，或示予以古舍利，狀若覆盂，圓徑五寸，高二寸〔三〕，重二斤二兩〔四〕，外密而中疏，其理如芭蕉，舍利生其中無數，五色具備，意必真人大士之遺體。蓋腦之在顱中，顱亡而腦存者。予曰：『是當以施僧，與衆共之，藏私家非是。』其人難之。適有東莞資福長老祖堂來惠州，見而請之，曰：『吾方建五百羅漢閣，壯麗甲於南海，舍利當栖我閣上。』則以犀帶易之。有自京師至者，得古玉璧，試取以薦舍利，若合符契。堂喜，遂并璧持去，曰：『吾當以金銀琉璃爲窣堵波，置閣上。』銘曰：

真人大士何所修，心精妙明舍九州。此身性海一浮漚，委蜕如遺不自收。戒光定力相烝休，結爲寶珠散若旒。流行四方獨此留，帶犀微矣何足酬。璧來萬里端相投，我非與堂堂非求。共作佛事知誰由，瑞光一起三千秋，永照南海通羅浮。

《蘇文忠公全集》卷一九。又見《方輿勝覽》卷三四，康熙《羅浮山志會編》卷一四，《古今圖書集成》神异典卷一二三，雍正《廣東通志》卷二二九，乾隆《博羅縣志》卷一三，光緒《廣州府志》卷八九。

〔一〕『州』原作『東』，據《七集·後集》卷一九改。

〔二〕頃：原作『項』，據右引改。

〔三〕右引『二』作『三』。

〔四〕右引『二斤二兩』作『一斤一兩』。

寶月大師塔銘

寶月大師惟簡，字宗古，姓蘇氏，眉之眉山人。於余爲無服兄。九歲，事成都中和勝相院慧悟大師。十九得度，二十九賜紫，三十六賜號。其同門友文雅大師惟慶爲成都僧統，所治萬餘人，鞭笞不用，中外肅伏。慶博學通古今，善爲詩，至於持律總衆，酬酢事物，則師密相之也。凡三十餘年，人莫知其出於師者。師清亮敏達，綜練萬事，端身以律物，勞己以裕人，人皆高其才，服其心，凡所欲爲，趣成之。更新其精舍之在成都與郫者，凡一百七十三間，經藏一，盧舍那阿彌陀彌勒大悲像四，磚橋二十七，皆談笑而成，其堅緻可支一世。師於佛事雖若有爲，譬之農夫畦而種之，待其自成，不數數然也。故余嘗以爲修三摩鉢提者。蜀守與使者皆一時名公卿，人人與師善。然師常罕見寡言，務自却遠，蓋不可得而親疏者。喜施藥，所活不可勝數。少時，瘠黑如梵僧，既老而皙，若復少者。或曰：『是有陰德發於面，壽未可涯也。』紹聖二年六月九日，始得微疾，即以書告於往來者，敕其子孫皆佛法大事，無一語私其身。至二十二日，集其徒問日蚤暮。及辰，曰：『吾行矣。』遂化，年八十四。是月二十六日，歸骨于城東智福院之壽塔。弟子三人，海慧大師士瑜先亡；次士隆；次紹賢，爲成都副僧統。孫十四人，悟遷、悟清、悟文、悟真、悟緣、悟深、悟微、悟開、悟通、悟誠、悟益、悟權、悟緘。曾孫三人，法舟、法榮、法原。以家法嚴，故多有聞者。師少與蜀人張隱君少愚善，吾先君宮師亦深知之，曰：『此子才用不減澄觀，若事當有立於世，爲僧亦無出其右者。』已而果然。余謫居惠州，舟實來請銘。銘曰：

大師寶月，古字簡名。出趙郡蘇，東坡之兄。自少潔齊，老而彌剛。領袖萬僧，名聞四方。壽八十四，臘六十五。瑩然摩尼，歸真于上。錦城之東，松柏森森。子孫如林，蔽芾其陰。《蘇文忠公全集》卷一五。又見《東坡禪喜集》卷四，嘉慶《四川通志》卷四七，嘉慶《華陽縣志》卷三九。

張著

張著，澶州（治今河南濮陽）人，英宗時鄉貢進士。

敕賜相州林慮縣净居禪院額記　治平四年

禪院創於唐，舊名澤陽。嘉祐癸卯，朝廷欲新天下寺之無額者，會仁宗賓天。今上治平甲辰五月二十日，特賜其額曰净居院。又二年，主僧智選丐文，以記其盛。余澶人，寓居此邑，云云。治平四年十月十九日，鄉貢進士張著記；院主、賜紫智選立石；沙門永清壽年八十有三、僧夏五十有九，奉命書。民國《林縣志》卷一四，民國二十一年石印本。

王异

王异，熙寧間廣州匠人。

建告大鐘及回廊充國壽寺供養記

薰沐弟子區文叙同妻胡氏大娘、陳氏七娘，同男區光、區□、區岳、區僅，孫□，弟林生書郎闔家人口等□，已供贖造大鐘一口及起回廊三間，上連鐘樓，建在南海縣靈峰山國壽古寺充供養。熙寧十年丁巳歲十月十六日，勾當修緣莫公穎。匠人王异、王智謹題。光緒《廣州府志》卷一〇〇，光緒五年刊本。

郭集

郭集，元豐間滑縣敬福禪院侍奉行者。

敬福三院主賜紫僧清秀幢塔記〔一〕　元豐四年正月

師法□清秀，俗姓趙氏，磁州昭德人也。幼懷壯節之心，夙蘊出塵之狀。甫年弱冠，辭硯出家，以天聖年超於是院。崇祖大師禮以爲師，侍師竭力，精勤無懈。至景祐歲中，年滿□，具行業，增修常誦大□法華□□經□爲常□日夜忘勞。每念浮生速於瞬息，遂乃習業游方，欲尋知識，因講表之心落，請主持右行永福禪院。不數年，度小師數人，遇寧遠軍節度使張公時奏賜紫方袍。後還本□。至治平丁未歲，光福院主慈明即奄化時，□□□□以僧徒共保以充綱領，幹集院事凡十餘重，專精博采，無不備焉。豈謂過□德之風□徒久請□住持，春秋九十有四，僧臘四十六。至元豐二年己未歲季冬之月，忽一日□□人□□死之道，凡聖皆纏，無有免矣，乃命諸門人屬以後事，至次年春正月三日無疾而終。□兩院度到小師四十餘僧，各懷悲戀，不勝感傷，乃依德荼毗□□□

言莫不動嘆者，□因□□記用筆直書云爾。聖宋元豐四年辛酉歲正月二日，小師知大殿主僧惟簡等建。

民國《滑縣縣志》卷六。

〔一〕題下原署：『當院侍奉行者郭集撰并書』。

蘇轍

蘇轍（一〇三九——一一一二），字子由，一字同叔，晚號潁濱遺老，眉州眉山（今四川眉山）人，洵子，軾弟。嘉祐二年進士，六年又舉制策入四等。除商州軍事推官，未赴任。英宗治平二年出任大名府推官。神宗熙寧二年爲制置三司條例司檢詳文字。三年出爲陳州教授，六年改齊州掌書記，九年簽書南京判官。元豐二年受兄烏臺詩案連累，貶監筠州鹽酒税。七年移績溪令。八年神宗病逝，被召還朝，擢右司諫。元祐元年擢起居郎、中書舍人。其後相繼任户部侍郎、翰林學士、吏部尚書、御史中丞、尚書右丞、大中大夫守門下侍郎。紹聖元年哲宗親政後，落職知汝州，貶居筠州、雷州、循州。哲宗崩，徽宗立，遇赦北歸，閑居潁昌。政和二年卒，年七十四。著有《詩集傳》《春秋集解》《古史》《龍川略志》《龍川別志》《老子解》《欒城集》，皆傳世。

光州開元寺重修大殿記

古之循吏因民而施政，有餘者損之，不足者與之。興其所欲，而廢其所患苦。順其風俗之宜，而吾無作焉。故文翁治蜀，立之學官；龔遂治渤海，督之耕牛；衛颯治桂陽，教之嫁娶；茨充代颯，誨之織屨。此四人者非其强民也，民之所欲而莫爲之勸，昒昒相視不能以自致，非得賢長吏以時挈持而振理之，使之得其所願，以相生養，則民至老死不見風俗之備。然而蜀之學官施於齊魯之邦則玩，渤海之耕牛試於郊郡之野則厭，衛之嫁娶，茨之織屨，行之華夏之國，亦未免於非且笑也。故爲治者亦觀其俗，乘其時，使民宜之。蓋無所必爲，亦無所必置也。弋陽郡居長淮之西，地僻而事少，田良而民富。朝散大夫彭城曹公受命作守，因俗爲政，安而不擾，誅其豪强而佑其善良，民化服之。始至訪其士民，問其所欲爲，咸曰：『吾郡既庶且富，所不足者非財也，而浮屠、老子之宫室，貌象庳陋廢圮，民不信嚮。父兄竊議，以不若四鄰爲愧，而莫或先也。』公曰：『是無難也，民所不欲，吾不敢爲；苟誠欲之，不成非患也。』乃召其徒而語之，故民勸其令，相帥從事，不三年而有成。天慶道士治三清、北極、聖祖諸殿，清净嚴肅，朝謁有所；而開元僧明偕新其大殿，趨功勤力，先告工具。楝楹峻峙，瓦甓緻密，爲佛菩薩衆像，尊嚴盛麗，儼若在世。士女和會，鲞孺咸喜，稽首祈福，如慰如慕。蓋殿始作於至道丙申，而復新於元豐癸亥，中間寂寥八十八年，然後民獲就其志。嗚呼，循吏之疏闊而政之難成，其久如此！明偕知民之悦，故以告於公，請記其事而刻諸石。公以書來屬余，余考之《循吏傳》，以爲當書，故記之不辭。五月初五日記。明清夢軒本《欒城集》卷二三。又見《國朝二百家名賢文粹》卷一二四。

筠州聖壽院法堂記　元豐四年六月

高安郡本豫章之屬邑，居溪山之間，四方舟車之所不由，水有蛟蜃，野有虎豹，其人稼穡漁獵，其利粳稻竹箭梗楠茶楮，民富而無事。然以其嶮且遠也，士之行乎當時者不至於其間。元豐三年，余以罪遷焉。既至，幸其風氣之和，飲食之良，飽食而安居，忽焉不知嶮遠之爲患。然以有罪故，法不得釋官而游。間獨取郡之圖書，考其風俗人物之舊，然後信其宜爲余之居也。昔東晋太寧之間，道士許遜與其徒十有二人散居山中，能以術救民疾苦，民尊而化之，至今道士比他州爲多，至於婦人孺子亦喜爲道士服。唐儀鳳中，六祖以佛法化嶺南，再傳而馬祖興於江西。於是洞山有價，黄蘗有運，真如有愚，九峰有虔，五峰有觀，高安雖小邦，而五道場在焉。則諸方游談之僧接迹於其地，至於以禪名精舍者二十有四。此二者皆他方之所無，予乃以罪故，得兼而有之。余既少而多病，壯而多難，行年四十有二而視聽衰耗，志氣消竭。夫多病則與學道者宜，多難則與學禪者宜。既與其徒出入相從，於是吐故納新，引挽屈伸，而病以少安。照了諸妄，還復本性，而憂以自去。灑然不知網罟之在前，與桎梏之在身，孰知夫嶮遠之不爲予安，而流徙之不爲予幸也哉？然郡之諸山近者數十里，遠者數百里，皆非余所得往。獨聖壽者近在城東南隅，每事之閑輒往游焉。其僧省聰本綿竹人，少治講説，晚得法於浙西本禪師。聽其言亹亹不倦。郡人有吴智訥者，治生有餘，輒盡之於佛，既爲僧堂之後室，又爲聰治其法堂，皆極壯麗，凡材甓金漆皆具於智訥。堂成，聰以余游之亟也，求余爲記。余亦喜聰之能以其法助余也，遂爲記其略。四年六月十七日。《欒城集》卷二三。又見同治《瑞州府志》卷一八，同治《高安縣志》卷二二。

廬山栖賢寺新修僧堂記　元豐四年五月

元豐三年，余得罪遷高安。夏六月，過廬山，知其勝而不敢留。留二日，涉其山之陽，入栖賢谷。谷中多大石，岌嶪相倚。水行石間，其聲如雷霆，如千乘車行者，震掉不能自持，雖三峽之嶮不過也。故其橋曰三峽。渡橋而東，依山循水，水平如白練，横觸巨石，匯爲大車輪，流轉洶涌，窮水之變。院據其上流，右倚石壁，左俯流水。石壁之趾，僧堂在焉。狂峰怪石，翔舞於檐上。杉松竹箭，横生倒植，葱蒨相糾。每大風雨至，堂中之人疑將壓焉。問之習廬山者，曰：『雖茲山之勝，栖賢蓋以一二數矣。』明年，長老智遷使其徒惠遷謁余於高安，曰：『吾僧堂自始建至今六十年矣，瓦敗木朽，無以待四方之客。惠遷能以其勤力新之，完壯邃密，非復其舊，願爲文以志之。』余聞之，求道者非有飲食衣服居處之求，然使其飲食得充，衣服得完，居處得安，於以求道而無外擾，則其爲道也輕。此古之達者所以必因山林築室廬，蓄蔬米，以待四方之游者，而二遷之所以置力而不懈也。夫士居於塵垢之中，紛紜之變日遘於前，而中心未始一日忘道。况乎深山之崖，野水之垠，有堂以居，有食以飽，是非榮辱不接於心耳，而忽焉不省也哉？孔子曰：『朝聞道，夕死可矣。』今夫騁鶩乎俗學而不聞大道，雖勤勞没齒，余知其無以死也。苟一日聞道，雖即死無餘事矣。故余因二遷之意，而以告其來者，夫豈無人乎哉？四年五月初九日，眉陽蘇轍記。

《欒城集》卷二三。又見《國朝二百家名賢文粹》卷一二五，《輿地紀勝》卷二五，《佛法金湯篇》，《釋氏資鑒》，《文章辨體彙選》卷五六二，《名山勝概》卷二四，《八代文鈔》第三〇册，《廬山紀事》卷五，雍正《江西通志》卷一二三，同治《廬山志》卷六，同治《南康府志》卷七。

杭州龍井院訥齋記　有詞〔一〕

錢塘有大法師曰辯才，初住上天竺山，以天台法化吴越。吴越人歸之如佛出世，事之如養父母，金帛之施不求而至。居天竺十四年，有利其富者迫而逐之，師忻然捨去，不以爲恨。吴越之人涕泣而從之者如歸市，天竺之衆分散四去。事聞於朝，明年俾復其舊。師黽俛而還，如不得已。吴越之人争出其力，以成就廢缺，衆復大集。無幾何，師告其衆曰：『吾雖未嘗争也，不幸而立於争地。久居而不去，使人以己是非彼，非沙門也。天竺之南山，山深而木茂，泉甘而石峻，汝舍我，我將老於是。』言已，策杖而往，以茅竹自覆。聲動吳越，人復致其所有，鑱嶮堙圮，築室而奉之。不期年而荒榛岩石之間，臺觀飛涌，丹堊炳焕，如天帝釋宮。師自是謝事，不復出入。高郵秦觀太虛名其所居曰訥齋，道潛師參寥告予爲記。予聞之，師始以法教人，叩之必鳴如千石鐘，來不失時如滄海潮，故人以辯名之。及其退居此山，閉門燕坐，寂嘿終日，葉落根榮如冬枯木，風止浪静如古澗水，故人以訥名之。雖然，此非師之大全也。彼其全者，不大不小，不長不短，不垢不浄，不辯不訥，而又何以名之？雖然，樂其出而高其退，喜其辯而貴其訥，此衆人意也，則其以名齋也亦宜。系之以詞曰：『以辯見我，既非見我。以訥見我，亦幾於妄。有叩而應，時止而止。非辯非訥，如如不動。諸佛既然，我亦如是。』《欒城集》卷二三。又見《國朝二百家名賢文粹》卷一四一，《咸淳臨安志》卷七八，《文章辨體彙選》卷五九一，《八代文鈔》第三〇册，《名山勝概》卷一三，《杭州上天竺講寺志》卷八，光緒《西湖志》卷一一。

〔一〕《咸淳臨安志》《杭州上天竺講寺志》《西湖志》誤作蘇軾文。

汝州龍興寺修吳畫殿記　紹聖元年五月

予先君宮師平生好畫，家居甚貧，而購畫常若不及。予兄子瞻少而知畫，不學而得用筆之理。

轍少聞其餘，雖不能深造之，亦庶幾焉。凡今世自隋晋以上，畫之存者無一二矣。自唐以來，乃時有見者。世之志於畫者，不以此爲師，則非畫也。予昔游成都，唐人遺迹遍於老佛之居。先蜀之老有能評之者，曰：『畫格有四，曰：能、妙、神、逸。蓋能不及妙，妙不及神，神不及逸。』稱神者二人，曰范瓊、趙公祐；而稱逸者一人，孫遇而已。范、趙之工，方圓不以規矩〔一〕，雄杰偉麗，見者皆知愛之。而孫氏縱横放肆，出於法度之外，循法者不逮其精，有從心不逾矩之妙。於眉之福海精舍爲行道天王，其記曰：『集潤州高座寺張僧繇。』予每觀之，輒嘆曰：『古之畫者必至於此，然後爲極歟！』其後東游至岐下，始見吴道子畫，乃驚曰：『信矣，畫必以此爲極也！』蓋道子之迹，比范、趙爲奇，而比孫遇爲正，其稱畫聖，抑以此耶？紹聖元年四月，予以罪謫守汝陽，間與通守李君純繹游龍興寺，觀華嚴小殿，其東西夾皆道子所畫。東爲維摩、文殊，西爲佛成道，比岐下所見，筆迹尤放。然屋瓦弊漏，塗栈缺弛，幾侵於風雨。蓋事之精不可傳者，常存乎其人。人亡而迹存，達者猶有以知之。故道子得之隋晋之餘，而范、趙得之道子之後。使其迹亡，雖有達者，尚誰發之？時有僧惠真方葺寺大殿，乃喻使先治此，予與李君亦少助焉。不逾月，堅完如新。於殿堍之中得記曰〔二〕：『治平丙午蘇氏惟政所葺。』衆异之，曰：『前後葺此皆蘇氏，豈偶然也哉？』惠真治石請記。五月二十五日。《欒城後集》卷二一。又見《國朝二百家名賢文粹》卷一四四，《永樂大典》卷二九四九。

〔一〕圜：原作『園』，據宋刻《蘇文定公文集》（簡稱『宋甲本』）改。
〔二〕垝：原作『危』，據宋甲本改。

墳院記　政和二年九月

旌善廣福禪院者，先公文安府君贈司徒墳側精舍也。先公既壯而力學，晚而以德行文學名於世。夫人程氏追封蜀國太夫人，生而志節不群，好讀書，通古今，知其治亂得失之故。有二子，長曰軾，季則轍也。方其少時，先公、先夫人皆曰：『吾嘗有志茲世，今老矣，二子其尚成吾志乎！』轍兄弟雖少而仕，亦流落不偶，年幾五十，乃始得還朝。兄氣剛寡合，已入復出。轍碌碌無能輕重，五年而至尚書右丞，與聞國政，以故事得於墳側建刹度僧，以薦先福。墳之東南四里許，有故伽藍。陵阜相拱揖，松竹深茂，相傳唐中和中任氏兄弟所捨也。轍以請於朝，改賜今榜，時元祐六年也。既三年，兄弟皆以罪廢，南遷海上。又六年，蒙恩北歸。兄至毗陵以病没。轍中止潁川，不能歸。又五年，前執政以黜去者，皆奪墳上刹。又二年，上哀矜舊臣，手詔復還畀之。墳之西南十餘步有泉焉，廣深不及尋，晝夜瀵涌，清洌而甘，冬不涸，夏不溢。自轍南遷，而水日耗，至奪刹遂竭。父老來告，轍惕焉，疑獲譴於幽明，徬徨不知所爲。而手詔適至，泉亦渝然而復。山中人皆曰：『詔書乃與天通耶？』轍聞之，溯闕而拜，以膺上賜。久之，乃爲之記，使世世子孫，知兹刹廢興所自，以無忘朝廷之德。政和二年壬辰九月乙卯朔六日庚申，中奉大夫、護軍、欒城縣開國伯、賜紫金魚袋蘇轍記。《欒城第三集》卷一〇，又見民國《眉山縣志》卷一三。

成都大悲閣記〔一〕

大悲者，觀世音之變也。觀世音由聞而覺。始於聞而能無所聞，始於無所聞而能無所不聞。能無所聞，雖無身可也，能無所不聞，雖千萬億身可也，而况於手與目乎？雖然，非無身無以舉千萬億身之衆，非千萬億身無以示無身之至。故散而爲千萬億身，聚而爲八萬四千母陀羅臂、八萬四千清浄寶目，其道一爾。昔吾嘗觀於此，吾頭髮不可勝數，而身毛孔亦不可勝數。牽一髮而頭爲之動，拔一毛而身爲之變，然則髮皆吾頭，而毛孔皆吾身也。彼皆吾頭而不能爲頭之用，彼皆吾身而不能具身之智，則物有以亂之矣。吾將使世人左手運斤，而右手執削，目數飛雁而耳節鳴鼓，首肯傍人而足識梯級，雖有智者，有所不暇矣，而况千手异執而千目各視乎？及吾燕坐寂然，心念凝默，湛然如大明鏡。人鬼鳥獸，雜陳乎吾前，色聲香味，交遘乎吾體。心雖不起，而物無不接，接必有道。即千手之出，千目之運，雖未可得見，而理則具矣。彼佛菩薩亦然。雖一身不成二佛，而一佛能遍河沙諸國。非有他也，觸而不亂，至而能應，理有必至，而何獨疑於大悲乎？成都，西南大都會也。佛事最勝，而大悲之像，未睹其杰。有法師敏行者，能讀内外教，博通其義，欲以如幻三昧爲一方首，乃以大旃檀作菩薩像，莊嚴妙麗，具慈愍性。手臂錯出，開合捧執，指彈摩拊，千態具備。手各有目，無妄舉者。復作大閣以覆菩薩，雄偉壯峙，工與像稱。都人作禮，因敬生悟。余游於四方二十餘年矣，雖未得歸，而想見其處。敏行使其徒法震乞文，爲道其所以然者。且頌之曰：

吾觀世間人，兩目兩手臂。物至不能應，狂惑失所措。其有欲應者，顛倒作思慮。思慮非真實，無异無手目。菩薩千手目，與一手目同。物至心亦至，曾不作思慮。隨其所當應，無不得其當。引弓挾白羽，劍盾諸械器。經卷及香花，盂水青楊枝。珊瑚大寶炬，白拂朱藤杖。所遇無不執，所執無有疑。緣何得無疑，以我無心故。若猶有心者，千手當千心。一人而千心，内自相攫攘，何暇能應物。千手無一心，手手得其處。稽首大悲尊，願度一切衆。皆證無心法，皆具千手目。

《蘇文忠公全集》卷一二。又見《成都文類》卷三八，《觀瀾文集》丙集卷八，《崇古文訣》卷二五，《鶴林玉露》丙編卷一，《古今事文類聚》前集卷三五，《古今合璧事類備要》前集卷四八，《文編》卷五七，《文章辨體彙選》卷五九一，《八代文鈔》第二八册，《全蜀藝文志》卷三八，《古今圖書集成》神异典卷九二，嘉慶《四川通志》卷三八，民國《海寧州志稿》卷一九。

〔一〕此記各書皆作蘇軾文，然《欒城遺言》云：「《大悲圓通閣記》，公（蘇轍）爲東坡作。坡云：『好個意思。』欲別作而卒用。」可見當爲蘇轍所作。明焦竑《刻長公外集序》謂此文爲蘇轍作，當即本於《欒城遺言》。「成都」「圓通」四字原無，據底本總目、《欒城遺言》等補。

全禪師塔銘

黄蘗斷際禪師之後十有九世，曰道全禪師，洛陽王氏子也。生而不食熏血，父母异之，使事其舅廣愛演師。十有九年而得度，二十年而受具，游彭城，歷壽春，受華嚴清凉説於誠法師。朝授師説，夕能爲其徒講。彭城有隱士董君，識師非凡人也，勸游南方問無上道。師乃弃其舊學，渡江而南，始從甘露禪師，茫無所見，復從栖賢秀禪師。秀勇於誨人，示以道機。迷悶不能入，深自悔咎，至啖惡食、飲惡水以自礪。凡七年，道不見。舍秀游高安，事洞山文禪師，五年而悟。告文曰：『吾一槌打透無底藏，一切珍寶皆吾有也。』文喜曰：『汝得之矣。』自是言語偈頌，發如涌泉，不學而得。高安太守請師住石臺清凉，已而徙居黄蘗。師爲人直而淳信，不飾外事。元豐三年，眉山蘇轍以罪謫高安，師一見曰：『君静而惠，可以學道。』轍以事不能入山，師每來見，輒語終日不去。六年，師得疾甚苦，從醫於市，見我語不離道，曰：『吾病宿業也，殆不復起矣。君無忘道，异時見我無相忘也。』既而病良愈，還居山中。七年，轍蒙恩移績溪令，十一月將西行，意師必來别我，師遂以病不出。十二月乙丑，升堂與其衆訣，歸而趺坐欲化。衆强之卧，遂卧不動，不復飲食，明日丙寅而寂。體暖香軟，凡十五日而荼毗，得舍利光潔無數。享年四十九，臘三十。明年二月十三日，其徒葬之斷際塔之右。其友人聰禪師與其徒思聰皆以書來績溪，曰：『師逝矣，君知之者，以舍利爲信，請爲銘其塔而刻諸石。』爲之銘曰：

偉哉菩提心，一切皆具足。云何有不見，迷悶至狂惑。譬如衣中珠，一見不復失。假令墮塗泥，以至大火坑。珠性常湛然，不應作异想。全師大乘師，晚悟最上乘。身病心不病，身滅心不滅。西域師子師，中國惠可師。皆不免厄死，而况其餘人？疾病不能入，刀兵不能攻。非彼有不能，乃我未常受。我今爲師説，智者不當疑[一]。《欒城集》卷二五。

〔一〕疑：原作『凝』，據四部叢刊本（簡稱『叢刊本』）改。

閑禪師碑

閑禪師者，臨濟玄公九世法孫，而黄龍南老嫡嗣也。南老以道化江西，其徒常數百人，而師爲高第。南每嘆曰：『祖師之道，不墜於地，斯人是賴。』南雖在世而學者歸之已如雲矣。南既寂，一時尊宿無有居其右者。熙寧年廬陵太守張公鑒請居隆慶。未期年，鍾陵太守王公詔請居龍泉。不逾年以病求去。廬陵人聞其捨龍泉也，舟載而歸，居隆慶之西堂，事之愈篤。居二年，元豐四年三月十三日，浴訖趺坐，以偈告衆以將入滅，遂泊然而化。既化，神色不變，鬚髮剃而復出。廬陵守與其人來觀者如堵，皆願留事真相。長老利儼稟師遺言，闍維之。薪盡火滅，全身不散，以油沃薪益之，乃化。是日雲起風作，飛瓦折木，烟氣所至，東西南北四十里，凡草木沙礫之間，皆得舍利如金色，碎之如金沙。居士長者購以金錢，細民拾而鬻之，數日不絶。計其所獲，幾至數斛。師法名慶閑，福州古田卓氏子也。母夢胡僧授以明珠，得而吞之，覺而有孕。及生，白光照室。幼不近酒肉，年十一事建州升山資慶長老德圓，十七削髮受具。二十辭師遠游。及其終也，年五十三，臘三十六。余未嘗識師，元豐七年過廬山開先〔二〕，見瑛禪師，言及師事，且曰：『瑛少嘗問道於閑師，願爲文刻石，傳示久遠。』余許之。明年，遣其徒請於績溪。余有善知識，本出於南老，將問之益信而作。五月辛亥，得疾寒熱，癸丑益甚，余正卧念曰：『四大本空，五蘊非有，今我此疾，何自而至？』少頃即睡，夢有告者曰：『如閑師復何疑耶？疑即病矣。』余聞之矍然，即於夢中作數百言，詞甚雋偉，覺而忘之，病亦稍愈。乃爲之碑而系之以偈曰：

　　一切諸如來，惟於一性通，具足大神力。或坐微塵裏，而轉大法輪。或於一毛端，普見寶王刹。或於見在土，遍見一切土，彼此無壞相。或於見在土，直上忉利宮。人天相還往，而無有難相。或令土石沙，皆化爲黄金，一切皆得取。或令江河海，皆化爲酥酪，一切皆得食。或近取一劫，而演爲十劫。或遠取百劫，而促爲一劫。一切無礙法，河沙不可擬。閑師得正眼，久爲僧中王。及其滅度時，廣作諸法事。顔色不動摇，爪髮日滋長。薪盡火亦滅，凝然不解散，益薪助以油，爾乃就變滅。是時人天哀，大風吹陰雲，發瓦折大木。烟氣所及處，皆得大舍利，圓明如寶珠，精色如真金，其數千萬億。是事大希有，聞者以爲疑。我昔忝聞道，亦不免斯惑。病中夢訶者，閑師事何疑？有疑即是病，不當作是見。夢中悔謝客，口作數百言。曾不以意作，已覺不能記。稽首三界尊，閑師不止此，憫世狹劣故，聊示其小者。復以告瑛師，刻石示學人。《欒城集》卷二五。

〔一〕開：原作『聞』，據叢刊本改。

龍井辯才法師塔碑

浙江之西有大法師號辯才，以佛法化人，心具定慧，學具禪律，人無賢不肖，見之者知尊其道，奉其教。居上天竺，説法齊衆者二十年。退居龍井，燕居行道者十年。元祐六年歲在辛未九月乙卯無疾而滅。吴越之人失其所歸依，奔走號慕，如佛滅度。相與訃於淮南，請於揚州太守蘇公子瞻以志其塔。公曰：『吾固知師矣，予弟子由雖未嘗識師，而其知師不在吾後，吾爲汝請。』轍以公命不敢辭。師姓徐氏，名元净，字無象，杭之於潛人，家世喜爲善。客有過其鄉者，指其居以語人曰：『是有佳氣鬱鬱上騰，當生奇男子。』師生而左肩肉起如袈裟縧，八十一日乃滅。其伯祖父嘆曰：『是宿世沙門也，慎毋奪其願，長使事佛。』八十一者，殆其算也，及師之終，實八十有一。師生十年而出家，口不茹葷血，每見講堂坐，輒嘆曰：『吾願登此説法度人。』年十六，落髮受具足戒。十八，就學於天竺慈雲師，雲門人方盛厭，衆欲却之。雲曰：『疇昔吾夢甚异，此子殆法器也，勿却。』師日夜勤力，學與行進，不數年而齒其高第。雲没，復事明智韶師。韶嘗講《摩訶止觀》，至方便五緣曰：『净名所謂以一食施一切供養諸佛及衆賢聖，然後可食，此一方便也。』師聞之悟曰：『今乃知色聲香味皆具第一義諦。』因涙下如雨。由此遇物，中無疑矣。嘗夢與其同門友元素入一寺曰妙樂，有僧出，師問之曰：『此非荆溪尊者製《法華文句記》處耶？』曰：『然。』師訪以尊者遺像，相與至東閣，見一梵僧趺坐不動，容貌甚偉，謂師曰：『我，汝過去師也。當爲我作禮。』師拜，已而覺，忽若有得。年二十五，恩賜紫衣及辯才號，蓋代韶爲衆講説者凡十五年。知杭州吕公溱請師住大悲寶閣院，師嚴設紀律，犯者秋毫皆斥去，其徒畏敬之。居十年，沈公遘治杭，以謂上天竺本觀音大士道場，以聲音懺悔爲佛事，非禪那居也，乃請師以教易禪。師至，吴越人争以檀施歸之，遂鑿山增室，幾至萬礎，重樓杰觀，冠於浙西，學者數倍其故。有禱於大士者，亦鮮弗答。詔名其院曰靈感觀音。熙寧初，龍圖祖公無擇在杭，言者或不悦其政，遽起制獄，師以鑄鐘事預逮。居其間泰然，擬《金剛篋》撰《圓事理説》。居十七年，有僧文捷者，利其富，倚權貴人以動轉運使，奪而有之，遷師於下天竺，師恬不爲忤。捷猶不厭，使者復爲逐師於潛。逾年而捷敗，事聞朝廷，復以上天竺畀師。捷之在天竺也，吴人不悦，施者不至，岩石草木爲之索然。及師之復，士女不督而集，山中百物皆若有喜色。清獻趙公抃與師爲世外友，親見而贊之曰：『師去天竺，山空鬼哭。天竺師歸，道場光輝。』然師復留三年，終欲捨去，謂其徒曰：『吾祖智者，聖人也，猶以急於化人，害於行己，位本五品，而證止鐵輪，况吾凡夫也哉。』固謝去，老於南山龍井之上，以茅竹自覆。吴越聞之，争爲之築室廬，具像設，甓瓦金碧，咄嗟而就。三年，復爲太守鄧公温伯請，據南屏一年，鄧公去，乃歸龍井終焉。師於講説，不擇晝夜，常曰：『鬼神威德不具，多畏人，晝説或不得至，比夜人静，庶幾能聽。』嘗焚指以供佛，右三左二，僅能以執。其徒有欲效之者，輒禁之曰：『如我乃可。』平生修西方浄業，未嘗以須臾廢。行成力具，能以其餘見於外者非一也。予兄子瞻中子迨生，三年不能行，請師爲落髪，磨頂祝之，不數日能行如他兒。布衣李生者，習禪觀，甚辯而無行，欲從師出家。子瞻憐之，爲請於師。未言其名，師拒不許，若知其爲人者。秀州嘉興令陶象有子得魅疾，巫醫莫能治，師咒之而愈。越州諸暨陳氏女子心疾，漫不知人，父母以見，師警以微言，醒然而悟。嘗與僧熙仲會食，仲視師眉間有光如螢，遽起攬之，得舍利。師曰：『慎毋以告人，不知者，將以妄疑我。』自是，常有於其卧起得之者。及其將化，入室燕坐，謝賓客，止言語飲食，召其常與往來僧道潛，告之曰：『吾西方業成，如是七日無魔，横右脅吉祥而逝，吾願足矣。』至五日出偈告衆[一]，七日奄然而寂，皆如其言。師度弟子若干人，四方學者不可以數計，頗能以其道教化吴越。至十月庚午，塔成，頌曰：

如來昔在世，心禪語爲教。譬如四大海，惟是一濕性。於其濕性中，變化千萬億。風來爲濤瀾，風去爲湛然。魚龍所游戲，神鬼所出没。船筏借其力，網罟取其利。其上爲洲渚，諸國所生育。其下爲淵谷，百怪所藏伏。東西出日月，上下屬河漢。觀者不能了，諤眙何暇説。如來知迷悶，隨變爲解釋。因變所説者，是則名爲教。彼善聞教人，當知是幻爾。既已知是幻，則當識真實。我觀世教師，皆謂教是實。由謂教實故，則爲禪所訶。禪雖訶教乎，終以教致禪。禪若不取教，是杜所入門。教而不知禪，是不識家也。辯才真法師，於教得禪那。口舌如瀾翻，而不失道根。心湛如止水，得風輒粲然。以是於東南，普服禪教師。士女常奔走，金帛常圍繞。師惟不取故，物來不得拒。道成數有盡，西方一瞬息。西方亦非實，要有真實處。

《欒城後集》卷二四。又見《咸淳臨安志》卷七八，《永樂大典》卷一一二〇一八，《西湖游覽志》卷四，《杭州上天竺講寺志》卷八。

〔一〕日：原作『月』，據叢刊本改。

逍遥聰禪師塔碑

予元豐中以罪謫高安，既涉世多難，知佛法之可以爲歸也。是時洞山有文，黄蘖有全，聖壽有聰。是三老人，皆具正法眼，超然無累於物。予稍從之游，既久而有見也。居五年，予自高安移宰績溪，未幾，而全委化，文去洞山，聰去聖壽。凡十年，予再謫高安，而文住歸宗，聰退老黄蘖不復出矣。聰聞予來，出見曰：『吾夢與君游於山中，知君復來。去來，宿緣也，無足怪者。』與予處一年，弊衣糲食，澹然若將終焉。高安之人曰：『有如聰禪師而不坐道場者耶？』師曰：『吾未始不在道場，顧以蘇公一來，餘無求也。』衆曰：『逍遥，唐帝子遺築，賓旅不至，而貲糧可以老，居之無害。』師不聽。予告之曰：『師豈以我故廢傳法耶？』師笑而許之。紹聖乙亥十有二月，始杖策入山。山久茀不理，十方不至，師方治其缺圮以延衆。予亦得《般若》《涅槃》《寶積》《華嚴》四大部舊經於聖壽，補其殘破而授之。明年夏，師得疾，山深無醫，愈而復劇，九月戊申而寂，春秋五十有五。師本綿州鹽泉王氏，幼事劍門慈雲海亮師，年二十三，誦經得度。始游成都，從講師。捨之，南至吴越，見净慈大本禪師，久而不悟。本曰：『吾疇昔夢汝异甚，汝不勉則死。』師茫然不知所謂。常志南岳思大口吞三世諸佛語，日爲僧伽作禮，醒然而喻。即見本，具道所以然。本曰：『汝得之矣。吾夢汝吞一世界、一剃刀，知汝自今始真出家也。』即爲擊鼓告衆。師游江西高安，人敬愛之，延住真如、開善、聖壽三道場。師性静默，與物無牾，所居不問有無，安於戒律，不知持犯之别。平居未嘗談説，叩之輒亹亹不竭。予見之二十年，口不言人過。逍遥祖師曰僖，唐肅宗少子也。出家，事忠國師，忠記之，居逍遥，賜田甚廣。經五代亂，民盗耕之幾盡。前長老文因訴於縣，十得一二，可以居衆矣，而衆未集。因相山之勝，環植松柏，將自爲窣堵波。既没，或言其不利，改葬他所。及師之寂，即因之以葬。衆皆曰：『有德之報。』十月庚午而葬。銘曰：

逍遥峻深，帝子道場。百年無人，龍天悲傷。師游吴中，得法本翁。口吞大千，不蒂於胸。律精不持，道備不言。游戲諸方，物知其賢。翼然歸之，師却避之。草庵布衣，逝與世辭。忽來自山，衆迎而喜。爲予而出，予豈堪此？衆曰逍遥，法鼓不鳴。師雖老矣，强爲我行。師入居之，草木欣然。俯仰幾何，寂如蜕蟬。吁嗟前人，度是塔址。成而不居，若有所俟。新塔巋然，松柏離離。匪人所圖，緣則在兹。《欒城後集》卷二四。又見《輿地紀勝》卷二七，康熙《西江志》卷一四九，同治《高安縣志》卷二五。

天竺海月法師塔碑

餘杭天竺有二大士，一曰海月，一曰辯才，皆事明智韶法師，以講説作佛事，而心悟最上乘，不爲講説所縛。吴越多禪衆，聞其言者皆曰：『説教如是，是亦禪也。』故吴越之人歸之，與佛菩薩無异。熙寧中，予兄子瞻通守餘杭，從二公游，敬之如師友。海月之將寂也，使人邀子瞻入山，以事不時往。師遺言：須其至乃闔棺。既寂四日，而子瞻至，發棺視之〔一〕，膚理如生，心頂温然，驚嘆出涕。後十有六年，子瞻守餘杭，復從辯才游，及其滅也，子瞻守淮南，其徒請爲塔銘，子瞻以屬予。又十三年，予與子瞻皆自嶺外得歸，而子瞻終於毗陵。餘杭參寥師吊予潁川，既而泣曰：『辯才既以子瞻故，得銘於公。海月獨未有銘，公以子瞻，其亦勿辭。』予亦泣許之。公名惠辯，字訥翁，姓富氏，秀之華亭人也。幼不好弄，其父奇之，以施普照寺。年十有九，受具足戒，從韶於天竺，受天臺教，習西方觀，復事三衢浮石矩法師，皆盡其學。韶之將老也，命公代之講者八年，學者宗之。及其老，遂領寺事。翰林沈文通治杭，以威猛御物，僧徒嚴憚之，見者惶駭失據，公獨從容如平日。文通异之，遂以莅僧職，卒至都僧正。凡講授二十五年，往來千人，得法者甚衆。西方觀成，與同社人造塔及閣。公容止端静，不畜長物，有盗夜入其室，脱衣與之，導之出門，使從支徑逃去。熙寧六年十月，有疾，十七日，旦起盥濯，與衆别，焚香跏趺而逝，年六十，臘四十一。公初入天竺，及潤，有老人冠帶傴僂，逾梁迎之，入門而失。始代師講，夢章安尊者以金篦擊其口，曰：『汝勤於誨人，當得辯惠。』嘗苦脾痛，久而不愈。夢天神以金盤盛水，使師瞑目而洗其腸，浣已復内，覺而痛止。公没之歲，吴越大旱，禱於天竺觀音像，不應。公以疾晝寢，夢老人白衣烏帽告曰：『明日日中必雨。』問其人，曰：『山神也。』如期而雨。公學行高妙，報在西方，其以感通者，不可勝言，而聞於人者如此。今住天竺德賢師，實公之高第。以銘授之，俾刻之石。銘曰：

佛本説一乘，無二亦無三。空洞無一物，應物無不在。欲以是教人，人或不能信。以其不信故，故示以方便。方便皆是幻，惟惠爲真實。有方便惠解，無方便惠縛。有惠方便解，無惠方便縛。惟惠惟方便，更相爲縛解。縛脱解亦除，然後至佛乘。智者古智人，具惠與方便。示人西方觀，其實則是幻。由幻而得佛，於以度衆生。會歸於一乘，何者非佛法？海月辯才師，智者之孫曾。由教而得禪，皆僧中第一。我不識其面，知其心中事。作銘書塔石，二公知其然。《欒城後集》卷二四。

〔一〕視：原作『祝』，據叢刊本改。

袁詡

袁詡，祖籍陳郡（今河南淮陽）。元豐初嘗游滎州開化寺。

開化寺碑

州東之郊，有洞呀然，其下多林麓。山若屏，深徑蛇引，筱葦左右之。有佛廟曰開化寺，始自季唐，釋文簡與其徒議曰：『朝廷詔天下郡縣，凡名山奇迹，令掌藏先聖手澤。年以所掌之勞賜一僧牒。斯地勝絶，而宇舍不完，既無以尊御書，又使來者無觀游，吾之咎也。』皆曰然。滎川豪民富商，重簡師名，争出力以助之。役幾二歲而成，秘丞勾已述之矣。弟子元遂，忠信人也，又募金甃其堂。余嘗游焉，嘉二人之相與有成也，故書之。元豐元年仲春，陳郡袁詡志。民國《滎縣志》卷一四，民國十八年刻本。

林露

林露，温州永嘉（今浙江温州）人，熙寧三年進士。見乾隆重修《浙江通志》卷一二四。

慈溪永明寺藏殿記　元豐中

聖人之心入而之天，所以待己，湛乎其虚寂，窅乎其幽深，且不可得以智知，况可得而言哉！及乎出而之人，所以爲教，則圓通該博隨機應物，以盡天下之理，此所以不能無言也。夫言之一出，則道已散矣，雖欲寄其無言者於有言之間，而已非無言者矣。根有利鈍，故言有精粗，間有大小，故答有淺深，姑皆隨其所求，非所謂待己者也。蓋言之示人，能示其言之所可及，不能示其言之所不可及。聖人者豈不欲人至其不可及，而樂以所可及示人哉，蓋亦不得自已，而無如之何也。尚冀學者由其可及，而至其不可及，則其言庶乎不爲不盡道也。是以孔子雖未嘗無誨，而終欲無言，亦欲人之知其所以言在乎言意之外，當深思而自得之也。佛氏之教主於見空性，即吾儒之所謂復命也。夫至於復命，言已斷矣，而又爲復命之言者，亦善巧方便，以趣其復耳。若夫已復，乃佛氏之待己者，言烏足以及之哉？故釋迦以目視大迦葉，而付正法眼藏，對外道之問，則以宴坐良久，此皆已復者也。後世學者既不得遇聖人而見空性，當尋其言以求見性之意。尋言至於忘言，得意至於無意，然後證其虛明虛寂、廣大通徹之性，則可謂盡學佛之道矣。佛之言流於中國五千餘卷，其徒傳録，類聚而藏之，世謂之『藏』。浙中大率喜奉佛，所謂藏者尤多於諸道，獨慈溪永明寺未始有之。寺之僧普證大師知簡以謂，學佛者不得其書以觀，則無以知佛之意，故傾財求地，首爲寫經造院之謀。晚，化導邑人，相與終之。經起於嘉祐，而畢於治平，院始成於元豐，其歷年亦可謂久矣。既構藏經之殿，更造閱經之堂，又慮僧之來者無所居處，復爲齋堂、厨庫、三門、廊宇，以周完之。元三百楹，費緡六百五十萬，其經營亦可謂勞矣。邑人馮子山，同年之賢者也，予持服客句章，子山嘗與予言普證之事既久且勞，其措心設意有利於後之學者，是亦可進。予信子山之言，雖不識證，乃亦愛之。一日，普證來求予文，故爲之記。天順《寧波郡志》卷九，成化四年刻本。又見雍正《慈溪縣志》卷一四，光緒《慈溪縣志》卷四一。

鄭佃

鄭佃，神宗時人，生平不詳。

妙勝禪寺記

法常弊於有，而法非有則不立。是故道之應世也，以有爲法，而以無爲用。猶云一身也，四體具則爲成人，而所以爲人者，非四體之任也。夫聲緣於耳而聞者非耳也，色緣於目而見者非目也。苟廢耳目而求聲色之辨，則何所從而受之哉？故以道觀法，則内之耳目异處也；以道觀用，則外之聲色同我也。内外有辨，故事之所以顯；有無相生，故理之所以微。此道之所以先天地而不生，後萬物而不滅也。故爲之宫室，以致其恭；爲之像塑，以申其信；而又爲之言説、章句，以道其所歸：此法之所以自立，而衆之所可知也。至於有相而不可以形求，有言而不可以情解，超然自得，而天地萬物莫之能偶，此則智之所不及而用之所自成也。明州定海縣有禪院名妙勝，距州城三十里。瀕海之上，環水之中，居處庳陋，而有風濤漂注之患。五代清泰中，居人姚縉始以其地易而新之，遂能避其患，而衆安以處也。其徒以籍相傳，房居而族食，凡百有四十餘年，而院之存者無幾矣。熙寧五年，其徒以力不能勝而争訟以起，於是衆列狀以告於州，願以爲十方住持。州下其狀於僧司，使集衆以舉所知，而衆皆以淡交者應州，凡兩上其狀而始獲請。淡交居之數年，而四方之人始知有妙勝矣。信慕祈嚮，持金帛而至者，蓋迹相接於路，而以後爲愧，於是爲之復新。昔之故陋，今焕乎其有文矣；昔之庳隘，今廓乎其有容矣。又因其院之隙，以建轉輪寶藏，其費累數百萬，皆不煩於求而自應。用工始畢，而其徒有訟於州，願復得故處。州以訊於縣，縣力争之而後已。今既安且久矣。交公於是日與其衆談無上之法，轉無礙之輪，以蒙利於衆生：此衆之所願記，而余之所以告於人者也。若夫究竟寂滅而不住於法，萬法現前而當體爲用，説無所説，行無所行，而有無内外，不可以係而處之，此則智之所不及，而亦非余之所能言也。元豐三年三月望日記。

《延祐四明志》卷一八。又見《四明文獻考》卷一一四，雍正《浙江通志》卷二三〇，《四明圖經》卷一〇。

釋鑒韶

鑒韶，明州奉化（今浙江奉化）人。神宗時爲奉化九峰山靈鷲禪院住持。見光緒《奉化縣志》卷三五。

明州奉化縣雲蓋山重移壽聖院記〔一〕　元豐四年八月十五日

原夫佛教之化人，俾忘物我，逮夫差忒，自分兩端，一曰十方，一曰甲乙。且十方者，主須衆選；其甲乙者，人唯次當。其間有衆選者，始謀則推其至公，既得則行之由我。儻或傾净瓶一滴之水，則掌握都清；或通慳囊一鏮之風，則山林皆入。加之念曰：『身無百歲之固，院有十方之名，縱使瓦破雨飄，但存交割之數；假使金妝翠染，不得子孫之傳。』此念或生，衆務皆脱。大風拉朽，豈有存立之心乎？其甲乙者，苟或思惟祖宗始初尋覓，披拂草莽，填疊土基，從始至終，積功累德，日復一日，人傳一人，上既造成，我豈當壞？由是晝作夜□，續舊翻新，此皆青出之談，信不誣矣。兹院自天聖間有高行僧宗印卓庵是山，□施主呂廷昶與衆□信慨不容人，添成小院。洎明道中，其宗印爲人請起，復得象先師弟接續住持。景祐中，其象先移住□□，又交付與師弟清稔。至治平四載，清稔謝病，即令徒弟仲南承代住持。至熙寧三年，蒙賜今額。其院初居峰頂，遠絶人烟。厨中飯香，望賓侶而不至，臺上鐘動，但猿鳥□空驚。爰有監院僧允來，欲向高山移居□地，先與仲南密議，次求邑官許容。内既有誠，外亦可動，則見施工，運力獻功。呈材紺殿，巍然高門。□□方丈、寢室、僧堂、法堂、行廊、食厨、佛像供具，自表及裏，焕然一新。而又塔級崔嵬，宛同於地開涌出；屋勢屈曲，何殊於雲綻化成？人步忙而亦游，僧性閑而須入。將其峰頂自利，與道旁接人之蓋霄壤如〔二〕。何□□丐文以紀始末，□□□擊，因附以銘。銘曰：

嵯峨峰巒，幽深洞穴。氣象接連，烟雲明滅。兹宇備完，彼棟殘缺。因勒是銘，俾扶兹説。枳臭惟翦，橘香亦折。念兹在兹，無怠爾思。

時元豐四年八月十五日。立石：住持沙門仲南施主汪承□、汪意、張延□、汪淋、陳承贊、周文貴、蔣六娘、胡十二娘同建。□二十娘出佛像。除施主捨錢外，允來自備長財柒佰貫文建造。守縣尉施常，權主簿李實，朝奉大夫、知明州奉化縣事盛穆仲。光緒《奉化縣志》卷三五。

〔一〕題下原署：『邑僧□希宣書。子霄，住九峰山靈鷲禪院住持傳法沙門鑒韶述。』

〔二〕此句疑有誤。

釋元昭

元昭，元豐間爲鹽官縣天宫僧。見道光《海昌備志》卷一二。

安國寺法界相記

覺性元妙，惟寂惟照，洵乎因物而動，由動而昏。昏動既作，寂照乃喪，熾然起滅，無所不至。天地萬物於是有焉，浮沈億劫而不能自返。聖人哀之，無像示像，駭其耳目，無言建言，擊其顓蒙，是故因動以教定，因昏以教慧。雖性之相近，奈習之猶遠，膠固對滯，確乎不拔，故復規以戒律，策其動止。微戒律則動止不得其所，微定慧則心性莫之能復，修之之謂三學，述之之謂三藏，故夫從佛而學者未有不禀於戒，禀戒者未有不崇於律。然律藏浩博，曲尋萬緒，統其所歸，不越有二，所謂羯磨焉、説戒焉。羯磨即□僧之大教，説戒乃清心之要術，故能發揮佛化，紀綱僧宗，維持象運，誘掖初學。其言既秘未具，所以不同聞；其功既高常地，所以不勝舉。固當□之以疆畔，資之以勝業，然後律儀衆法可舉而行。律法行則身口凈，身口凈則戒德彰，戒德彰則定慧發，定慧發則寂照之性不遠而復，結界之制，實從是而立矣。餘杭郡鹽官邑安國寺者，有唐開元首歲創建，元和末，號齊安禪寺〔一〕，闡化於此，一時盛集，備見前記。屬會昌梗塞，例焉焚除。大中四年祠宇還立，號爲齊豐寺。皇宋大中祥符初，復易今額。歷年滋多，獨結界之法未聞於前。逮天聖中，慧雲法師諱子倫者，以德業内充，力扶遺教，首謀締構，未遂而終。於今一□之衆，猶居自然，宿德高流，常所嘆息。是以相與籌謀，并力經營，命毗尼師主法行事，凡百軌度，率循舊章。實元豐三年十二月二十四夜，秉結告就，即勒界相，垂諸不朽。道光《海昌備志》卷一二，道光刊本。

〔一〕號：原缺，原編者加匡補『曆』字。今據下文『號作齊豐寺』改。

釋守一

守一，字不二，杭州景德靈隱寺住持小師，號法真禪師。元豐中，嘗撰《杭州龍井山方圓庵記》，米芾、黄庭堅皆愛而書之。著有《律宗會元》三卷（存）、《終南家業》六卷（存）等。

杭州龍井山方圓庵記　元豐六年四月

天竺辨才法師以智者教傳四十年，學者如歸，四方風靡，於是晦者明，窒者通，大小之機，無不遂者。不居其功，不宿於名，乃辭其交游，去其弟子，而求於寂寞之濱，得龍井之居以隱焉。南山守一往見之，過龍泓，登風篁嶺，引目周覽，以索其居。岌然群峰密圍沓□□不□翳，四顧若失，莫知其鄉。逡巡下危磴，行深林，得之於烟雲仿仿之間，遂造而揖之。法師引予并席而坐，相視而笑，徐曰：『子胡來？』予曰：『願有觀焉。』法師曰：『子固觀矣，而又將奚觀？』予笑曰：『然。』法師命予入由照閣，經寂室，指其庵而言曰：『此吾佛亦如之。使吾黨祝髮以圓其頂，壞色以方其袍，乃欲其煩惱盡而理體圓，定慧修而德相顯也，蓋溺於理而不達於事，迷於事而不明於理者，皆不可謂之沙門。以制禮樂、爲衣裳，至於舟車、器械、宫室之爲，皆則而象之，故儒者冠圓冠以知天時，履句屨以知地形，蓋蔽於天而不知人，蔽於人而不知天者，皆不可謂之真儒矣。唯能通天地人者，真儒矣。唯能理事一，如向無异觀者，其真沙門歟？噫！人之□乎覆載之内，陶乎教化之中，具其形，服其服，用其器，而於其居也，特不然哉！吾所以爲是庵也，然則，吾直以是爲蘧廬爾。若夫以法性之圓，事相之方，而規矩一切，則之所以休息乎此也，竊其制則圓蓋而方址。』予謂之曰：『夫釋子之寢，或爲方丈，或爲圓廬，而是庵也，胡爲而然哉？』法師曰：『子既得之矣。雖然，試爲子言之。夫形而上者，渾淪周遍，非方非圓，而能成方圓者也。形而上者，或得於方，或得於圓，或兼斯二者而不能無悖者也。大至於天地，近止於一身，無不然。故天得之則運而無積，地得之則静而無變，是以天圓而地方。人位乎天地之間，則首足具二者之形矣。蓋宇宙雖大，不離其内；秋毫雖小，待之成體。故凡有貌象聲色者，無巨細，無古今，皆不能出於方圓之内也。所以古先哲王因之也。雖然，此游方之内者也。至於□諸法同體而無自位，景物各得而不相知，皆藏乎不深之度，而游乎無端之紀。則是庵也，爲無相之庵，而吾亦將以無所住而住焉。當是時也，子奚往而觀乎？嗚呼！理圓也，語方也，吾當忘言與之，以無所觀而觀之。』於是嗒然隱几。予出，以法師之説授其門弟子，使記。元豐癸亥四月九日，慧日峰守一記。《兩浙金石志》卷六。又見《武林金石記》卷五。

澄江净土道場記

天台鳳師學智者教，傳於澄江。人既順化矣，乃念兹世於諸度門孰爲善巧最徑要者，唯净土法門，爲得其歸。於是資彼樂施，敬嚴像設，建立道場，教人修行念佛三昧，與衆祈嚮，仍屬予以記之。予謂净土之説，經論尚矣，諸師訓辨，亦已詳矣。報驗間發，不吾欺也。世猶有疑焉者，蓋以無明自障，理事不融故。按《法華》云：『若人散亂心，入於塔廟中，一稱南無佛，皆已成佛道。』况復一心不亂，於此求生，何獨不然哉？且見善不明，用心不一，則彼雖世間萬法，何往而不疑？何修而可至？獨吾佛之説也哉！要之唯當信受而已，不應疑其有無也。然則净土果有耶？曰不也；果無也？曰不也；亦有亦無耶？曰不也；非有非無耶？曰不也。是則净土果烏乎在？離此諸見，即名净土，即見如來。若聞是説，不驚不怖不畏，當知是人溯定得生而無所生，以非莊嚴而莊嚴也。信心清净，一念華開，全體現前，衆相具足。是心即佛，補處何疑，已度生滅，得無量壽。其或於此未能信解，餘方便中九品具在，稱力取修，亦不唐捐耳。《樂邦文類》卷三。

范祖禹

范祖禹（一〇四一——一〇九八），字淳甫，一字夢得，成都華陽（今四川成都）人，范鎮從孫，百禄侄。嘉祐八年登進士甲科，授試校書郎、知資州龍水縣。熙寧三年，司馬光辟爲同編修《資治通鑑》，隨光十五年（其中在洛陽十三年），有唐三百年叢目及長編，祖禹實掌之。元豐七年《通鑑》成，遷秘書省正字。歷右正言、著作佐郎、實録院檢討官、著作郎兼侍講。元祐四年，遷右諫議大夫，依前兼侍講，充實録院修撰；尋拜給事中。次年監修國史，進禮部侍郎。七年，爲翰林學士、翰林侍講學士。八年，又爲翰林學士兼侍講、知制誥、兼知國史院事。紹聖初，哲宗親政，復行新法，祖禹以「元祐舊黨」，出知陝州，繼逐於永州、賀州、賓州、化州等地安置。元符元年十月卒於化州，年五十八。祖禹久在經筵、史館，與修《神宗實録》，著《唐鑑》《帝學》《古文孝經説》（此三種今存）等多種，《唐鑑》尤爲著名，時稱「唐鑑公」。又有文集五十五卷（存）。《宋史》卷三三七有傳。

龍門山勝善寺藥寮記　元豐六年十月

龍門距洛城十五里，其西山有浮屠祠曰勝善，興於唐開元，而壞於五代。迄本朝太平百餘年，諸祠稍復葺，而勝善尤古，未能興之。事之興敝，存乎其人。藥寮者，太尉潞國文公之所建也。公閔下民之疾苦，而不得其療者，思有以濟之。相其地，得勝善祠之下方，當闕塞之阨，水陸之衝，南北之通塗，而行旅之所便也。其山出泉，曰真珠泉，公出俸錢，命工徒叠石以爲址，即泉爲藥井，而建寮於其上，十有三楹。是歲，熙寧六年也。公又以勝善爲功德寺，擇僧之知醫者爲寮主以長之。出醫書數百卷，家之良藥珍劑貯之寮，和藥之器用備焉。凡郊野之民無有遠邇，與道路之往來有疾病者，造寮而請之，其施與無窮，所及者之衆可知矣。寮之上，則泉之所出也，爲堂曰『珠淵』。其南則三嵁，爲屋以覆大像。又其南曰第四嵁，亦屋之。於是勝善之祠復新，人之至者有游息之所，故樂而忘其勞，而藥寮之地益加勝矣。其東俯視伊水，暉光澄澈，望香山石樓，若屏障圖畫，蓋天下奇偉之觀也。王公大人建祠宇、修福田者有之矣，未有濟民拯疾，誠意之篤如公者也。民受天地之和以生，陰陽寒暑之不時，飲食動作之不節，於是有癘疫之灾、札瘥之昏。聖人爲之醫藥，以救其夭死。三代以後，醫師職廢，民之有疾者無所控告於其長上。有志之士雖或能施，而未光也。公視人之疾若己赤子，建長利，圖廣濟，前民之患而爲救以待之，俾民不勞而獲醫，不費而飲藥，古未有也。惟公左右三朝，勤施四方，陰功顯德，被於民物，不可遽數，其著見於洛邑者如此，可謂仁矣。古之君子，思一夫不獲其所，如己推而納之溝中，唯能推己以及人也。孟子曰：『有不忍人之心，斯有不忍人之政。』後之君子，觀是寮也，則知公之心；知公之心，則知公之政；知公之政，則朝廷德澤之厚從可知焉。來者守之，其勿廢也。某嘗侍坐於公，公語及藥寮，顧曰：『子爲我記之。』某不敢辭公之命，退而書其事云。元豐六年十月日，奉議郎、同編修《資治通鑒》范某記。四庫全書珍本初集本《范太史集》卷三六。

鄭俠

鄭俠（一〇四一——一一一九），字介夫，號大慶居士，又號一拂居士，福州福清（今福建福清）人。治平四年進士，任光州司法參軍。熙寧五年春，秩滿入京，監安上門。素爲王安石所重，數上書安石，言新法爲民害。七年，上《流民圖》并奏，王安石罷相出知江寧。及吕惠卿執政，又上疏劾之，復繪《正直君子邪曲小人事業圖迹》，惠卿奏爲謗訕朝政，編管英州十二年。哲宗立，始得歸，爲泉州教授、録事參軍十三年。元符中再竄英州三年。徽宗立，赦還，復故官，又爲蔡京所奪，歸田里。宣和元年卒，年七十九。見鄭俠《上漕車書》《大慶居士序》，夏之文《西塘先生墓志》（《西塘集》附録），《宋史》卷三二一本傳。

新修南山聖壽禪寺記

南山，英之望。嚮以律居星散，頽圮敗壞，莫或省顧。荒蹊斷徑，人嗟惜之。元豐壬戌，轉運使孫公，始表其事於朝，請以律爲禪，而獨再易住持。始得海相者，初立僧堂與小茶堂、小厨室三間而已。相寂，乃得今住持守超。而後堂殿、兩廊、内三門等立焉。先是，殿室最高而極，後址于山之半，官廳乃在今殿宇之地，又不立法堂。是以室宇無序，而主客莫立。今太守廖公手爲指畫，移殿於官廳之地，而以故殿址立今法堂，又對僧堂爲香積厨。堂立而後建主僧之寢，殿立而後塑諸佛之像。又山與江對，寺於山之半，去江甚遠。日遣童侍取水於江，往反僕僕，而不給鉼饎滌濯也。乃於堂之前偏東近厨，鑿其地而井之。山高江浚，地皆頑石，人人以爲不可井也。乃指其地而鑿，不數丈遇石；决石而泉迸出，遂給寺中之用，而傍及近居往來之人。是井也，錫杖泉之類也，井甃而汲。守僧又化諸有緣，起兩廊及内三門，以次至待賓客之舍。凡三年間，而南山之致完，廖公之力多焉。公篤於好善，樂成人物之美，而性嗜高爽。其於南山，或日至而不倦。殿成，公又力助立諸像，則公之爲心如何哉！夫事患在於人志之不堅與夫暴亟。欲速竣以厲衆而生怨，或下之人，頑狠不可化，負固以違其上，則未嘗有濟者。如南山守僧之願於其事，賢太守爲之助，是皆有堅固不回之志。從容浸漸，堂而後殿，殿而後厨，厨而後井，井而後及兩廊、三門之屬。郡民無小大，皆知修建崇奉，以報君親之爲善，而樂以有餘應超之求，故能上下和而事功立。外人或不知南山有創造。始而堂巍然，再至而殿屹然，又至而厨井、門廊無非完具，若神之所爲者，非有道而能是乎？若夫背山面江，左崖右谷，晞暘舊島，凌烟古嶂，昔帝弦曲，後人鼎月，峰岩具存，址穴尚在：此則南山之勝，衆目之所共見。而露房雨蕚，紛幹丹苞；霜月冷光，風松肅韵。暫來久泊，朝往暮歸，清淡紛華，各有餘趣，此又時物之態度。其情與人合，而自昔已然。至于高堂曠廡，人至猶歸；妙法有傳，鷲峰如在；隼旟時至，賓從翕從；珠璧相連，樽觴間錯，清談淺酌，和以雅篇。下以仁民物爲心，上惟忠社稷是悦，人爲如是，佛説以明：此則今日之事，而可施諸後。前此所未嘗有，而今又有之。魚鳥有群，烟霞無主。能令苦國變作樂郊，非朝廷清明，守宰忠厚，其何道而致斯？覽景呈心，請觀鄙説。明萬曆三十七年葉向高等刻《西塘先生文集》卷三。

舒亶

舒亶（一〇四一——一一〇三），字信道，號懶堂，明州慈溪（今浙江慈溪）人。治平二年進士，試禮部第一。調臨海縣尉。元豐五年，知制誥。累官御史中丞。舉劾多私，氣焰熏灼。後坐罪廢斥十餘年，始復通直郎。崇寧元年，起知南康軍，改知荆南府。以開邊功，由直龍圖閣進待制。二年卒，年六十三。《宋史》卷三二九有傳，又見《乾道四明志》卷五，《北宋經撫年表》卷五等。

翟岩山寶積院輪藏記

有大寶珠藏於無眹。辯如吃訥，無所措言；明若離朱，莫能寄目。衆生積業，墮在無明；我佛如來，慈悲哀愍。以身圓應，俯視群機，於無相中，發露光影。重重接引，遂有多門。結集流傳，即經律論。護持開示，世不乏人。鄞嶺翠岩，院名寶積，有長老者，曰智才師。於佛事門，不捨一法。廣募檀信，鳩集衆工，繕寫奉安，建爲輪藏。自丙辰歲迄戊子年，凡閲三冬，能事告畢。有一居士，施不及財，目睹勝緣，五體投地。恭敬作禮，而發願言：願睹衆生，睹相生想；令一善念，念念不停。如是輪藏，無暫休歇，以至八部，一切諸天。在家出家，善知識等，若聞若見，發大道心，亦如是輪，永不退轉。則是藏也，無量功德，天上人間，窮刼贊嘆，豈能盡云。民國張壽鏞輯《四明叢書·舒懶堂詩文存》（簡稱《舒懶堂詩文存》）卷三。又見《四明文獻考》第一二一頁，《四明圖經》卷一〇。

香山智度寺新鐘銘

慈溪香山智度寺作鐘樓，而鐘不稱於是。正覺禪師謀新之，一治而就，實元符改元十一月五日也。是寺，真應大師真身在焉，冥感旁通，四走檀施，則是鐘不日而成，豈特人力也哉！亦樂居士舒亶，聞而贊嘆，爲之銘曰：

三界冥冥，白日夜行。非雷非霆，聞者震驚。是聲非空，破一切聾。十方三世，不離其中。是聲非有，假一切手。復歸於盡，誰作誰受？是大因緣，具大神力，非聲而聲，不德而德。其萬斯年，與世作則。《舒懶堂詩文存》卷三。又見《四明圖經》卷一一，《四明文獻考》第一五五頁，光緒《慈溪縣志》卷四一。

孔武仲

孔武仲（一〇四二——一〇九八），字常父，臨江新淦（今江西新干）人，文仲弟、平仲兄。幼力學，舉進士中甲科。調穀城主簿，選教授齊州，爲國子直講。元祐初歷秘書省正字、校書，集賢校理，著作郎，國子司業。進起居郎兼侍講，除起居舍人，拜中書舍人、直學士院。擢給事中，遷禮部侍郎，以寶文閣待制知洪州，徙宣州。坐元祐黨奪職，居池州。元符元年卒，年五十七。元符末追復原官。著《詩》《書》《論語説》《金華講義》、内外制、雜文共百餘卷。《宋史》卷三四四《孔文仲傳》有附傳（卒年見孔平仲《祭三兄侍郎文》）。

信州祥符院新鐘銘

元豐五年十一月十三日，祥符院大鐘成。用銅三百鈞有奇。其高九尺有五寸，厚四寸，廣六尺有三寸。主者僧曉儒，鑄者諸杭張孝基。越二十三日冬至擊之，其聲渾鍠，震動城郭。既浹旬，觀者不休。退則嘆息，作生善意。於是州將虢略楊亞甫爲之銘，而其屬孔武仲又銘於石以相之。曰：『上下無疆，旁暨八垠。有告必聞，大聲以震。叩之則應，不用則默。既以時動，亦以時息。』豫章叢書本《清江三孔集·宗伯集》（簡稱《宗伯集》）卷一五。

陸佃

陸佃（一〇四二——一一〇二），字農師，號陶山，越州山陰（今浙江紹興）人，珪子。居貧苦學，受經於王安石，而不以新法爲是。熙寧三年，擢進士甲科，授蔡州推官。補國子監直講，加集賢校理、崇政殿説書，同修起居注。元豐定官制，擢中書舍人、給事中。哲宗時遷吏部侍郎，以修《神宗實録》，徙禮部，進權禮部尚書。出知潁、江寧、泰、海、蔡等州府。徽宗即位，召爲禮部侍郎，遷吏部尚書。建中靖國元年，拜尚書右丞，遷左丞。崇寧元年，以名在黨籍，罷知亳州，數月卒，年六十一。精于禮家名數之説，有《埤雅》（存）、《爾雅新義》（存）、《鶡冠子注》（存）、《陶山集》（殘）、《春秋後傳》《禮象》等。《宋史》卷三四三有傳。

越州寶林院重修塔記

於越有山焉，嘗飛而至，其名爲寶林。有靈鰻岫居，禱旱輒雨。山雖不甚高，而花木蕭間，自然出于塵垢之外。《吴越春秋》云：范蠡初作月城，缺西北，此峰一夕飛至，實瑯琊東武海中山也。蓋三神山俱在渤海中，其上臺觀皆金玉，而群仙據之，昔嘗有飛者，兹山豈其類耶？疑以仙聖久居，亦舍不死之藥，因以仙去，故能乘風凌虚，輕舉而至此，不然，何以能飛也？越人以儲兹山之粹，固多奇秀，有仙國之餘風。而其陰功著在福庭，煉丹辟穀，幾换金骨，若余大父是也。某獲承遺緒，概聞其一二矣。故常希跂聖真，而屢至其寺，觀所謂鰻岫、錫痕、巨人之迹，爲之躊躇四顧，以想像三神山于此。已而登其塔，高雲不違檐咫尺，俯瞰圜闠，若累塊積蘇焉。越人瞻之，遥以起信。蓋乾德中，漢南王之所造也。熙寧十年八月丙申，其寺與塔俱焚，光影所照，其彤燭天，鳥皆夜鳴。逮曉，一木無遺者。山勢斗輕，更欲飛舉，而城郭氣象爲之荒凉。居無何，廣平侯程公來領州政，目無全事，百廢俱興，而有多餘之間。升鹿麗龜，望之悵然，且思有以復之，自其塔始。而宰官、比丘與其州人，莫逆公意。于是良木之施雲如，椎鑿雷如，斧斤風如。自春迄冬，費幾萬緡，而嚮之烟爐之餘，已爛然金碧，與日星争麗矣，何其速也！蓋公自少年，已擢顯科。治外處内，四紀于兹，天下稱其才焉。今雖老矣，而謀國尚壯。如獲興事造業，更以協濟神明之運，某將爲公識其大者，然則一塔之敏，尚其餘事也。文淵閣四庫全書本《陶山集》卷一一。

台州黄岩縣妙智寺記

佛出西方，不知幾千萬里。其書之契理會道，與中國聖人之言一。又其神靈之寓，光景著見。若今峨眉、天台感觸之异，非獨中州之人聞而趨之，雖西域其徒亦累譯而至也。與道家之説蓬萊、方丈，乃在烟海渺茫荒忽不考之外异矣。黄岩，遠邑也，其鄰天台，其俗無貴賤，大抵嚮佛。雖屠羊履豨，牛醫馬走，漿奴酒保，洴澼之家，亦望佛刹輒式，遇其像且拜也。以故學佛之徒，飾宫宇爲莊嚴，則吝者施財，惰者輸力，傴者獻塗，眇者效準，聾者與之磨礱。而土木之功，蒼黈赭堊之飾，殆無遺巧。然其最佳曰妙智寺。蓋建隆中，僧南惠之所造，迨今百年，繼者非一，而卒成之者如吉也。余聞之也，夫所謂妙智者，佛之所知是也。疏觀泛應，無適而非真，可得而不可求，可知而不可授，雖母欲以與季，不能也。蓋智難口傳，妙須心解如此。今以名其寺，如吉與其徒托而居之矣，當知是也。彼世之人，舍是弗圖，而逐逐于外，以事莊嚴，則雖飾以金銀，絡以珠玉，譬猶蜃噓成樓，半出霄漢。其彩五色，終非實相。如吉善住持，置田數百畝，延十方衆，以爲無窮永久之賴，邑人多之。而余兄嘗宰是邑，言其善，故與爲記，因附以所聞，使刻諸石焉。《陶山集》卷一一。

孫漸

孫漸，眉州（治今四川眉山）人，熙寧進士。元符初爲温江令。政和元年爲京東路提刑，次年擢湖北轉運副使，移江東；八年八月，以中奉大夫、直秘閣知梓州。重和元年十二月，爲裕民局参詳檢討官。見《宋會要輯稿》職官三之四九、職官五八之一六、職官六一之四三、選舉三三之三一，嘉慶《四川通志》卷一〇一、一一五〇。

温江縣觀音院芝堂記　元符元年十一月

今上即位之十有三載，朝廷清明，政恬人嬉，閩集翔鶴，毫見靈光，咸、鎬符璽，龍文鳥篆之祥，應時而出。乃講朝會，乃告宗廟，肆赦改元，昭示天下與來世。是歲夏四月八日，有芝生于温江縣觀音院齋廳之楹，一本而數結，烟縷氤氲，閲月不散。始，主僧道絢來告，僚吏邑人，咸往觀焉。問其木則丸然而實，非伏毒之所蒸成也；視其屋則翬然而壯，非流濕之所融結也。以位則古，以色則白。而其始生，又符天竺如來示生之日，此豈偶然哉？噫，有司弗敢以聞，拘常制也。退而思之，以謂自古符瑞，多爲有道之應，《詩》之來牟、《書》之嘉禾是已。方是時，聖人君子在上，修德不懈，致祥不驕。自秦以來，時君世主，皆有侈心焉。媚附之臣進，而符命讖緯之説興，至使矯激者指言祥瑞爲迂怪不經，而一切非之，亦已過矣。若夫通人之論則不然。韓退之作《獲麟解》，而亦頌連理之瑞木；柳子厚爲《正符論》，而乃表同蒂之嘉瓜。要在分當否、辨治忽而已。然瑞木嘉瓜，資土而殖，因人而成，非投身於卑污不屑之地，而能免爲腐草朽株者幾希。是芝也，生於紺園清净雕粱紋楚間，不根而芽，不叢而華，嚴霜烈日，其色莫得而瘁，震風凌雨，其本不爲之摇，殆非瑞木嘉瓜之比。而和氣所格，神化所冥，又非可以耳目臆度論也。謹按載籍，芝之名，其總五圖，其别一百四十有二種。曰漢武帝之甘泉，曰孝宣之銅池，曰唐肅宗之延英，其出未嘗不爲王者瑞。而世之識真者少，好名者衆，求而不得，則妄認鬼臼以當之，無足怪者。我本朝真宗皇帝封禪告成，郡國所獻，無慮萬計，奎文睿藻，發於繼照，真游崇徽之歌，嗚呼盛哉！今天休地寶，莫不畢至，一本之芝，孰爲虧贅。蓋自理觀之，物無小大多寡之倪，而瑞世絶特者，萬不加多，一不爲少，余安得而略之？因名其廳曰芝堂，而且欲作頌述芝之美，久而未能。會游有城，暮宿儲福定命真君祠，訪采茹之，洎中夜恍然若有感者，寤而爲之頌曰：

西母薦祉，金精效奇。是生神草，雲英瓊蕤。給園之中，湔水之湄。地其幽矣，芳而孰知。陟彼岷宫，真人頎頎。夜授秘訣，謂余搴之。沃之醴泉，濯之天池。羞以石髓，茹而忘飢。黄、綺爲侶，喬、松可期。盍獻天子，以薦神祇。萬壽稱觴，允逢其時。秘不以聞，厥咎誰尸。余拜受命，曰敢不祇。寤歌芝房，恭俟采詩。

頌既成，道絢竊願以有請，書而授之，元符元年十一月記。《成都文類》卷三九。又見《宋代蜀文輯存》卷九七。

張商英

張商英（一〇四三——一一二一），字天覺，號無盡居士，蜀州新津（今四川新津）人，唐英弟。治平二年進士，調達州通川主簿，辟知南川縣，以檢正中書禮房擢監察御史裏行，責監荆南税。更十年，得館閣校勘、檢正刑房，責監赤岸鹽税。哲宗初，爲開封府推官，反對變更新法，出提點河東刑獄，連使河北、江西、淮南。哲宗親政，召爲右正言、左司諫，力攻元祐大臣。又以事責監江寧酒。起知洪州，入爲工部侍郎，遷中書舍人，出爲河北都轉運使，降知隨州。崇寧初，歷吏部、刑部侍郎、翰林學士。雅善蔡京，拜尚書右丞，轉左丞。復攻京，罷知亳州，入元祐黨籍，削籍知鄂州。大觀四年，除中書侍郎，拜尚書右僕射，變更蔡京之政。政和元年，爲臣僚所攻，罷知河南府，旋貶衡州安置，繼復還故官職。宣和三年十一月卒，年七十九。紹興中賜謚文忠。有《無盡居士集》一百卷，久佚。《宋史》卷三五一有傳。

普通寺記　熙寧初

普通寺在成都城郭之二十里，寺之不寺久矣。熙寧初，惟迪禪師自綿竹無爲大衆請，始來住持，予爲之記曰：昔如來以一大事因緣，見于五濁惡世，與其初學十地之徒，敷衍微密之教。及其究竟成就，則遍滿十方，各從五體，同放寶光，交加相羅，猶如寶網。蓋道至於融，則光無不照；義至於了，則神無不通。悲夫！道不遠人，人非離道，而群生積障，浩劫傳迷，聚如法水之冰，散若七巾之馬，自取狂惑，標爲長久，出没漂流，胡可勝弔。屠坦操刀，則牛羊觳觫；由基調矢，則猿狖哀號。滯魄戀於幽陰，妖魅憑於木石，此不悔厭，向何妙明！迪師以六祖二宗之真風，誘接開示，倒洞庭於九疑之野，泛獨月於四溟之水。下根傳聞，猶將超越；何況神驥，略施鞭策。夫扣床倚仗，合掌盤足，曲折縱横，皆師之機也。必欲求之於應對酬酢之間，譬猶辯説之際，斯所謂鹿還幽谷，犬吠荒茅者也。嗚呼！言之於無所言，聽之於無所聽，則師之旨，其在兹乎！《成都文類》卷三八。

太原府壽陽方山李長者造論所昭化院記　元祐三年

元祐戊辰七月〔一〕，商英游五臺山，中夜，於秘魔岩金色光中見文殊師利菩薩，慨悟時節，誓窮學佛。退而閲《華嚴經義疏》，汗漫罔知統類。九月，出按壽陽，聞縣東三十五里有方山昭化院，乃長者造論之所，齋戒往謁焉。至則於破屋之下，散帙之間，得《華嚴修行决疑論》四卷，疾讀數紙，疑情頓釋，因詰主僧曰：『聖賢游止之地，奚其破落如此耶？』僧曰：『長者坐亡於此山久矣，神之所游，緣之所赴，年穀常熟，而物不疵癘。此方之人乃相與腥膻乎方山之鬼，莫吾長者之敬，院以此貧。』吾惟古之使者，毀淫祀，或多至數千所，即移縣廢鬼祠，置長者像，爲民祈福。十月七日治地基，八日白圓光現於山南，於是父老叩頭悲淚曰：『不知長者之福吾土也，請并院新之。』施心雲起，不唱而和，主僧伻圓來告。太師曾公子宣聞其事，謂商英曰：『子盍發明長者之意而記之，使學《華嚴》者益生大信，而知所宗，則長者放光以累子也不虛矣。』商英曰：『蒙塞何足以知長者？雖然，嘗試以管窺之。』夫《華嚴》之爲教也，其佛與一乘菩薩之事乎？始終一念也，今昔一時也，因果一佛也，凡聖一性也，十方一刹也，三界一體也，正像末一法也，初中後一際也。當處現前，不涉情解，以十信爲入佛之始，以十地爲成佛之終。十住、十行、十回向、十地、十一地，謂之五位、六位。具十者，以十波羅蜜爲之主也。凡五位之因果各五十，加本位之五因五果，爲一百有十，所以成華嚴世界之佛刹，善財童子之法門。華嚴世界一百一十而加一，何也？一者，佛之位，萬法之因也；五位者，所標之法也；善財者，問法而行之之人也；五十三勝友者，五十則五位也，三則文殊、普賢、彌勒也。此經也，以毗盧遮那爲根本智體，文殊爲妙慧，普賢爲萬行。方其起信而入五位也，則慧爲體，行爲用；及其行圓而入法界也，則行爲體，慧爲用。體用互參，理事相徹，則無依無修，而佛果成矣，故歸之於後佛彌勒。十信以色爲國者，未離乎色塵也；十住以華爲國者，理事開敷也。十行以慧爲國者，定慧圓明也；十回向以妙爲國者，妙用自在也。種種名號者，智體之异名也，觀其名則知所修之行矣；種種莊嚴者，性行之依果也，觀其果則知所行之因矣。大悲廣濟謂之海，除熱清凉行之月〔二〕，普雨法雨謂之雲，包含萬象謂之藏，嚴其上首謂之寶髻，因果同時、處世不染謂之蓮華，摧邪見正而不動謂之幢，悲智中道謂之齋，性願普薰謂之香。無爲而成者，天也；無方而應者，神也；無外而大者，王也；飛潛而雨者，龍也；處生死海而不没者，修羅也；搏根熟衆生而至佛岸者，迦樓羅也；凡乎聖乎，疑而不可知者，緊那羅也；胸行匍匐，謙恭利物者，摩睺羅伽也；守護伺察者，夜叉也；同乎惡趣，而滅其貪苦者，鳩盤荼也；法音娱樂者，乾闥婆也。金爲堅爲剛，爲黄爲白，輪爲圓爲滿，頗梨爲瑩徹，琉璃爲明净。無垢謂之摩尼，漉沉拯溺謂之網，高顯挺特謂之莖幹，開敷覆蔭謂之華葉，含育利生謂之宫殿，觀照之根謂之樓閣，無畏謂之師子，超塵謂之臺榭，出俗謂之比丘，入鄽謂之居士，長者同乎外道謂之仙人，婆羅門慈而無染謂之女，以悲生智謂之母。此《華嚴》事相表法之大旨也。至於一字含萬法而普遍一切，其汪洋浩博，非長者孰能判其教、抉其微乎？長者名通玄，或曰唐宗子，又曰滄州人，莫得而詳，殆文殊、普賢之幻有也。以開元七年隱於方山土龕造論，十八年三月二十八日卒，壘石葬於山北。至清泰中，村民撥石，得連珠、金骨，扣之如簧。以天福三年再造石塔，葬於山之東七里，今在盂縣境上〔三〕。説者以伏虎負經，神龍化泉，晝則天女給侍，夜則齒光代燭。示寂之日，飛走悲鳴，白氣貫天，此皆聖賢之餘事，感應之常理，傳所謂修母致子近之矣，今皆略而不書焉。年月日，商英記。《華嚴經决疑論》卷四之下，續藏經第一編第七套第二册。

〔一〕戊辰：原作『戊申』。按元祐無『戊申』年，據作者《題方山李長者故居》《神燈傳》等，其游五臺山及方山在元祐三年戊辰，因改。

〔二〕行：參上下句例，疑當作『謂』。

〔三〕盂縣：原作『孟縣』，按太原府有盂縣，見《元豐九域志》卷四，『孟』字誤，據改。

定襄縣新修打地和尚塔院記　元祐五年二月

打地和尚既傳心要於江西馬祖，退而隱於忻之定襄間，往來深山，與虎豹群居，踪迹神异，人莫之測。有以佛法問者，以杖打地三下；或匿其杖而問焉，則開口而已。大曆十三年六月十有三日，跏趺入滅，門人奉真身葬之，今酈村塔是也。元祐四年六月三日，予行縣往謁焉，瞻其容儀如生，而嘆其院宇摧陋，謂父老曰：『古佛也，緣在若境，胡不少莊嚴之？』對曰：『懷是心久矣，官以告我，我之願也。』是時涉夏不雨，田疇焦槁，村民所以祈請者靡所不至。越二日，有白氣絪緼，起於塔頂，父老以報縣令孟君友，友馳馬至，則其氣涣而爲油雲甘澤，優渥沾浹，禾黍再茂。

於是富者輸財，壯者輸力，巧者輸工，發於歡心，出於新敬，而向之廞庳頹剥，化爲宏敞焕麗。嗟乎父老，若之成斯宇也，以打地知之乎？以白氣知之乎？揆若之所知，不過以亘空之白氣爲靈且异爾，若又焉知三世諸佛、東西祖師無量光明，百千變化，曾不出一舉杖之間乎？若嘗以是知之，雖火其骸，毁其塔可也，况又能增崇而嚴事之乎？元祐庚午二月初一日記。《山右石刻叢編》卷一五。又見《定襄金石考》卷一，《宋代蜀文輯存》卷一三。

東林善法堂記　元祐六年四月

元祐二年七月八日，廬山東林禪寺善法堂成。其爲間七，其高爲丈者五，深而爲尺者九十，其廣十有一丈。六年三月，無盡居士自河北來，東林徒衆七百人，以弼恩度而爲上首，皆於現在老人照覺禪師親近供養，深得法要，决擇邪正，消隕知解，一心精進，扶竪宗教。於是以弼等和南稽首白居士言：『我此善法堂，蓋嘗走四方，求士大夫紀録營建，昭示來世，終無一人能承當者。何以故？此堂雄麗，難形摹故；我師説法，難凑泊故。今居士適至，是我山中天龍藥叉人非人等三歲守護，以待居士也，居士其舍諸？』居士曰：『汝等説法與過去諸佛异，非我名言意識之所測度，吾無得而記焉。』何以故？毗盧遮那佛説《十住品》於須彌頂上，帝釋於其殿内安置普光明藏師子之座；説《十行品》於夜摩天宫時分，天王於其殿上化作寶蓮華師子之座；説《十回向品》於兜率陀天，知足天王於其殿上敷摩尼藏師子之座。天住於佛住，而未離乎住，故説法乎地中之天，而忉利是矣，其座則安置之而未至於化者也。行行皆真，而超然絶俗，故説法乎空中之天，而夜摩是矣，其座則化之而未至於敷者也。化則依空矣，而非所以入有也；真則自利矣，而非所以利他也。心也回真而入俗，運智而行悲，使上而超之，可以出乎欲頂；下而即之，可以同乎萬物。故説法乎天中之天，而兜率是矣。其座敷而布之，則安置能化，蓋有不足言者矣。古佛之説法也，觀根之時，依土立義，可以科，可以釋。今子之師建潭潭之堂，巍巍之座，法鼓在左，杖拂在右。以忉利言之乎，則無住爲住；以夜摩言之乎，則無行爲行；以兜率言之乎，則本自無向，今亦無回。雖然，嘗試爲汝議乎其涯。彼妙湛靈明，曠虚粹精，莫之與將，莫之與迎。未始有夢，而未始有覺也；未始有淳，而未始有瀉也；未始有壞，而未始有成也；未始有污，而未始有净也。膠膠以生，林林以形，生死苦樂之變，循環乎去來。諸佛爲之種種譬喻方便，爲之説三乘，爲之説五教。河沙句偈，不足以勝其情而奪其識。其究竟也，以清净法眼，涅槃妙心，無相實相，正法眼藏，撥去文字，教外别傳，囑付飲光，宛轉傳授，以至今日。當法堂未建，法座未登，掣電呈機，猶成第二，學人上來，頗復何用？然則建斯堂也，登斯座也，法竟可説乎？法竟不可説乎？且夫居其堂正則知其位正，知其位正則知其眼正，知其眼正則知其根正，知其根正則知其識正，知其識正則知其塵正，知其塵正則知其耳正，知其耳正則知其鼻正，知其鼻正則知其舌正，知其舌正則知其身正，知其身正則知其意正，如是乃至十方虚空、八萬四千陀羅尼門，莫不皆正。古之所謂此處最吉祥者，其意在此，其亦是乎？而自少室之後，曹溪以來，散之四方，分爲五派，師异訓，人殊習，祖師之道微矣。請略言之。月裏麒麟，溪邊石笋，寒松庭柏，日裏看山，雨聲鳩聲，迷逢達磨，撥塵見佛，漁父栖巢，吐舌退身，抬眸一瞬，舉拳竪指，擊拂敲床，叉手當胸，展開雙掌，或謂之曰道眼，或謂之曰根塵，或謂之曰向上，或謂之曰末後。斯皆順風揚灰於馳突之場，浚渠流惡於胥廢之井。禪師於是也大奮迅定，駕無礙慧，主賓問答，縱奪取與，庶幾乎惑者有解而執者有破，垢者有滌而病者有瘳。然則有其事者則必有其理，有其實者則必有其名。莊嚴妙善，而不可不建者，堂也；方便誘誨，而不可不説者，法也；垂信示後，而不可不爲者，記也。東林衆以記累吾，亦不善乎？東林律寺改爲十方，其本末具於余《語録序》，兹得以略云。時歲四月二十四日記。《嘉泰普燈録》卷三〇。

仰山廟記　元祐七年九月

仰山在州南六十里，二神姓蕭氏，仲父曰大分，季子曰隆。初，廟在山之獺潭，後徙於堵田。

唐咸通中，封秩視文昌郎；南唐時，大分封威烈王，隆封靈顯公；本朝大中祥符二年，改封王曰靈濟，公曰明顯。考之遺圖，訪之耆舊，昔有徐璠者，宜春浦村人也，還自維揚，舟次彭蠡，有兩蕭生附舟以載，順風揚帆，一夕至袁，顧謂璠曰：『予家仰山之下，石橋之右，若欲雨欲暘乎？』璠悟其神也，叩頭訴曰：『璠無田可耕，雨暘非急。』俄而山水大至，夷高淖下，爲田五頃，今浦村西徐田是也。唐武、宣間，釋之徒有惠寂者，隱於郴州王莽山，以嗣溈山靈祐之道。宴坐之際，禪床陷地尺許，山神跪曰：『吾地薄，不足以栖大士。袁州南仰，師所居也。』會昌元年，寂捧錫而來，尋澗而入，夜憩大樾，泊然假寐，有二白衣進曰：『深山險絶，師當何往？』寂曰：『吾欲卜庵於此。』白衣曰：『我山神也，願以此山施師。』寂曰：『汝能發歡喜心、廣大心、無障礙分別心，則吾受汝施。』白衣曰：『諾。』即指集雲峰下曰：『庵基莫吉於此。』居數月，神來告曰：『陋旅據水上游，恐污飲漱。』遂徙居下流五里。三年四月十三日，神又來言曰：『師浄侣日盛，咫尺共住，勢非所安，請徙居中途，且以族四方參學，爲一頓之地。』是夕大風雨拔木，黎明，廟已建於堵田。寂之將滅也，神泣別曰：『法恩深厚，未知所報。』寂曰：『吾師溈山，以正月八日去寂，汝能爲吾營齋，吾事畢矣。』於是城中火神於空中具述其事，太守再拜許之，火乃滅。遂於其日齋僧於廟，席地而坐，威靈恐怖，衆莫之測。神言曰：『何不造僧堂，擊揵椎，如叢林之制？』衆又從之。徐鉉在金陵時，二少年謁見，風姿灑落，語論高妙，鉉曰：『二君吾國之秀也，何相見之晚耶？』少年曰：『僕家於宜春之南三十里。方春農事興，國人用羊豕腥膻，姑至此避之。』鉉异之，遣人物色，已失所在。此仰山之大略也。吾聞莊周之言：夫道生天生地，馮夷得之以游大川，肩吾得之以處大山。然則山川之神，皆得其所以爲之道，而分授天地之職，故能雷霆雹以致其威，雨雪霧露以致其澤，祥風休氣以致其和，疵癘旱霪以致其罰。惟其得道也，故可以與之進乎道，若二神者幾之矣。嗚呼！兹山介於南方僻左之境，蛇蟒之都，虎豹猿狐之所廬，魑魅魍魎之所窟宅。蔽以荆榛，限以嶄絶，樵夫牧子望崖而返，馬蹄車轍不與人世間通者，莫知其幾千萬年。而二蕭乃與惠寂老相值於曠莽岑寂之間，悦其風，樂其説，不愛其宮室居處之安，溪山形勢之美，委而去之，無少靳心。若二蕭者，其進乎道者矣。惠寂老歸死於東山，其事獨傳於其徒，而其徒不能宏其事，繼之以亂離，因之以廢壞，邪巫老祝，假托禍福，以聾流俗，而神亡以明。余素知之，元祐六年春將漕江西，會廟令盗神廪者爲奸，而佛印禪師了元者適居仰山，因移郡下元擇僧主之。元來言曰：『淫祀不可遽革，釋乎？巫乎？一聽於神。』禱而卜之，神以釋告，於是國人改嚚悍調服。流膏割鮮，化爲伊蒲塞之饌；淫歌踏舞，化爲清磬梵竺之音。元選法子正己求文記之，因叙其本末而示之。時元祐七年九月辛丑日記。《古今圖書集成》職方典卷九一七。又見康熙《宜春縣志》卷一五，雍正《江西通志》卷一二四，乾隆《袁州府志》卷三二，道光《宜春縣志》卷三一，《宋代蜀文輯存》卷一四。

撫州永安禪院僧堂記　元祐七年十二月

古學道之士，灰心泯智於深山幽谷之間，穴土以爲廬，紉草以爲衣，掬溪而飲，煮藜而食，虎豹之與鄰，猿狙之與親。不得已而聲名腥薌，文彩發露，則枯槁同志之士，不遠千里，裹糧躡屩，來從之游。道人深拒而不受也，則爲之樵蘇，爲之舂炊，爲之灑掃，爲之刈植，爲之給侍奔走，凡所以效勞苦、致精一，積月累歲，不自疲厭，覬師見而閔之，賜以一言之益，而超越死生之岸。烏有今日所謂堂殿宫室之華，床榻臥具之安，所須而具，所求而獲也哉！嗚呼，古之人吾不得而見之矣，因永安禪院之新其僧堂也，得以發吾之緒言。元祐六年冬十一月，吾行郡過臨川，聞永安主僧物故，以兜率從悦之徒了常繼之。常升座説法，有陳氏子一歷耳根，生大欣慰，謂常曰：『諦觀師誨，前此未聞，當有净侣雲集，而僧堂狹陋，何以待之？願出家貲百萬，爲衆更造。』明年，堂成，吾使謂常擊鼓集衆，以吾之意而告之曰：『汝比丘，此堂既成，坐臥經行，惟汝之適。汝能於此帶刀而眠，離諸夢想，則百丈即汝，汝即百丈；若不然者，昏沉睡眠，毒蛇伏心，暗冥無知，晝入幽壤。汝能於此跏趺宴坐，深入禪定，則空生即汝，汝即空生；若不然者，獮猴在檻，外睹栗，雜想變亂，坐化异類。汝能於此横經而誦，研味聖意，因慚入頓，因頓入圓，則三藏即汝，汝即三藏；若不然者，春禽晝啼，秋蟲夜鳴，風氣所使，曾無意謂。汝能於此閲古人話，一見千悟，入紅塵裏，轉大法輪，則諸祖即汝，汝即諸祖；若不然者，狗嚙枯骨，鵰啄腐鼠，鼓啄呀唇，重增飢火。是故析爲垢净，列爲因果，判爲情想，感爲苦樂，漂流汩溺，極昧來際。然則作此堂者，有損有益；居此堂者，有利有害，汝等比丘宜知之。汝能斷毗盧髻，截觀音臂，剜文殊目，折普賢脛，碎維摩座，焚迦葉衣，如是受黄金爲垣，白銀爲壁，汝尚堪任，何況一堂！戒之勉之，吾説不虚。』元祐七年壬申歲十二月十日，南康赤烏觀雪夜擁爐，書以爲記。嘉靖《撫州府志》卷一六。又見《緇門警訓》卷三，《古今圖書集成》神异典第二五，乾隆《臨川縣志》卷五，同治《臨川縣志》卷一八，光緒《撫州府志》卷二〇，《宋代蜀文輯存》卷一三。

撫州永安禪寺法堂記　紹聖二年

臨川陳宗愈於永安常老會中得大法，喜，捐其家貲，爲建丈室，作修廊。方且鳩材以新法堂，而宗愈死。其二子號訴於常曰：『吾先子之未奉佛也，安且强；既奉佛也，病且亡。佛之因果可信耶？其不可信耶？』常曰：『吾野叟也，不足以譬子子弟成父之志，而卒吾堂。吾先師有得法上首無盡居士，深入不二，辨才無礙，隨順根性，善演法音，堂成，當爲子持書求誨，决子之疑。』紹聖元年春，常遣明鑒至山陽，以書來言，會予方以諫官召還，未暇。明年，鑒又至京，待報於智海禪剎。爾時居士默處一室，了照幻境，鐵輪旋頂，身心泰定。明鑒雨淚悲泣，殷勤三請：『大悲居士令此衆生流浪苦海，貪怖死生，迷惑因果。惟願居士作大醫王，施與法藥。』居士曰：『善哉！善哉！汝乃能不遠千里，爲陳氏子諮請如來無上秘密，甚深法要。諦聽吾說，持以告之。善男子！太空寂間，妄生四相，積氣爲風，積形爲地，積陽爲火，積陰爲水，建爲三才，散爲萬品。一切有情，水火相摩，形氣相結，以四小相，具四大界。因生須養，因養須財，因財須聚，因聚成貪，因貪成競，因競成嗔，因嗔成狠，因狠成愚，因愚成痴。此貪、嗔、痴，諸佛說，爲三大阿僧祇劫人於百年劫中，或十歲，或二十歲，或三四十歲，或五六十歲，或七八十歲，各於壽量，自爲小劫。於此劫中，而欲超越，不可數劫。譬如蚯蚓，欲升烟雲，無有是處。諸佛悲憫，開施檀波羅密大方便門，勸汝捨財。汝財能捨，即能捨愛；汝愛能捨，即能捨法；汝法能捨，即能捨意；汝意能捨，即能捨身；汝身能捨，即能捨心；汝心能捨，即能契道。昔迦葉尊者行化，有貧媪以破瓦器中潘汁施之，尊者飲訖，踴身虛空，現十八變。貧媪瞻仰，心大歡喜。尊者謂曰：『汝之所施，得福無量，若人若天，輪王帝釋，四果聖人，及佛菩提，汝意所願，無不獲者。』媪曰：『止求生天。』尊者曰：『如汝所欲。』過後七日命終，生忉利天，受勝妙樂。又罽賓國王在佛會聽法，出衆言曰：『大聖出世，千劫難逢，今欲發心造立精舍，願佛開許。』佛云〔二〕：『隨汝所作。』罽賓持一枝竹，插於佛前，曰：『建立精藍竟。』佛云：『如是如是。以是精藍，含容法界；以是供養，福越河沙。』鑒來，爲吾持此二説，歸語檀越，善自擇之：汝父所建堂室廊廡，比一器潘得福甚多，生天受樂，决定無疑。若此罽賓國王插一枝竹，及能含容無量法界，汝欲進此，聽吾一偈：一竿修竹建精藍，風捲蟭螟入海南。惡水潑來成第二，鈍根蹉過問前三。』於是明鑒踴躍信受，歸告其人，筆集緒言，刻以爲記。嘉靖《撫州府志》卷一六。又見《緇門警訓》卷一〇，乾隆《臨川縣志》卷五，《宋代蜀文輯存》卷一三。

〔一〕『佛』字原無，據文意補。

隨州大洪山靈峰禪寺記　崇寧元年正月

元祐二年秋九月，詔隨州大洪山靈峰寺革律爲禪。紹聖元年，外臺始請移洛陽少林寺長老報恩住持。崇寧元年正月，使來求十方禪寺記，乃書曰：大洪山在隨西南，盤基百餘里，峰頂俯視漢東諸國林巒丘嶺，猶平川也。以耆舊所聞考之，洪或曰胡，或曰湖，未詳所謂。今以地理考之，四山之間，昔爲大湖，神龍所居，洪波洋溢，莫測涯涘。其後二龍鬥，擗開層崖，湖水南落，故今負山之鄉，謂之『落湖村』〔二〕，此大洪所以得名也。唐元和中，洪州開元寺僧善信，即山之慈忍靈濟大師也，師從馬祖，密傳心要，北游五臺山，禮文殊師利，瞻睹殊勝，自慶於菩薩有緣，發願爲衆僧執炊爨三年。寺僧却之，師流涕嗟戚，有老父曰：『子緣不在此，往矣行焉，逢隨即止，遇湖即住。』師即南邁，以寶曆二年秋七月抵隨州，遠望高峰，問鄉人曰：『何山也？』鄉人曰：『大湖山也。』師默契前語，尋山轉麓，至於湖側。屬歲亢旱，鄉民張武陵具羊豕，將用之以祈於湖龍。師見而悲之，謂武陵曰：『雨暘不時，本因人心口業所感，害命濟命，重增乃罪。可且勿殺，少須三日，吾爲爾祈。』武陵亦异人也，聞師之言，敬信之。師即披榛捫石，乃得山北之岩穴，泊然宴坐，運誠冥禱，雷雨大作。霽後數日，武陵迹而求之，師方在定，蛛絲冪面，號耳揺體〔二〕，久之乃覺。武陵即施此山爲師興建精舍，以二子給侍左右，學徒依嚮，遂成法席。大和元年五月二十九日，師密語龍神曰：『吾前以身代牲，輟汝血食。今捨身償汝，汝可享吾肉。』即引利刃截右膝，復截左膝，門人奔持其刃，膝不克斷，白液流出，儼然入滅。張氏二子，立觀而化。山南東道奏上其狀，文宗嘉之，賜所居額爲『幽濟禪院』。晋天福中，改爲奇峰寺。本朝元豐元年，又改爲靈峰寺，皆以禱祈獲應也。自師滅至今三百餘年〔三〕，而漢廣、汝墳之間十數州民，尊嚴奉事，如赴約束，金帛粒米，相尾於道。貲强法弱，僧範乃革。前此山峰高峻，堂殿樓閣依山製形，後前不倫，向背靡序。恩老至山，熟閲形勝，闢途南入，以正賓主。鑱崖壘澗，鏟巇補坳，嵯峨萬仞，化爲平頂。三門堂殿，翼舒繩直，通廊大廡，疏户四達。净侶雲集，藹爲叢林。峨嵋之寶燈瑞相，清源之金橋圓光，他方詭觀，异境同視。方其廢故而興新也，律之徒懷土而呶呶。會予謫爲郡守，合禪、律而訶之曰：『律以甲乙，禪以十方。而所謂甲乙者，甲從何來？乙從何立？而必曰：「我慈忍之子孫也，今取人於十方，則慈忍之後絶矣。」且夫乙在子孫，則甲在慈忍；乙在慈忍，則甲在馬祖；乙在馬祖，則甲在南岳；乙在南岳，則甲在曹溪。推而上之，甲乙乃在乎菩提達摩，西天四七。則而所謂甲乙者，果安在哉？又而所謂十方者，十從何生？方從何起？世間之法，以一生二，一二爲三，二三爲六，三三爲九。九者，究也，復歸於一。一九爲十，十義乃成，不應突然無一有十。而所謂方者，上爲方邪？下爲方邪？東爲方邪？西爲方邪？南爲方邪？北爲方邪？以上爲方，則諸天所居，非而境界；以下爲方，則風輪所持，非而居止；以東爲方，則弗婆提人，形如半月；以北爲方，則欝單越人，壽命久長；以西爲方，則瞿耶尼洲，滄波浩渺；以南爲方，則閻浮提洲，象馬殊國。然則甲乙無定，十方無依，競律競禪，奚是奚非？』律之徒曰：『世尊嘗居給孤獨園竹林精舍。必如太守言，世尊非邪？』予曰：『汝豈不聞以大圓覺爲我伽藍，身心安居，平等性習。此非我説，乃是佛説。』於是律之徒默然而去。禪者曰：『方外之士，一瓶一鉢，涉世無求。如鳥飛空，遇枝則休；如龜浮海，值木則浮。來如聚梗，去如滅漚。不識使君將甲乙之乎？十方之乎？』予曰：『善哉！佛子不住内，不住外，不住中間，不住四維，上下虚空，應無所住。而住持是真十方住持矣，尚何言哉！尚何言哉！』崇寧元年正月上元日記。民國《湖北通志》卷一〇二。又見《緇門警訓》卷一〇，《古今圖書集成》職方典卷二六九、山川典卷一五九，光緒《德安府志》卷五，《湖北金石志》卷一〇，《宋代蜀文輯存》卷一三。

〔一〕村：原作『管』，據光緒《德安府志》改。

〔二〕此句，右引作『武陵附耳而號，拴體而告』。

〔三〕三百餘年：按自唐文宗大和元年（八二七）至宋徽宗崇寧元年（一一〇二），僅二百七十六年，疑當作『二百餘年』。《古今圖書集成》等作『三五百年』，則又誤矣。

昭化寺李長者龕記　政和八年十月

予元祐戊辰奉使河東，行太原屬縣，訪方山，瞻李長者像。至則荒茅蔽嶺，數十里前後無人烟，有古破殿屋三間，長者堂三間，村僧一名丐食於縣，未嘗在山。予於破竹經架中得長者修行《決疑論》四卷，《十元六相論》一卷，《十二緣生論》一卷，梵夾如新，從此遂頓悟《華嚴》宗旨。邑人以予知其長者也，相與勸勉，擇集賢嶺下改建今昭化院。予去彼三十年，有住持僧宗悟來言：『方山非昔日方山也，松柏林木，高大盛茂，不植而生，皆應古記。又於長者造論處發見龕臺，以磚石甃砌，前建軒閣，古迹歷然。僧徒粥飯，不求於外，游人庶士，不絕於道。相公開基，始悟亡先師，願得相公隻字，以爲法門之光。』予曰：『汝持戒人也，必不妄語，可自記其實，以傳後人。』政和戊戌十月望日，觀文殿大學士張商英題付宗悟。朝請大夫、直秘閣、權發遣河東路計度轉運使公事、賜紫金魚袋陳知質篆額，迪功郎、前房州司户曹事圓頓居士高淳并姘志居士范圓焞施石。政和庚子歲七月庚申日，從政郎、前麟州州學教授、權太原府壽陽縣事田孝孫立石。《金石續編》卷一七。又見雍正《山西通志》卷二一五，《金石苑》，《山右石刻叢編》卷一七，《宋代蜀文輯存》卷一四。

洪州寶峰禪院選佛堂記

崇寧天子賜馬祖塔號慈應，謚曰祖印，歲度一牒，以奉香火。住山老福深即於祖殿後建天書閣，承閣爲堂，以『選佛』名之，使其徒請記於余。余三辭，而請益堅，余謂之曰：『古人謂選佛而及第者，涉乎名言耳。子以名堂，余又記之，無乃不可乎？憐子之勤，漫爲之記。夫選佛者，選擇之謂也。有去有取，有優有劣，施之於科舉，用之於人才，此先王之所以厲世磨鈍之具，非所謂選也。使佛而可選也，取六根乎？取六塵乎？取六識乎？取三六，則一切凡夫皆可作佛；去三六，則無量佛法誰修誰證？取四謗、六度、七覺、八正、九定、十無畏，乃至十八不共法、三十七助道法乎？去之則無法也。去取有無，渺然如水之流於心腹，欻然如埃之入於胸次，在修多羅藏，或謂之二障，或謂之不了意，或謂之戲論，或謂之偏計邪見，或謂之微細流注，取之非佛也，去之非佛也，不去不取亦非佛也，果可選乎？』曰：『先生之論，相宗也；吾宗之論，禪宗也。凡與選者，心空而已矣。弟子造堂而有問，宗師踞坐而有答。或示之以玄要，或示之以料揀；或示之以法鏡三昧，或示之以道眼因緣；或示之以向上一路，或示之以末後一句；或示之以當頭，或示之以平實；或揚眉瞬目，或舉拂敲床；或畫圓相，或畫一劃，或拍手，或作舞。契吾機者，知其心之空，則佛果可選矣。』余曰：『世尊舉花，迦葉微笑，正法眼藏，如斯而已。後世宗師之所指，何紛紛之多乎！吾恐釋氏之教衰於此矣。深，河東人也，甘粗糲，耐苦心，久從關西真浄游，孤硬卓立，必能宏其道。蓋釋氏之教，枯槁以遺其形，寂滅以灰其慮。戒定密行，鬼神所莫窺；慈悲妙用，幽顯所共仰。迫而後應，則五衆喪其伴侶；不得已而後言，則六聚忘其畛域。生死之變，人之所畏也；吾未嘗有生，安得有死，則奚畏之？利害之境，人所擇之；吾未嘗有利，安得有害，則奚擇之？爲夫如是，則不空於外，而内自空；不空於境，而心自空；不空於事，而理自空；不空於相，而性自空；不空於空，而空自空。空則等，等則大，大則圓，圓則妙，妙則佛。嗟乎，吾以此望子，子尚無忽哉！』《緇門警訓》卷三，《頻伽藏·騰一一》。又見光緒《江西通志》卷一二一，《宋代蜀文輯存》卷一三。

黄龍崇恩禪院記

黄龍、鳳凰、幕阜，三山連屬，皆秀峰翠巘，多靈草仙藥。黄龍古屬武昌，今隸豫章。《吴志》：『黄武八年，黄龍見於武昌。』《耆老傳》云：『此山之頂有湫池，中有黄魚二，能致風雨，歲旱禱之無爽。』院自唐乾甯中晦機禪師得法於元泉彦，常游岳麓，會神僧，謂曰：『此去東北行，遇洪即止，逢龍可住。』至是因老父遥指高峰名黄龍山，上有雙峰，庵主曰馬和尚。師往謁之，歡若夙契，以庵付師而去。久之，禪侣雲集，宗風大振。天福三年，吴將吕舟嚮師道化，捨俸建寺置田，今小洞莊是也。寺凡三遷，名永安寺。天祐，鄂帥温公表師道於朝，號超慧大師。自超慧三世，五代之亂，遂湮廢爲民居。本朝祥符八年，加賜額『崇恩禪院』。治平中，光禄程公孟爲洪州太守，是時叢林有慧南者，傳石霜之印，行臨濟之令，三關陷虎，坐斷十方。程公以黄龍名刹，敦請居之，於是黄龍宗派被天下。南殁後，祖心嗣之。心退居晦堂，更三代住持，殆名具而實亡。紹聖四年，江西大饑，朝廷遣予守洪，聞肅師者，南之高弟，住百丈山，恢復大智規模。會黄龍主僧求去，予謂繼南者非肅不可，乃持疏山中，檄遣縣令佐敦請，師三辭不聽，不得已而至院。乃召知事僧崇佑計曰：『堂宇圮墮，佛事不嚴若是，豈洪守所以屬予之意哉？』即建佛牙大閣、東西方丈、堂庫厨寮、石橋水亭二百間有奇。曾未二歲，而視前是基構，同於積蘇累塊。廣漢沙門允平曰：『初開此山，清河張氏超慧也；再興吴院者〔一〕，清河張公也。以法考之，豈非願力、時節而外護，以濟吾事邪？』遣同參自光子曰：『持是説求張公記其本末，此非小因小緣。』自光持其説至京，予聞而笑曰：『拙哉允平！以超慧爲前清河，予爲後清河邪？自其虚幻而觀之，則有前分後分；自有真實而見之，則無二清河。』超慧開其始，予救其繼，肅成其終，其眩於名實者，奚足以知之？乃述以系之詞曰：

我行雙井，至於查田。升太平之嶺，望黄龍之巔。如西出鹿頭，而下窺蜀川。聚落烟雲之滅没，原隰綺綉之連綿。桑陰陰而被野，石鑿鑿而鳴泉。鐘磬螺魚之聲，或出乎杳靄之間。真所謂化人之國，睹中夜摩天。此方此山，靈水异趣，必得高人之提唱祖意。元肅禪師，慧南法子。非色非空，亦事亦理。隱於大雄，虎踞不起。孰能起之？無盡居士。住山二十年，革陋興圮。於肅之道，乃其糠粃。黄魚在湫，風雨來游。見而不測，胡迹之求！光緒《江西通志》卷一二一，光緒七年刻本。又見乾隆《南昌府志》卷二四，同治《義寧州志》卷三一，《宋代蜀文輯存》卷一三。

〔一〕吴：疑當作『吾』。

潞州紫岩禪院千手千眼大悲殿記〔一〕

智無自性而能分別，有分別然後有痴愛，有痴愛然後有執取，有執取然後有生死苦樂。苦至於極，樂不可得，智者悟苦諦之本空，復而歸於無苦。樂至於窮，衆苦隨之，智者觀樂性之自離，復而歸於無樂。苦樂執盡，則真智現前；真智現前，則十方平等，皆吾之智體也；三界蕩然，皆吾之智境也。諸佛諸大菩薩證此之智，出世間矣，而不斷世間之法；非衆生矣，而不壞衆生之象。所以者何？吾之大智無作，而不以大悲運用，入鄽利物，則六趣起没，誰拯誰拔？且也滯寂沉空，欣真厭妄，爲聲聞，爲緣覺，爲浄土菩薩而已耳。是故觀世音大士於過去無量億劫，千光王静住如來所聞，持廣大圓滿無礙大悲心，陀羅尼生大精進，即發誓言：『我若當來，堪作利益，願我此身生千手眼。』發是願已，其身即生千手千眼具足。從是已後，所生之身不受胎，藏於金光師子，游戲佛土，蓮花化生。問彼佛言：『諸供養中，何者最勝？』佛言：『以慈心回向菩提，是爲最勝。』於是發大誓願，當於萬億劫大悲渡衆生。復次於觀世音佛所得耳門圓照三昧，六根玄用法門。彼佛授記觀世音號，故能現八萬四千母陀羅臂，清静寶眼，此大悲之因也。唐初，天竺婆羅門僧持細氎圖，繪千手千眼像，及千手千眼陀羅尼梵本來，又北天竺婆羅門蘇伽陀傳壇場印咒之法，自是中國始有千手千眼大悲像。其説大抵以大悲爲觀世之變，而降伏魔怨之迹。或以印咒而入寂滅定，或以印咒而得解脱神通，或以印咒而見百千浄妙刹土，或以印咒而呼召龍鬼，或以印咒而袪除疾癘，或於壇場中現阿難身而説法。商英三復其書而疑之，殆樂著小法者流通之舛也。何以明之？華德藏菩薩問釋伽佛曰：『觀世音云何得如幻三昧，以善方便，隨衆形類所成善根而爲説法？』佛言：『菩薩成就一法，謂無止，不依三界，不依外，不依内。於無所依，得正觀察，正觀察已，即得正盡。』由此言之，則壇場印咒，尚何依乎？菩薩以愛語同事利生，三十二應隨類現形，則千手千眼亦何施乎？然則千手千眼者，無千之千，而非一十百千之千也。千手者，示引迷接物之多也；千眼者，示放光照暗之廣也；八萬四千者，衆生塵勞也。衆生塵勞無盡，菩薩慈悲亦無盡。一一塵勞，具一一寶手、華手、香手、普手、無量手，乃至八萬四千手；一一塵勞，具一一智眼、法眼、慧眼、天眼、最勝眼，乃至八萬四千眼。苟無衆，無生塵勞，則一指不存，而况千萬臂乎？一瞬不具，而况千萬目乎？夫智者菩薩之所獨，悲者菩薩之所共。獨而不共，或障則浄；共而不獨，或障則染。故善財問菩薩道於善知識，往見觀世音於金剛山之西阿，而東方正趣菩薩自空中來，與觀世音同會。西方陰慘而爲悲，東方陽舒而爲智，智悲會融，則佛之體用全矣。此觀世音之所以爲大悲也。而索之於殊形异像，千變萬化，何其詭哉！或曰：『現未曾有身，以折伏九十五種外道，則維摩詰以一手接妙喜世界，毗耶會中，豈亦有外道乎？會上黨紫巖寺大悲像殊特端妙，礱巨石以待記者四十年矣。』主僧聞商英之判大悲也，合掌贊曰：『善哉，真得佛意！謁官之文，以破俗疑。』

乃辨其宗，著之於篇。《山右石刻叢編》卷一五。又見民國《襄垣縣志》卷七，《宋代蜀文輯存》卷一三。

〔一〕題後原署：『朝奉郎、權發遣河東路提點刑獄公事、輕車都尉、借紫張商英撰。朝議大夫、直龍圖閣、權河東路計度都轉運使兼勸農使、上護軍、賜紫金魚袋范子奇書。』

雲居山真如禪院三塔銘 并序 元祐五年

地理家者流，其學以八卦爲山，以十干、十二支爲卦。向以五行生王囚廢刑衝爲吉凶，將以九宫加臨爲禍福。雖其事誕漫渺茫不可知，而已然之驗，般般見於管輅、郭璞〔二〕、吕才之書，故世之厚終慎葬者，心擇奇岡美地。山之秀有二，水之秀有三，龍之勢三十有六，非惟欲以妥人鬼、寧魂識，又將以施之子孫，慶之久遠，而徼福于此。中國之教，夫夫、婦婦、父父、子子，正家而天下定，是以養生有禮，送死有制。仲尼曰『卜其宅兆而安厝之』，孟子曰『送死足以爲大事』。彼瞿曇氏以天地爲幻覆載，以山河爲幻融結，以孛象爲幻臨照，以萬物爲幻生死，以六凡四聖爲幻出入，故不妻則夫道絶矣，不夫則婦道絶矣。莫愛於妻，莫天於夫，莫怙於父，莫親於子，一歸於幻而絶之。如火，恐其焚於己也；如水，恐其溺於己也；如風，恐其飄於己也；如刀劍，恐其害於己也；如怨賊，恐其仇於己也；如網罟，恐其羅於己也；如銜勒，恐其制於己也；如塗泥，恐其污於己也。瞿曇氏之教，其於身如此其薄，其於死生如此其輕，而尚何求於墟墓之間哉？後世或失其意，刳山鑱石，爲塔爲宇，高華侈靡，前後相夸，情存勝劣，事同流俗。其人與骨，無足稱道，而隳□异境，變爲鬼穴。於是南康軍雲居山有洪覺膺禪師之塔。膺在唐末爲大善知識，死而塔之宜矣。歲月深久，頹弊摧缺，風雨隳其户，榛莽蔽其徑。宋元祐五年，祐公住山，詣塔瞻禮，慨然嘆曰：『洪覺且爾，况泯泯之流乎？由洪覺以來二十七世，而山中以十數計，祐不以身先之，來者殆無葬所矣。林洋曰：「明年二月二，與汝暫相弃。灰散四山頭，莫占檀那地。」泰布衲曰：「不用剃頭，不用澡浴。猛火一堆，千足萬足。」未聞人人而侈其塔也。』乃於洪覺塔之左右建二塔而主之，左曰住持之塔，右曰海會之塔，爲之堂廡十有六間，凡死者火而歸之。祐之言曰：『祐區區於此三十一年矣，今乃率其私意，行之山中。力薄德鮮，恐不足以表唱諸方，敢借重於公，推而放之，作大利益。』予曰：『生，幻也，死，幻也，塔，亦幻也。以幻葬幻，則子之二塔有餘矣。雖然，吾將爲子訂之，庶幾不壞世間相，不滅一切法，有以示莊嚴，有以起大信。凡坐脱立亡不亂、與闍維而兩舍利、若諸根不壞者，得立塔如洪覺故事。勿已，則從子之規，不迹通乎？』祐良久曰：『大難大難，請公之文，姑志之。』乃序而銘曰：

雲居蒼蒼，無鑿我岡。腐胔朽骼，匪我岡是宅。萬行淳深，骨如玉如金。天上人間，盍不汝欽。《聖宋文海》卷八。又見《宋代蜀文輯存》卷一四。

〔一〕郭璞：原作『郭樸』，據《晉書·郭璞傳》改。

荆門玉泉皓長老塔銘　紹聖二年〔一〕

師姓王，眉州丹棱縣圻頭鎮人。天聖元年，依大力院出家，法名承皓。明道二年普度爲僧，景祐元年受戒，慶曆二年游方，至復州見北塔思席禪師，發明心要，得游戲如風大自在三昧。製赤犢鼻，書歷代祖師名而服之曰：『惟有文殊、普賢，猶較此子。』且書於帶上。自是諸方以皓布褌呼之。惠南居黄龍，設三關語以接物，罕有契其機者。師教一僧往，南曰：『我手何似佛手？』答曰：『不相似。』南曰：『我脚何似驢脚？』答曰：『不較多。』南笑曰：『此非汝語。誰教汝來？』僧以實告，南曰：『我從來疑這漢。』熙寧間至襄陽，爲谷隱首座。有蜀僧依止師席，師憐其年少有志，稍誘掖之。僧亦效師，製犢鼻，浣而曝之，師見之曰：『我褌何故在此？』僧曰：『某甲褌也。』師曰：『具何道理敢爾？』僧禮拜曰：『每蒙許與，切所欣慕。』師曰：『此豈戲論，與汝半年，當吐血死。』後半年，其僧嘔血死於鹿門山，聞者异之。元豐二年四月，予奉使京西南路，聞師之名，致而見之，問師法嗣何人？師曰：『北塔。』問北塔有何言句？師曰：『爲伊不肯與人説。』遂請師住郢州大陽。谷隱大喜曰：『我山中首座出世。』盛集緇素，請師升座，以爲歆艷。師曰：『承皓住谷隱十年，不曾飲谷隱一滴水，嚼谷隱一粒米，汝若不會，來大陽，與汝説。』携拄杖下座，不顧而去。居數月，知荆南李公審言、轉運使孫公景修，同請住當陽玉泉景德禪院。師機鋒孤峭，學者不能湊泊。人闕首座維那曰：『某人某人曾於某處立僧，爲禪衆所歸，宜依諸方例請充。』師叱曰：『杜杜！』又曰：『孟八郎，孟八郎！』一日，師從厨前過，見造晚麵，問曰：『有客過耶？』對曰：『衆僧造藥石。』師呼知事稱之曰：『吾昔參禪，爲人汲水舂米。今見成米麵蒸炊造作，與供諸佛菩薩羅漢無异，飽吃了并不留心參學，百般想念五味馨香。假作驢腸膳生羊骨鱉臛，餵飼八萬四千户蟲，開眼隨境攝，合眼隨夢轉，不知主禄判官掠剩大王。隨從汝抄札消鑿禄料簿，教汝受苦有日在。』於是徒衆不堪寂寥，譖之於縣令曰：『長老不能安衆，惟上來下去點檢寒碎。』縣令召師至縣，責之曰：『大善知識不在方丈内端坐，兩廊下山門來去得許多？』師曰：『大通智勝佛，十劫坐道場。佛法不現前，不得成佛道。長官以坐是佛耶？坐殺佛去也！』長官茫然，益敬禮之。狗子在室中，僧入請益，師叱一聲，狗出去，師云：『狗子却會，汝却不會？』玉泉冬市，四遠雲集，師於廊下畫一圓相，顧視大衆曰：『賤賣賤賣！』良久畫破曰：『自家買！自家買！』冬至，上堂曰：『晷運推移，布褌共赤，莫笑不洗，無來换替。』王大觀知荆南〔二〕，問：『如何是佛？』『截斷脚跟。』又問：『如何是法？』師曰：『掀了腦蓋。』師有頂相，自贊曰：『粥稀後坐，床窄先卧。耳聵愛聲高，眼昏宜字大。』其應機答話，隱顯不測，大致若此。玉泉寺宇廣大弊漏，前後主者以營葺爲艱，師曰：『吾與山有緣，與僧無緣，修今世寺，待後世僧耳。』悉壞法堂、方丈、寢堂、鐘樓、慈氏閣、關廟而鼎新之，皆求予記其本末。師住山，無筆硯文字，箱篋無兼衣囊錢。元祐六年遣人至江西，口白曰：『老病且死，得百丈肅爲代可矣。』余以喻肅，肅不顧往〔三〕。十二月二十八日示寂。臨行，門人迫以作頌，師笑曰：『吾年八十一，病死舁尸出，兒郎齊著力，一年三百六十日。』師滅時地三震。會余移漕淮西，召還諫省，謫官金陵，不復詳師後事。今年十月被恩知洪州，途次太平，有德鴻者來謁，泣言：『師之死，鴻適歸閩中。自閩聞訃，奔詣玉泉，師已葬于斗山下。鴻營塔于始就緒，念先師神交道契，莫如公者，故間關數千里，詣公求文，銘師之塔。』予哀鴻不忘其師，乃追掇緒餘而銘之曰〔四〕。

《佛祖歷代通載》卷一九，日本大正新修大藏經本。

〔一〕原不著年代。按文中云『今年十月被恩知洪州』，考商英被命知洪州在紹聖二年十月（見吴廷燮《北宋經撫年表》卷四），則此塔銘乃是年冬所撰也。

〔二〕王：原作『正』，按原校引縮册大藏經本作『王』，當是，今據改。

〔三〕顧：疑當作『願』。

〔四〕此句下原注：『文多不録。』

曾旼

曾旼，字彦和，漳州龍溪（今福建漳州）人。熙寧六年舉進士。元豐中，監潤州倉曹。元祐中，爲福建路計度轉運副使。元符中，歷左司員外郎、太常少卿。著有《書解》，朱熹、吕祖謙等皆取之；又撰《永陽郡縣圖志》，纂《刑名斷例》《潤州類集》。見《宋詩紀事》卷二五，《宋元學案補遺別附》卷二，《宋會要輯稿》禮一四之五九、二八之六四，《宋史·藝文志》一、三、八。

顯親慶遠院記　元豐元年五月

餘杭郡南走四十里，有山曰雲泉，其寺曰恩德。考之於傳，則是山者，晋葛稚川之舊居也；考之於詩，則是寺者，唐白杭州之舊游也。稚川翁弃塵俗如弊屣，而與仙聖儷游；杭州君以文章有時名，而以俗人自愧。則是山之所以爲開山者，二子發之也。元豐建元之仲夏，予與昭武虞君用晦、暨陽劉君季樸，自郡聯鑣來訪是山。依半墜之朽崖以行，盤垂圮之峻嶺而下，蹈落潮之沙，涉溢澗之水，步枯彴，憩荒館，凡經日而後至焉，則其來之勤也可知已。及瞻其山，則雖蒼翠孱顔，然無與他山异也；行其寺，則雖棟宇輪奂，然亦與他寺等也。而山有二穴焉：一破山骨，面天如突，習習清風，孰嘘而出。一在山麓，下芘如屋，泠泠清泉，源源相續。則是山之勝，在此二穴而已。方是時也，火雲流空，炎輝方酷，居以煩愠，行以暍毒。而予三人方披襟乎風岩，頮面乎水谷，側耳以聆風之清聲，拭鼻以納風之芳馥，玩水之清淺而濯纓，激水之潺湲而置足，蓋不知夫天地之有時燠也。東南營營，杭爲大城，水陸所會，舟縱車横。陌中之塵，常鼓而不盡；渠中之流，無時而暫清。而是山也，盤石不動，群峰無聲，松竹轉白日之清陰，禽鳥依茂林而和鳴，音迹既遠，恬無所驚，蓋不知夫城市之有紛争也。而今日之客，仕隱相半，仕者畏簡書，居者顧舍館。於是乎喟然相與而嘆，則惜其去之之遠，而不但忘其來之之勤。乃相謂曰：『是山之勝，如前所言，游者之適也。然以久生爲羨者，知有稚川翁之利而已；以愛間爲高者，知有杭州君之名而已。其游皆未免乎適人之適者多矣。寥寥幾年之間，其趣與予三人者合，有不知其幾何人也？則予之三人者，雖須臾之適，而其歲月可以無記乎？』乃起而屬筆於予，又曰：『向之所謂不知夫天地之時燠者，是山所獨也；所謂不知夫城市之有紛争，則凡山之所同，而是山亦與有焉耳。今日之來，其趣盡於此歟？又不然。先民以爲，觀水有術，則是風岩水俗，獨無觀乎？夫積不勝以爲大勝者，風也；以天下之至柔，馳騁天下之至堅者，水也。故是風是水之所當出，雖山之堅，石之頑，其能禦哉？今日之觀，仕者體此以御時之消息，居者體此而循理以出處，豈特適視聽身意於須臾而已哉！則經日之來，鞭轡之困，亦又以爲無負矣。』乃握筆而記之。時歲在著雍敦牂，月在厲皋，日在庚子，龍溪曾旼彦和記。《淳祐臨安志輯逸》卷五，武林掌故叢編本。

惠嚴禪院法堂記　元豐二年

昆山縣治之東，有禪院曰惠嚴。始，唐末嗣禪師以佛學名一時，故鎮遏使劉璠爲建院以處之。嗣師既去，其徒以世及續居者百五十餘年，屋老而敝，徒不能葺。熙寧四年，主僧惟己請如嗣師故事，復以院，待學衆之來游。縣以聞州，命選于衆，乃得惠元禪師，畀以住持。于是四方之士不期而自集，一境之民不言而心化。因相與視其屋，則又皆曰：『此豈人法之所宜者？』遂謀新之。鄉人聞命，欒輸以助。先爲法堂、寢室，凡二十楹。始事于元豐元年之秋，來歲仲夏二日畢工。師曰：『不與俗交，非興化爲人也，則記其事，以慰作者之勤，其得已乎？而法堂、寢室，豈特以休耆壽者之身，佛之法傳乎其中矣，非知吾法者不能爲也。』以書屬余，曰：『幸爲記之。』予聞釋氏之書曰：所言法者，謂衆生心是，則攝一切法。釋氏之言心法如此，則吾先聖人所謂天下之至神者是也。夫心之爲物，微妙寂通，故用之彌滿六虛，廢之莫知其所，不古不今，神而無方。信乎廣大高明，超于名迹，豈言與書之所能盡哉？是以學者欲其深造于道而自得之也。當梁之世，釋氏之教最爲盛時，然學其法者亦泥于言，學其書者亦忘其真。天竺之師達摩，始自其國來。其曉人也，直示道心，使之研幾見獨，盡豁幽滯，則廣大高明，皆我固有。豈如老身窮年，敝精神于名迹而已者乎！于斯時也，道之不明久矣，聞其風悦之者六通四闢，如醯鷄之發其覆，而見天地之大全。雖中國之士大夫，欲息於道者，亦從之游。故傳其法者，所居而衆至，所教而誠服。待人之餉而後食，待人之衣而後衣。或泛求於人，而人亦不以爲厭也。其居之至，則崇棟廣宇，極於壯麗，敝則衆相與新之，而人亦不以爲侈也。蓋聞其道而心化者，皆將虚己以游於世，則其驕吝之意消，而能尊道輕財，固不足言也。惟此堂室，師之居此，湛兮淵静，廓然朝徹。資道之侶，還至而時集，顯問於堂，密叩於室。宜其迷者自覺，疑者自信，神悟心照，不知其然。堂室雖無與于人法，亦人法之所依也，則作而新之者，其澤豈易竭哉！時元豐二年八月初一日，常州團練推官、將仕郎、試秘書省校書郎、前充曾州州學教授曾旼撰。《吴都文粹》卷九。又見《吴郡志》卷三五，《吴都法乘》卷一〇，道光《蘇州府志》卷四三，道光《昆新兩縣續修合志》卷一〇，《昆山縣志》卷一〇。

天峰院記　元豐六年

閶閭城西二十餘里，山之巔有禪院，祥符詔書賜名天峰。考於圖記，所謂報恩山南峰院者是也。記言：晋僧支道林因石室林泉置報恩院，唐之大中改爲支山禪院，晋之天福改南峰額。予先世松櫝在羊腸山之朝陽，歲時展省，屢過天峰，嘗訪遺詩舊刻，求其地之所在以參驗之。而唐人劉長卿游支硎山寺，皮日休、陸龜蒙宿報恩寺水閣，題支山、南峰，皆爲賦詩。寶曆以後，州刺史白居易、劉禹錫，亦有報恩寺詩。按長卿至德中嘗爲監察御史；日休、龜蒙，松陵唱和，出咸通年。又言南峰院額，故相國裴休所書也。休乃大中宰相，於是一時而報恩、支山、南峰三名并存，則知《記》所載大中、天福更名者誤也。今山下楞伽院有石刻，言院即報恩遺址。原田中有報恩惠敏律師塔碑，言建塔於寺之西南隅，當八隅泉池之上，中峰蘭若之下。碑望楞伽，正在東北，而《記》所謂石室者，亦在楞伽，人猶謂之支遁庵。自庵前西向登山，可數百步，林中一徑，入中峰院。自徑前南行，其登彌高，又數百步，乃至天峰北僧院。其依一山，而道周有石，盤薄平廣，泉流其上，清泚可愛。居易詩云：『净石堪敷坐，清泉可濯巾。』其謂是也。昔莊周言，庖丁之刀，十九年若新發於硎。陸德明釋硎，磨石也。余謂此石，其平如砥，支硎之名，宜取諸此。而石文又有如蹄涔者，人謂之馬迹石。故禹錫詩云：『石文留馬迹，峰勢聳牛頭。』日休、龜蒙與穰嵩起南池聯句，亦曰：『翠出牛脰聳，苔深馬迹訛。』又曰：『支硎辟亦過〔一〕。』牛頭峰今在天峰之南。此其可考者。禹錫詩又有『泉眼潜通海』之語〔二〕。與夫松陵詩所言承閣南池，惠敏碑所言八隅泉池，皆已湮没，失其故處，而裴公書額，亦不復見矣。若山下石室，山半石門，天峰之傍，有待月嶺，下有碧琳泉，又有放鶴亭，其址猶在。而劉、白、皮、陸之所賦咏，皆不及之。此又不可考者也。昔逸少既謝會稽，安石猶卧東山，遁乃與之從游，自放虚寂之境，而有登臨之適，故時人以爲高逸。遁之所游多矣，維吴之報恩、越之沃洲最著。沃洲有養馬坡、放鶴峰，故此山亦有馬迹石、放鶴亭。傳言遁常畜馬縱鶴，其説皆有理趣，非窘拘於浮屠法者也。遁之没已七百餘年，而事之傳於名迹者猶不泯，其爲世所慕如此。近歲僧德興者，始傳禪法於天峰，繼住持者十來人矣〔三〕。德興之始來，茅屋土階，僅禦風雨，後有文啓、慧汀、贊元、維廣者，大增葺之。基土架木〔四〕，上瓦下甓，堂殿庖庫，廊廡寮閣，門庭甽街，次第完潔。東有浴室，西有憩庵，佛貌經藏，無不嚴具。以其治之非一人，積之非一日，而能終始如一，故賴以成就。其財貲則取之州人，非一家也。予嘗以職事，獲閲書於太史氏，因見景德四年有建言者，曰：『民侫佛費財，宜加禁止。』上曰：『佛教本乎修心，至於禪學，爲益滋大。』於是言者不行。蓋先王以道治天下，使人心化而不自知。故其盛時，賚獨而無思犯禮者，非必士民也。釋氏心法之妙，殆不失先王道化之意，乃知前聖後聖，其揆一也，豈虚言哉！斌公長老夙受法於明因禪師〔五〕，又深通順觀肇論之旨，心地乃達，無所底滯，予之道友也。一日，謂予曰：『天峰自德興新之，且及百年，願有所記〔六〕。』予謂沃洲，居易爲之記矣，而報恩寂寥，未有記者，因爲考論本末，書以畀之。元豐六年，龍溪曾旼記，吴郡朱長文書〔七〕。《吴都文粹》卷八。又見《吴都法乘》卷一〇，《吴郡志》卷三二，正德《姑蘇志》卷二九，道光《蘇州府志》卷四一。

〔一〕支硎：原作『文硎』，據《吴郡志》《姑蘇志》及上文改。

〔二〕『詩』下原有『云』字，當是衍文，今删。《姑蘇志》無『云又』二字。

〔三〕繼：原作『維』，據《吴郡志》《姑蘇志》改。

〔四〕木：原作『土』，據右引改。

〔五〕斌公：右引作『贇公』。

〔六〕記：原作『請』，據右引改。

〔七〕『元豐』以下十五字原無，據《吴都法乘》補。

宋杭州南山慧因教院晋水法師碑〔一〕 元祐三年閏十二月

元祐三年冬十有一月庚午，中興賢首祖教晋水大法師，示寂于杭州南山之慧因院。即是年閏月丙午荼毗，以舍利建塔于院之西北維，遵本教故也。門人神鑒大師希仲等，永慕盛德，追紀行實，將刻之石，以信後世。謂予嘗從法師游，因以爲請。予爲之考於釋氏之學。昔者雙林既滅，正法亦謝，一時末學，淪於邪小。故西竺馬鳴大士應期而生，閔彼世迷，示之道要，爲造宗論，明一切法，皆自一心。探其本，則發一心二門之義；窮其末，則盡三細六粗之相。業之聖凡染净，教之權實半滿，囊括而無所移，區别而不可亂。故能會修多羅之旨，起摩訶衍之信，可謂有生之心鏡，釋門之義天者也。譯傳中國，賢首師聞其風而悦之。雖然，造論之緣，爲化邪小，故一真之旨雖具，而十玄之義猶秘，隨機示化，廣略當然也。逮夫根行淳淑，道妙乃發，則有帝心大士，探《雜華》之賾，集三重之觀，而後心源究竟，論旨益著。蓋論發其蕴，觀則成之，异時殊方，聖揆則一也。而賢首之教，約法義五重，則教類分齊之所由辨也；窮法界三重，則心體相用之所自顯也。所謂集大成者歟！是以通玄歷疏十師，而獨贊其妙；清凉遠在异世，而追踵其武。圓融其德，於斯爲盛。自唐之季，道運亦否，學於此宗者，或得少分，莫究大全。法統散離，二百年矣，道之將興，必有所啓，惟法師以高明之才、精微之學，興於既墜，合於已裂，以爲己任，殁而後已。自非夙受記屬，蓋於此不能與也。嗟乎！化緣遽畢，法炬遂隱，性海浩渺，孰爲導師？此予之所以不得無述也。法師名净源，字伯長，自號潜叟，本泉州晋江楊氏，故學人以晋水稱之。家世簪紳，幼傳儒術，夙秉慧性，所學必達。既冠，肄業之暇，閑游禪林，因聞海印師一言，頓悟心地，志操勇决，遂辭親出家。先是，法師母馮氏，嘗夢梵僧宴坐其前，异光滿室，因而有娠，即屏葷素茹。彌月之夕，復夢神人曰：『是子非常，當爲法器』，以是莫逆其志。年二十三，依東京報慈寺海達大師，以泛恩得度。明年，受具足戒〔二〕。自是朝夕佛事，無復异念，負笈求法，百舍重趼。初受《華嚴》經觀於華藏大師承遷，次受李通玄《華嚴論》於横海明覃。自北還南，時長水大師子璇造《首楞疏》，道行浙江，縉雲仲希親禀其義。二師亦以《圓覺》《起信》等諸經論，爲人演説。法師遍參兼聽，本末全盡。復傳還源觀於昆山清本，肇公《四絶論》於中吴秘思。所詣講席，聞一知十，得意象外，游刃無間。舊德嘆仰曰：『此教海義龍也。』圓融一宗，經觀論章，與其疏記抄解，凡數百萬言。名義既多，科條亦博，有終身不能卒業者，故近世總持者罕能該遍，講《雜華》者則曰清涼教，講《圓覺》者則曰圭峰教。宗途離析，未有統紀。法師於是推原其本，則教宗雖始於賢首，法義實出於《起信》。乃以馬鳴大士爲始祖，龍樹、帝心、雲華、賢首、清涼、圭峰，以次列之。七祖既立，由是賢首宗裔，皆出一本。又離合五教以數十，皆清涼、圭峰之遺意，其發明之，則自法師始焉。道業既就，還鄉省親，泉人因請住州之清涼縣〔三〕。復出游吴，蘇州請住報忠寺之觀音院。故翰林學士沈公守杭州，又於大中祥符寺置賢首教院以延之。其後復住青墪之密印寺寶閣院，華亭之普昭寺善住閣院，皆秀州請也。所莅道場，檀供遝至。給衆之外，悉以印造教藏，所以廣法財之施也。身衣布褐，自奉甚約。或俗爲致賜衣名號者，皆却而不受。曰：『吾豈爲世間名利恭敬者哉！』《華嚴》證聖、貞元兩疏，初與本經别行，艱於閲讀，法師因準外典傳注之比〔四〕，合以爲一。疏文浩博，先後交互，非深其旨，未易科解。經疏傳合，學者便之。嘗謂懺悔發願，佛事之始也，故製《華嚴》《首楞》《圓覺》三懺摩法，以嚴修證；謂思親隆師，人倫之本也，故製盂蘭盆、賢首諱日二禮贊文，以嚴報事。《華嚴》善財所參大善知識凡五十四，《首楞》文殊所列圓通大士凡二十五，皆依經顯相，施於繪事。歲首陳供，法儀甚盛，闔境贊慕，常千餘人，化惡起善，教利尤博。諸祖之教既已流行，法師又謂《妙法蓮花經》，天台、慈恩各有疏解，性相二宗，惟吾賢首則能融通爲一。於是摭而會之，益之新意，作《集義通要》十四卷。其篹他經也，則有《仁王護國般若經疏鈔》。其扶律宗也，則有《遺教經疏節要》洎《廣宣記》。其恢祖訓也，法界觀則有《助修記》，還源觀則有《補解》，《金師子章》則有《雲間類解》，《原人論》則有《發微録》，《肇論》則有《中吴集解》。及今模抄，皆其手述也。餘如《百門義海》《一乘分齊》《禪源詮序》等，皆與之定科刊誤。門人受之，通教意者授疏轉講，故學者益勸。凡門庭規範，多所建立。教行中夏，聲被异域。高麗國王遥申禮敬，元豐中寓舶人致書，以黄金蓮華手爐爲供。明州以聞，神宗皇帝恩旨，特聽領納。彼國王子義天，出家號佑世僧統，以書致師承之禮，禀問法義，歲時不絶。至元祐初，義天航海而至，因有司自陳，願禮法師，親近承聽。朝廷從之，遣尚書郎楊杰將會引伴至法師所禮足席下，坐則侍側，不敢拘禮。朝聽夕請，歲餘而後歸。雲華所造《華嚴搜玄記》《孔目章》《無性攝論疏》《起信論義記》，賢首所造《華嚴探玄記》《起信別記》《法界無差別論疏》《十二門論疏》《三寶諸章門》，清涼所造《貞元新譯華嚴經疏》，圭峰所造《華嚴綸貫》，皆教宗玄要。五代兵火，久已亡絶。至是，義天持至座下，咨决所疑。既佚之典，復行於世，法師之力也。法師立性方嚴，有質問者，苟所不合，則必直之，雖遇貴勢，不少屈也。嘗曰：『直心不諂，趣道之本。』未聞以法徇乎人者也，故名震他方，而當世士大夫罕能知之。惟今鎮南司徒吕公，與之爲方外之契。及義天之來，故尚書左丞蒲公鎮杭，乃始識之。嘆其苦志佛學，行解高妙，奏改慧因禪院爲教院，請師居之；造祖師像，及繪聖賢相，并供具用器等，皆蒲公與在位者同力辦之。教藏諸部凡六百函，則義天所置也。義天既還，復以金書大經三譯本凡一百七十卷，象籤金軸，包匭嚴飾，歸之法師，以祝聖壽。議者謂賢首之教，自圭峰既殁，未有如兹日之盛者也。法師享年七十八，爲僧五十四夏。前大期一日，命知浴僧子常曰：『翌日爲吾設衆浴。』是夕，俗徒浴罷〔五〕，乃剃髮澡身，更净衣，結跏趺坐堂上，召門弟子悉集，曰：『吾五十餘年，力興祖教，願心既滿，今兹逝矣。祖師止觀，行境玄妙，宜各精進，同趣華藏。』言訖奄然，如入深定者，坐逾浹日，顔色不動。公卿士庶瞻禮悲慕，往來如市。荼毗之日，有光如金綫出火中，盤結虚空。舍利無算，士庶求之，鑿其地成坎，繼日猶有獲者。明年十一月，義天遣其徒賜紫壽介等三人，賫持首楞圓通繪像，詣塔薦奠。杭州以其事奏。至次年正月，朝旨聽許修建，仍以金塔請法師舍利以歸其國。法師所度弟子，曰廣潤大師曇真；曇真所度，曰晋侁、晋倫、晋仙、晋仁、晋儀、晋偕、晋儒、晋佺、晋修，凡十人。學徒傳講四方，累百餘衆。甘露正味，乳乳成就，神鑒大師，實爲上首。熙寧末，予間居吴中，始深求《易》，窮理盡性，以至於命之説。念古人之大體，散於百氏，更千餘年矣。道無不在，則釋氏之門，有所謂因者，不得而廢也。始得《起信論》讀之，考其説，則曰：『所言法者，謂衆生心，是心則攝一切法。』又曰：『依一心法，有二種門。一者心真如門，二者生滅門。』乃知天下之無二道也，信矣。蓋『人心惟危，道心惟微，唯精唯一，允執厥中』，堯以授舜，舜以授禹者也。『操則存，舍則亡，出入無時，莫知其鄉，惟心之謂與』，孟子受之子思，子思受之曾子，曾子受之孔子者也。心真如，舜之所謂『微』，孔氏之所謂『出入無時，莫知其鄉』者是也。心生滅，舜之所謂『危』，孔氏之所謂『操則存，舍則亡』者是也。《華嚴》四種法界，統惟一真。則老聃氏之所謂『常無欲以觀其妙』者，理，法界也；『常有欲以觀其竅』者，事法界也；『兩者同出而异名，同謂之玄』者，理事無礙法界也；『玄之又玄，衆妙之門』，則事事無礙法界者也，佛氏之與中國聖人，其异者，特在名迹之間耳，至其所同，則若合符節焉，予既得其説矣。是時法師方以《華嚴》《起信》之義爲大宗師，乃從之游，以道相友，於釋氏之學，啓發爲多。故因神鑒之請，叙其本末，而係之以銘，其辭曰：

道在天下，其體不二。本源於心，萬法一致。聖人之興，殊世异地。揆其所同，吻合無際。惟佛《華嚴》，法界有四。統惟一真，超諸義諦。良哉馬鳴，融以法義。真如生滅，未始相離。本末五重，方便顯示。譯傳中夏，康藏命世。終南元孫，雲華適嗣。十玄交參，五教分齊。和會論觀，通爲一味。半千相望，孰爲義繼？晋水之生，體具正智。神啓其衆，見謂法器。出家從釋，終達其志。頗黎梵境，總攝一切。帝網玄珠，迥絶擬議。法師慧目，獨與之契。行境現前，發於文字。筆舌之端，莊嚴佛事。祖道中興，教風遠暨。世緣有終，與化俱逝。三昧光中，金毫顯瑞。异邦浮海，來分舍利。我觀法師，因圓德備。當知夙身，嘗受密記。運兹寶乘，拯彼生類。勒文豐碑，以告後裔。

鎮南軍節度、洪州管内觀察處置等使、檢校司徒、持節都督洪州諸軍事、洪州刺史、知杭州軍州事兼管内勸農使、充兩浙西路兵馬鈐轄、兼提舉本路兵馬巡檢公事、柱國、東平郡開國公、食邑三千四百户、食實千五百户吕惠卿立。《慧因寺志》卷八，武林掌故叢編本。

〔一〕題下原署：『朝散郎、權發遣福建路計度轉運副使公事兼勸農使、飛騎尉、借紫曾旼撰。朝奉郎、新差權知楚州軍州兼管内勸農事、飛騎尉、借紫吕康卿書并題額。』

〔二〕具：原作『其』。按『具足戒』，佛教術語，爲比丘、比丘尼當受之戒，『其』字誤，今改。

〔三〕縣：疑當作『寺』。

〔四〕『典』原作『與』，『比』原作『此』，據文意改。『外典』謂儒家經典。

〔五〕俗徒：疑有誤。

徐禧

徐禧（一〇四三——一〇八二），字德占，洪州分寧（今江西修水）人。熙寧初行新法，以布衣獻《治策》二十四篇，神宗器之，即授鎮安軍節度推官、中書户房習學公事。熙寧八年，擢太子中允、館閣校勘、監察御史裏行。治趙世居獄，進集賢校理、檢正中書禮房公事、提舉絳、隰州義勇保甲。九年，出爲荆湖北路轉運副使。十年，令提舉兩浙路常平等事。元豐元年，召知諫院，兼管勾國子監。二年，加直龍圖閣，除右正言，知渭州，以母憂不行。服除，召試知制誥兼御史中丞。官制行，罷知制誥，專爲中丞。五年，以言鄧綰事左遷給事中。受詔往城永樂，种諤力阻不聽。九月城陷，死之，年四十。詔贈金紫光禄大夫兼吏部尚書，賜謚忠愍。《宋史》卷三三四有傳。

洪州安龍山兜率禪院記　元豐五年正月九日

大小异形，酸苦异味，青緑异色，腑臟异氣，而肝膽雖連據，然楚、吴之不相與矣。形無形，味無味，色無色，而同乎未始有氣，則雜然萬物之分聚乖隔，雖燕之又北、越之又南而不啻也者，其不同爲通達之中央乎？然則無形也而凡形者麗焉，無味也而凡味者嘗焉，無色也而凡色者著焉，未始有氣也而凡氣者行焉。語之茫乎，其不可終窮；索之杳乎，其無能踪狀。齋瀹而祈嚮之，以爲恍惚神變；循復而體之，近在耳目口鼻之所終日接而運者。當世道相全而天下德業之本無二，而學者日刳其心以應世，雖適道之地、成德之器，遠近小大參然不齊，而其本則一出諸此而已。其謂之士，志此而學之者；其謂之賢，學此而得之者；其謂之聖，得此而忘之者。父子、夫婦之仁爾，而達之於草木鳥獸；視聽、思慮之精爾，而察於天地神明。自塗之人，可以與知，能行而充之，極於天下之所莫能知、莫能行者，比其歸也，又所謂甚易知、甚易行者焉。是故天人异位而通，萬殊殊性而同〔二〕。即理而蔽之，無事説理，果异於事乎？即事而陳之，無理説事，果异於理乎？道術裂矣，世唯域於形、味、色、氣之别，而衆流百家之學出焉。非皆忘己也，以事己則植珠置塊；非皆絶物也，以事物則投犢獻禽。弊弊於耳目所及，而浸革乎晝夜之變，其能該其大凡乎？於斯之時，高語之而驚，卑語之而瀆，直語之則疑，曲語之則亂。而莊周之徒乃欲爲書以糾集其散縱言，旁演四達，期以鬬鑿而會通之，愈非世之明也。祇异以爲道家之法，其又裂也。而佛法始入於中國，告欲惡論縱者以禍毒還報，告私媚群者以物我禪形，告役制耳目者以身色本空，告循量器局者以山芥互納，告悲往怛化者以本無生死，告苦志修潔者以諸行無常，告缺裂崖异者以性相平等，告益學廣識者以見性而足。其書歷世而後備，其言累譯而後達。命號稱譬，非所聞之名；義範規矩，非所習之制。雖至實也，而俗視之則誕；雖至要也，而俗視之則迂。此其勢豈能一日立于天下？然千餘年來，與世而進，範金垔丹，雕木寶瓦，矗如初成，焕如流動，以奉其遺，而世無侈厭，惰者捐力，嗇者施財，而其徒獨能建立於苟偷之世，豐衍於匱乏之日，被其服者，捍夫過而色柔〔二〕；唱其言者，童子聽之肅然。非必明其所以爲術也，而生則歸命誠向之，死則聚族哀祈之，自在位而達，無有卑賤；自中國而達，無有夷貊。嗚呼，豈必有心有命者之所係，而雖或自暴自弃，無能絶其心命者乎？抑其徒調柔静專，足以信世競之俗，而强果幹偉，足以篤象説之行乎？不然，何屑於世若斯之固也。分寧安龍山之兜率禪院，肇荒於唐咸通中惠目師，崇侈於國朝開寶中契仁師，而構續於天聖中可新師。今長老無證禪師既至，承可新之適弊，乃日崇像集徒，是究可圖，掃其弊盡去之，徙而據北山之正。凡崇闢繪飾，四倍於舊，而取於衆者以錢計，才五十餘萬而止，它無與其役者。屋其楹計，其間二百有奇。工以歲計，自庚戌歷庚申。其躬勞也，風雨霜雪之所暴露，而爲痹眩緩柔之疾者數四而不悔。分寧僻邑也，而有龍安，龍安而有兜率。計其爲院於天下，太倉之稗也。而承承者强果幹偉每如是，則像數之在中國，豈世力所能廢興哉！證之業既就，過禧而請曰：『孰知夫爲幻妄而不得不力於標迹？乃諸佛所以付囑，護念宇像之嚴，期繼者焉。不以繼不繼，有功乎教，莫永於文。而文之有功，莫善於今日。佛法不幸，出於三代之後，不見施於聖人事功之實。世徒以情志祈信之而不中，其惡拘柔礙空，以自絶於世業者甚衆。今天子道德明學，澡百王之污，而輩續周夏，其在位君子敦義浴德，達空有之觀而奉命承教，以宣於制作之業，此佛法之寓乎世解十號之一也，於是而有因。吾建院而又記焉，長使後世無惑，故敢以此請。』禧笑而復之曰：『三代而上，其君臣之所施、民物之所聽者，何邪？而又有謂佛法者焉，用道之所以爲二本矣。人固有道，頌而賀之，可乎？法之東也，豈不謂時？今時猶三代矣，而浮屠者終浮屠，則建院之事可以記，可以無記。聽師之請而亂之乎，則欲聞禧言之急者，在師今日之徒也，何後世云哉！何後世云哉！』故歷序理事之所以變復告焉。元豐五年正月九日記。《國朝二百家名賢文粹》卷一二四。

〔一〕萬殊：疑當作『萬物』。

〔二〕捍：疑當作『悍』。

吴栻

吴栻（或作拭），字顧道，號庵峰居士，建州甌寧（今福建建甌）人。熙寧六年進士及第，爲開封府推官。元符二年，進金部員外郎。崇寧初，以給事中出使高麗，還知開封府。歷工部、户部侍郎。四年，坐累，削秩知單州。大觀中，歷知蘇州、陳州、河中、成都府。召入奏事，除兵部侍郎。尋除龍圖閣直學士。政和元年，再知成都。二年，徙知江寧。後知鄆州卒。著有《鷄林記》二十卷、《蜀道紀行詩》三卷、《庵峰集》一卷、《論語十説》。見《續資治通鑒長編》卷五一八，《宋會要輯稿》職官六八之一一，《宋史》卷二〇三、二〇八、四八七，嘉靖《建寧府志》卷一八，《北宋經撫年表》卷四、五。

天寧寺轉輪藏記　政和元年十月

有居士者，家住庵峰。信脚閑行，五湖四海。作家相見，不免葛藤。且道葛藤，還有過否？靈山古佛，四十九年。説偈説經，如瓶注水。少林老子，面壁無言。隻履西歸，一籌不獲。方諸饒舌，互立門庭。殃及兒孫，到今未了。庵峰個裏，一味葛藤。不是瞿曇，不非達麽。有人透得，許汝同參。若也無人，歸堂打睡。有善知識，號元静師，聞居士言，特伸一問：『事無一向，古語有之。從上老人，隨緣出世。舉揚提倡，豈得已乎。不得已中，無非三昧。我所住刹，賜榜「天寧」。祝我聖人，億萬歲壽。凡我佛事，種種莊嚴。其最莊嚴，有大輪藏。是輪藏者，誰始圖之？曰純曰師，實主募事。守亨惟選，暨彼宗化。爲白出力，鳩構滋辨。迨範與勤，閱三住持。藏則成就，如地中涌。鎸鏤藻絢，匪金則碧。海神四旋，天人挾持。黄卷赤軸，函帙麗好。吹大法螺，擊大法鼓。唄音琅琅，作薄伽梵。于時巨輪，其運如風。蜀清信衆，若稚若艾。或合其爪，亦或胡跪〔一〕。歡喜踴躍，嘆甚希有。我所住刹，有是勝緣。居士云何，不宣此義？』士則語静，其諦聽之。『我於過去，無數劫中，有一比丘，問轉法輪。我於爾時，畫一圖相。比丘擬議，以杖趁之。目瞪口呿，轉法輪竟。若圓相是，安用藏爲？若輪藏非，正檐板漢。然雖若是，我且置之。隨喜結緣，爲藏作記。願此輪藏，常轉不停。如天健行，日月久照。佛秘密語，亦復如是。以如是故，獲大饒益。上贊君父，願我君父，與天齊休。如日之升，如月之常。如西方佛，其壽無量。』静從坐起，曰：『未曾有。公作是言，契我佛旨。崇寧乙酉，斯藏圓滿。政和辛卯，乃克論次。時節因緣，何可思議？請録公語，歸而刻之。』政和元年十月十日，庵峰居士吴栻撰。《國朝二百家名賢文粹》卷一二五。又見《成都文類》卷三九，《全蜀藝文志》卷三八，《蜀藻幽勝録》卷三。

〔一〕胡：《成都文類》作『長』。

姚宗道

姚宗道，神宗時河東（今山西省境）人。見《山右石刻叢編》卷一四。

大宋陝州芮城縣塔寺創修法堂記〔一〕

夫物有興而有廢也，然考其興廢之理，則未嘗不係於天時；天有與而有奪也，然察其與奪之由，則未嘗不假於人力。故天所與而物之將興者，必因其人而然後成；天所奪而物之將廢者，亦因其人而然後敗。是物之興廢不在於物，而在於天之所命；天之與奪不顯於天，而顯於人之所爲。則知人所爲而或成或敗者，莫不繫於天之與奪；天□命而或與或奪者，莫不識於物之興廢爾。嘗謂姬周已上，鄉術唯庠序之是崇；逮□□而來，郡邑漸塔廟之頗置。□致道之離合之有异，教之今古之有殊。竊原其由，殆亦天意。不然，則何以永平□□□而啓之於前，貞觀之英主□復之于後哉？且□□佛之爲教也，本以慈悲，設諸方便。慈悲則合乎仁之惻隱，□□□□□□圓□。惟其合於仁也，故所以能感人之心；惟其同於智也，故所以能覺人之意。能感人心者，則雖弱□以□□□，□

覺人意者，則雖寡可以服於衆。是以始於西方，則使黠獷之俗咸奉其法；流於中夏，則致億兆之□□□□□□漢迄今，幾及千載，不泯絶而得行於世者，復由此歟！方唐之盛時，興造招提，棋布天下，雖山岩□□水□□□□迹常不到者，猶皆有焉。洎後罹兵火之難，遂多隳廢。然其間或完而復興，或毁而終泯者，亦因其徒之賢否也。芮爲陝之屬邑，介于中條、大河之間，其土田膏腴，與虞連畛，實周初芮伯之國也。漢唐皆都長安，而芮處甸服之内，衣冠文物，良爲繁熾。至於道宫梵宇，故亦爲多。或餘址尚存，或碑銘猶在，傳自耆舊，是以得而聞也。出縣郭東北僅數百步，有古寺遺基，久混於畎畝間，每當耕耘斂穫時，常於其地見有光出如炬，遠而望之甚明，逼而視之乃滅，由是邑人多神其异。忽一日，有好奇者共志而鑿之，乃得舍利一器，因復於元所再造塔而葬之，及創堂室後，召僧惟孝住持。頃又請法師惠潤來講其戒行經論，衆皆欽信。於是僧俗同聞于□□留共主其院事。縣大夫憫衆懇誠，遂從所請。善士姚拯與其邑衆因聆潤師談經義所記，云：『忉利天帝，釋本自側微，因與其徒同修善法堂，遂獲此無量之報焉。』於是乃選募妙匠，遠市良材，築土成基，構木爲厦，不日楹排雕礎，梁亘修虹，甍宇穹隆，莊嚴華侈。衆觀壯麗，莫不嘆嘉。始於元豐辛酉，而訖於壬戌。總其所費之錢數，越一百餘萬。真足以宣暢貝文，開誘群俗者也。姚拯復與其衆將聚赤金以造鐘，則寺之再興，由此而基矣，予所謂物之興廢未嘗不係於天時而假於人力者，實不爲誣爾。法堂既成，潤師來丐予文甚確，固辭靡獲，乃勉爲之記，使鑱于石焉。

《山右石刻叢編》卷一四，清光緒刊本。又見《搜古彙編》卷五三。

〔一〕『陜』字原缺，據《宋史·地理志》補。題下原署：『河東姚宗道撰并書，隴西李好問題額。』

鄒極

鄒極（一〇四三——？），字適中，撫州宜黄（今江西宜黄）人。治平四年進士，調太和主簿，旋罷歸。累官度支員外郎，元祐初除江西提刑。丁外艱，服除，丐祠得洪州玉隆觀。紹聖三年以朝散郎致仕，時年五十四。與方外异人游，自號一翁。有《宜川集》。見《雪樓集》卷二四《書鄒次陳所藏先世告身後》，《宋會要輯稿》職官七七之五八，《宋詩紀事補遺》卷一九《一翁亭歌并序》。

聖容寺記　紹聖三年四月

宜黄距崇仁八十里，度孤嶺之西，後方山之下，有僧院曰聖容，隸崇仁長安鄉福祚里。部使者按部，郡别駕行縣，及州僚邑佐沿幹往來，無亭驛可止，惟此寺適兩邑之中道，寢食寓焉。按圖經，肇造於晋太康之二年，有佛一軀，鐵骨金飾，爲内府所賜，故以聖容爲號，非賜額也。昔堂殿厨廊，不勝其敝，過者罕留。今住持僧曰慧日，經營十餘年，一新其宇，内外完潔，器用悉備，至者安之。余自應舉覓官，以至得謝，往來三十年間，見其弊，又見其新，天下之滄桑變幻，苦樂循環者，可勝道哉！庸僧保一寺，多衷利以自殖，視其屋之壞，若秦人視越人之肥瘠，以人情計之，寺豈復有興創時耶？而一旦完好若此，若有天幸存其間焉。事無大小，人無僧俗，其勤勤懇懇之積而卒以有成者，如慧日之類之力，又胡可没也！乃因其求文於余，爲之書之有如此者。皇宋紹聖三年，歲次丙子，四月辛酉朔記。同治《崇仁縣志》卷二。同治十二年刊本。

重建石碧義泉禪院記

撫州宜黄之西南二十里，有山曰石碧，踞於曹、黄二山之間。并小溪，緣石磴，縱横稻塍，或彴或涉，前窒後坎，如絶人境。徐望諸峰，宛若畫圖，映以喬林秀水，帶以蒼烟白靄。而碧兀起數十仞，正據其中，即其旁瞰之，如巨橋横空，瑰怪可駭。其上三疊，善緣者能出其罅，使人不敢仰視。循徑而造其下，則岩下東壁，可依以居，夏凉冬温，真仙聖窟宅。唐肅宗朝，馬祖結庵此地，獵師逐鹿，一言悟道，是爲惠藏禪師。領徒四百，住山三十年，以弓箭接人，晚得三平，一人而已。自爾四海九州咸知爲名山。其後院廢，無籍考歲月。至慶曆中，官始鬻其産，碧與院基隨屬民户，然時有方外之人游居其下。元祐二年秋，有僧曰至庠，自貴池杖錫而來，先閲碧之東北隅，有所謂滴油岩者，卜栖焉。不携一僮，不儲一粒，止編荆棘以避風雨，晝處夜卧，寂無怖心。南岩先有僧居，或與鉢粥飲，賴以養命。如是者累月，旁居之人稍欽慕之，漸造而丐其語，庠師接以淨土教。有里俗年垂七十，平生嚚訟，屠酤攘敚，刑禁不止，一日造其岩，稽首求哀，願洗厥愆，長齋授經，施財作室，以安師寢。於是遠近趨附，背惡而向善者甚衆。先是涂君濟建書堂於北阜，直南觀碧，子侄肄業其中，皆次第登科。予以庠師入山之秋，繇本路提點刑獄公事丁先子憂，解官抵家，適同其時。明年，始聞知，相見接語，審師有道、佛、法祖心，融而不二，故因惜古道場之湮没，思有以振之，而涂氏諸仁争欲出力，然未能得其地。逮七年春，居院之古基者，輒夢神物，擾不安寢，且造師願出其地而遷其居。師以示余，余即施財售之，捨入本鄉義泉院。院在上源，歲苦水潦摧塌之患，理請於縣，徙其額而建焉。余先造寢堂，涂氏諸仁分造法堂厨庫，其他樂施之士各隨所占，蓋雲會堂，移就正殿，立三門，起二閣。經營之難，越三歲乃就。庠師遂住庵所，以定規模，運材植，衝冒寒暑，督匠乞食，終始師之功也。功成不居，欲往憩貴溪之仙岩。前住持僧戒明辭院，予率諸檀越以狀白縣，請師住持，縣上於郡，郡守王公已知名，移文下。師之來歸，邦人老幼，歡呼滿道，鄰邑信士亦竭蹶而至，其善化人如此。惜夫參學之徒區區游行，唯擇供施之厚，群往而蟻聚，能如蟬蜕而甘寂没者罕見其人。是院不附通都大邑，地僻而産少，其徒宜未之盛。又其棟宇之材，金銀之飾，皆約以中制，不侈不陋。蓋嘗病世俗之愚，奉佛太過，至有不顧父母妻子之養，殫竭財産，以要福利，謂宜得罪於佛，何福之有？則今日石碧重興，豈特成利一刹而已哉！崇寧元年九月，邑人鄒極記。同治《宜黄縣志》卷四五。

黄裳

黄裳（一〇四四——一一三〇），字冕仲，號演山，又號紫玄翁，南劍州（治今福建南平）人。熙寧末，權澶州州學教授。元豐五年舉進士第一，六年爲太常博士。元祐元年爲大宗正丞，六年爲集賢校理。紹聖四年試兵部侍郎，元符二年兼吏部侍郎。崇寧中歷知青、潁、鄆州。政和三年以龍圖閣學士知福州，再任。累遷端明殿學士、禮部尚書。建炎四年卒，年八十七。著有《演山集》。見《續資治通鑒長編》卷三二四、三三五、四五八、四八九、五一四等，《北宋經撫年表》卷二、卷四及《宋史翼》卷二六《黄裳傳》。

崇寧萬壽寺記

上即位之四年，歲行癸未，九月十七日，大臣奏言：『天寧甫届，率土傾心，仰維佛乘，化導群品，倘俾紹隆最上之法，則必增裕無疆之休。臣等伏請天下爲賜寺額，以崇寧爲名。』敕如其請。十月十五日，臣與其屬奉詔。切謂欲建佛舍、老子之宫，以備四時焚修，潛致靈貺，來介天子萬壽，其地所在，必求山川會聚之鄉，仙聖行藏之境，有所祈請，乃能協應。今當卜地於城南之郊，有山號稱雲門。前此仲秋之社，臣與郡人出游，躡十八級而後造絶頂。南望雙崖，出烟雲間，對峙而中裂，可以引車騎。葱鬱之氣，籠絡上下，如見真人奇士，神深而氣爽。自其巔垂兩支數十丈，下至於平原，如人之伸左右手，前抱其腹。臣顧其屬曰：『南山之麓，宜爲浮屠氏、老子之所寓。然而未有卜之者，豈非有所待邪？』有老僧謂臣曰：『此大雲門也。今兹北峰，蓋其小者。』臣歸取《李清傳》而考之，始知大雲門乃真神仙之窟宅。《傳》言：清與姻族鄉里爲别，遲明大會於山椒，然後揮手辭謝，縋入洞中。東南一穴，約去三十里，望見山川景象，烟雲草木，自是一境，不類人世。遇道士四五人，謂清會當至此，但時限未耳。繼聞蓬萊衆聖，令邀諸真赴上清會。諸真既往，戒清慎勿開北扉，而清輒忘其戒。見清如在掌上〔一〕，起鄉里之念，復還人間。訪其故居，子孫已歷數世矣。後爲太山游，不知其所在。此其大略也。然洞之在山椒明矣。今不見洞，豈待有緣而後見歟？左一峰，有塔置其上，號黄金塔，刻僧俗名姓總二百九十人。名與字甚古，是果與清爲别者邪？自隋開皇四年，至今五百有餘歲。社日之游，人多往北峰，而清所寓，乃弃之寂寥處。臣方以此興嘆。後一月，俄奉崇寧之詔，臣顧其屬曰：『前日之嘆，豈非其兆歟？捨此而何往？』遂往相焉。更見前抱右支，再引而北，回覩大雲門，相揖於山口，如蓮花狀，此所謂小雲門者。開元中，郡守有投龍璧於此，以祝時君之壽，乃見祥雲五色，或塔於空中，有記存焉，而况大雲門乎哉？當見衆聖諸真，共貽無疆之休，以資陛下萬壽。適默契自然之會，非出於私意而爲之也。其爲應也久，其爲祐也大，是宜爲寺，當與四方名山福地之有禪林寺，争名於天下。四庫全書珍本初集《演山集》卷一六。

〔一〕清：疑當作「家」。

含清院佛殿記

有釋氏之宇，其名曰含清，其年起於唐之中和，其地出於劍浦之巨沙，至今元豐，傳十一代矣。佛之所寄，甚弊且陋，不足以致鄉往者之觀美。辛酉之秋，紹忠慨然有志，易卑以高，易樸以華，募財於鄉，節財於院，合金百萬，壯其棟宇，侈其貌象。季春佛殿既事，衆色雜華，周回間列，以悦衆凡之目，使知吾佛之尊且貴，不可易也，然後誘以歸焉，紹忠之意也。然而衆凡之歸也，汝能安厥止乎？浮屠之庸者，不過以爲我計，苟養其欲而已，安厥止則未暇也。予爲其歸者言之。佛之性，其體也圓，其用也光，惟其所感。宫殿樓閣、户牖階砌，嚴麗廣博，寶華妝校，翠影妙香，不可窮既。然而佛之榮華侈靡，豈資於物哉？本有高明之道，清净之德，然後榮貴之。不可幾及者，隨其所欲而至焉。雖然，化現色相，不可以爲畔岸。自非内游之士，安得而見哉？則以金百萬壯其棟宇，侈其貌象，又出寶玉之所現者，與衆觀焉。知佛之清净，故致妝嚴之居；知佛之高明，故致微妙之相。紹忠亦當以是告於歸者云。《演山集》卷一七。

東林太平興龍禪寺記

佛祖教宗必有所付托而後去，因緣而後起，顧瞻而後住，乃著於世。其要有三，曰時、曰人、曰地。人得時故行，地得人故用，常相待而濟焉。公卿大夫，運時者也，其學苟能脱卑污、陟高明，遂見孔子、佛、老論道之本同歸而一致。佛、老之所詳，孔子之所約，服味器用，動静語默，未嘗同者，各隨其時，各因其方而然也。自得者由約而見佛，得於人者即詳而後知孔子。雖然，知之者或寡矣。無所得者以爲儒其衣冠，必不可以學佛，當叛孔子而爲之，此昧者之見爾。名雖尊佛，其實异之也。要在方寸之中，正一念而悟焉，無所往而不爲佛，何必慕其名迹而後至哉？治平、元祐之間，學士大夫有得於此者，類能爲佛之徒，擇術而進之，去弊而利之，相望於天下。始者其徒例安於律居，凡十八九名律而實廢，父子代更，須利乃合，是非相刑，憂喜自傷，不能等物以道，覺道以性，飲食之味、陰陽之情甚與流俗生聚無以异也。於此稍稍易律以禪，更監寺以長老，學使一師，居使一堂，食使一味，興居同時，取捨同事，一就其檢束，無容私□，□黨匿情，莫能□間而入，輒亂其衆，其勢必至於爲□以能，以□生覺，以定發慧，以虚致明，遂可以成道，非細道也。東林之興國寺蓋其大者。遠師以律居，至今七百有餘歲。其間以廢以復，净□之中，遺風流澤不足以吹揚微塵，洗滌其後□□名□□□□□已久矣。元豐二年，轉運司揀高人大士能□□□□□□□有生者居焉，遂得廣慧于寶峰，盡禮而致之□□□□□□將迎，不謀而集，不誓而志立。昔者爲房五十，各□□□□□□悉廢而公之，摧者不必扶，壞者不必修，故者不必□，□□可也，必待百工之用，群材之資備而後爲之，是終乎無能爲也。福與慧偕，緣隨道合，爲之施者不待化，爲之化者不待□，若無足爲者。六年之五月，天子起師住大相國寺智海禪院，從僧司之舉也。師曰：『基構之作，六年於此矣。爲山九仞，功有所虧，猶不可爲，况未之逮哉？違而去之，非所以計吾事也。且吾方以兼忘之道期衆生偕往。今引於群物盛麗之會，見不可欲，則彼事道之心，烏知其有不動者耶？非所以慮吾衆也。』再辭而免，遂盡其心焉。其爲徒也，饌有厨，澡有室，事有寮，物有庫。雷震龍吟，起於宋瘤間，大衆環繞跂仰，欲襲其形聲而不可得，則法堂之高明也。振錫于林，促席于床，來無所從，去無所逐，如雲集空，雲益多而空有餘，則僧堂之宏深也。沉烟數縷，卷舒黄卷，得意而忘言，煎聲亂泉，不能輒撓其所樂，則經堂之虚寂也。連楣列礎，悠悠繩直，交臂而往，迴觀而漸微者，廊之修也。樞中之運止，山中之朝暮，廉隅翼然，并進而皆達者，門之偉也。其爲佛也，或現諸天，則尊而事之有閣；或降于地，則親而事之有殿。群寶衆華，朱丹翠碧，周遍名象，殊色相照，以示聖人出於清净不染中，然後種種莊嚴，不求而自至焉。發揚至聲，下悟群聽，則爲之鐘樓；流轉大法，應世無滯，則爲之輪藏。是其所建者也，以間計之，今至乎一千有奇矣。寒松勁杉，盤托泉壤，漸深而密移，森然有凌雲之勢，龍蛇之狀，不畏雪霜之色，義夫志士之態，蟬聯風叩，時與山禽流水，幽韵斷續。是其所植者也，以枚計之，今至乎二十萬有奇矣。諸山學人，翻然而有改，曰仙廬之比，聞道之所在，囊于肩，屨于足，振錫而來游，不知有度崇嶺，穿長林，冒寒暑烟霧之爲勞也。啓于堂，請于室，或者未能得於眉目之間，則退而定，自反而戒，黜聰明，剔塵垢，期於與道會焉。是其所以教者也，以員計之，今至乎七百有幾矣。是故師之慈悲智慧，流傳於四方，貴人逸士望風而敬之。如謝靈運、羅什之敬遠師也，想見其德表。今上即位之四年，歲行戊辰，仲春之十日，敕改興龍禪寺，從禮部之請也。越孟夏，廣慧書來致余文，而余竊謂東林所以得名於世，豈特征人逆旅，道出林下，解鞍息駕，尋幽而自適。愛夫濯我纓於清溪，栖吾神於寒嵐，步華影於遥林，飛幽題於峭壁，篆寶地以岩溜，既掃污而揚清；奏鈞天以塊噫，既破寂而還無。接高人之相迎，捐小智以誰争。運芳茗於瓊盂，泛纖雲於毫甌。語絶塵而彌新，見喪形而莫窮。戒者儼若而氣嚴，寧憂聲色之摇精；定者兀然而意消，寧憂夢想之馳情？任斯道以何慚，斷此生於已畢。仰祖風而敬承，反世習以增修。嗟百年之須臾，悼萬物之流轉，看達禪而慮夷，聽宿因而志休。寄天真於無着，釋人非而不報。樂造空而復遺，静遇緣而益篤。訪高踪於草堂，尋秘文於石室。觸祥光而視明，覽异香而思幽。蓮復種而道興，世屢更而韡存。究翠岷之殘刻，想英標於曠代。泯古今以性空，會精神於世表。亦願安於淡泊，雖欲去而徘徊。是可寄者耶！倚欄而南顧，豈特愛夫雲靄合散，樓閣隱顯。日暖香爐，紫烟初動；春暄靈谷，錦綉乍張。臺上月明，空懷古往；蓮花長在，猶想清風。雙劍倚空，愛緣欲斷，因其名象而有感焉，是可玩者耶！世之所貴，不在乎此，而謂昔也大乘道士不爲之先，今也肉身大士不爲之應，則等山水耳。夫壤爲之抽泉，虎爲之鳴溪，雷爲之運材，山爲之告幽，水爲之見象，以其有人寓焉而已矣。崔黯言，寺以山，山以遠，能具天下之美，未之盡也。吾言總以時，遠以總，然後其美具焉。何則？佛之所在，律者造之以清净，以行進者也；禪者契之以解脱，以慧入者也。行無慧不立，慧無行不生。冥極則一耳，豈復有禪律之校哉？師無常人，學者不能有所折衷據依。是故律之屬，徒戒者有之矣，悟弗至焉，或流而爲專愚刻深。論禪者則曰，彼高明通達則然矣，精一亮信未必至也。禪之屬，徒説者有之矣，實非至焉，或流而爲機巧辯給。論律者則曰，彼堅忍執守則然矣，洞達妙用未至也。二者之類嘗盈於天下，佛之教益不明。東晋之俗，溺於虚無之間，險怪放蕩，未能以真一特立，然後以智慧泛應，則遠師安得不以律學行於世哉？講譯撰論，著明法性大智，開引迷誤，自與弃世遺榮之士立誓持戒，精忠懇惻，養素疑慮，相期於絶域而後已。後之人不傳其心，逐其名迹而學之。學真者之弊愚，學戒者之弊刻，理固然也。則總師安得不以禪學行於世哉？攝衣外座，示人妙道之行，拯其流落，解其束縛，中道兩邊而求之，無適也，無莫也，悟其言而行至。學禪之失有質，而學律之弊有救，此亦遠師有待於總者歟！二人相望於七百載之後，適丁斯時，總之道遂行，而遠之法益著，有數存焉耳。故予喜其寺以山，山以遠，遠以總，總以時，四者之緣及乎龍興之世而會焉，乃得而記之。孟夏之十五日，記成於見室。《國朝二百家名賢文粹》卷一二四。

王雱

王雱（一〇四四——一〇七六），字元澤，臨川（今屬江西撫州）人，王安石子。性敏甚，未冠已著書數萬言。治平四年舉進士，調旌德尉。嘗作策三十餘篇，極論天下事，又作《老子訓傳》及《佛書義解》。鄧綰、曾布薦之于神宗，召見，除太子中允、崇政殿説書。受詔撰《書義》《詩義》，擢天章閣待制兼侍講。熙寧九年卒，年三十三，特贈左諫議大夫。有《南華真經新傳》二十卷（存），《論語解》十卷，注《孟子》十四卷。見《臨川集》卷八四，《東都事略》卷七九，《宋史》卷二〇二、二〇五，《至正金陵新志》卷一三下，《宋元學案》卷九八，《全宋詞》卷一。《宋史》卷三二七《王安石傳》後有附傳。

慧力寺輪藏記

臨江慧力禪院無藏經，僧普周住持之明年，始募衆得錢寫經，作轉輪藏貯之。藏前設佛、菩薩、龍神之相餘百軀，刻雕金碧之麗，觀者駭矚而不盡也。凡更八年，周七歲，而當熙寧四年二月十五日工告畢。嗚呼！可謂勤矣。予嘗以謂佛之爲法無乎不在，而天下有不聞佛法之處，蓋衆生之法有焉，而不能自悟，必有推而廣之、辨而明之者，然後法行焉。然則，彼無法之處非無法也，無行法之人也。以衆生之迷，沈愛海，攖痴疾，不知幾千萬億劫，漂淪之痛毒，莫知所濟息，而是經也實爲之船舩醫藥。假令有人拯溝瀆之溺，療痟痒之疹，而非報之求，則是必以爲善人長者。若周捐鬚髮，絶親好，垢衣菜食，苦其形體，宜其無求於世矣。而獨能憂衆生之患，方建是藏，以爲愛海之船舩、痴疾之醫藥，則其於施也，豈徒善人長者之謂哉！然則佛作於前，而行之於後者，周乃其一也。周以禪自明，其於辨而明之必有功矣，而余未之親聞；若夫推而廣之，則作轉輪藏其效也，予故樂爲之記。道光《清江縣志》卷二三，道光四年刻本。

張處士

張處士，神宗、哲宗時滑州（治今河南滑縣）人。

莊丘寺石香爐記

以治平中張處士施寺地，熙寧五年壬子廢了。滑州□□石起保甲，國屬開封府。元豐四年辛酉還州，元豐五年黄河北工，共稍草八次；元豐六年三次稍草，五次草；元豐七年三次稍草，三次草。元豐八年去泗州燒香來，以其年重塑裝下生彌勒佛一堂九尊。張處士記。

張處士於元豐八年自滑州并裝當村内石彌勒佛一堂。張進一尊菩薩，出錢二三貫。韓莊小姑官盛出了錢二貫，三伯出了餘貫，崔博士出了錢。六伯處士等張□父張九穀、張進、大七姑、二九姑、□□弟，行者有生天，存者無灾難，合村清吉。元祐元年七月二十八日。民國《重修滑縣志》卷六，民國二十一年鉛印本。

釋智净

智净，神宗時青州報恩寺尼，生平不詳。

青州報恩寺大聖院清座主靈骨記　元豐七年四月

座主法諱智清，俗姓張，本貫當州壽光縣鳳停人也。景祐元年出家，禮院主尼善能爲師。康定二年，試經得度。慶曆四年，具戒講上生經，參禪進道爲業。於元豐六年四月十六日微疾而終，俗壽七十四，僧臘四十三。得度小師五人，因葬座主師姐次，洎先師姑二人靈骨。葬記元豐七年四月十六日，報恩寺大聖院主尼智净立石。

先師姑小師二人：智清、智净。師姐座主度小師五人：崇志、崇福、崇安；講法界觀：崇秀、崇息。光緒《益都縣圖志》卷二七，光緒三十三年刊本。

王勝

王勝，元豐間人。

南澗寺架廬題識

弟子王勝與室中陳六娘同發心，各爲所生父母捨財入南澗寺架廬一造，兼栽松竹，永爲林樣。所冀微勛，願延景福。宋元豐乙丑歲季冬十四日謹題。《閩中金石略》卷七。又見《績語堂碑録》，《烏石山志》卷六，民國《福建通志·金石志》石七。

項傳

項傳（『傳』一作『傅』），鄞縣（今屬浙江寧波）人，原籍遼西。熙寧六年進士。參見《宋詩紀事補遺》卷二一。

證心院記　元豐八年七月

佛之教人，其法有頓、漸，因其宿植之□而順導之。蓋有根器大利，不用其力於此世中，若壯士屈伸臂頃〔二〕，頓悟第一義者，此特豪杰間出之士。若斯人者，乃能和光同塵於群衆之列，不待高舉遠引入無人之境，而後有所修證也。若夫根器不迨乎此，而有待於漸修者，則不然。視城邑如囹圄，顧衆人若仇敵，望望然若將浼我，則必去而之深山窮谷，耳目不與世接，以肆其學，以固其行，而後庶幾乎有所成就。若斯人者，四方皆有焉。明州慈溪縣西有僧院，名『證心』，去縣五十里而遠，其環列皆山，前有巨澗，左右無居民，蓋幾於深山窮谷、耳目不與世接者。吾疑其有漸修者處焉，問其僧以院之所自建立，乃曰：『是地古有庵基，晋天福中，僧道珍頓錫憩止，久之，人稍景慕，於是有朱氏者施地以廣其基，施屋以爲之院，而錢氏復以「新慶」名之。厥後世有僧嗣住持，惟文慧、用儔、用蟾三數人者，皆能有所興造，若方丈，若大殿，至夫僧、講二堂，廊廡厨圊，莫不畢備。而今住持宗式益置懺堂、鍾臺，院以愈完矣。』然則吾所疑以爲漸修者，若有庵於其上，雖莫得其名，繼之以道珍頓錫而止，顧非其人歟？宜乎人所景慕，而爲之建立屋室以居之也。若後三四僧，又能不忝其先世，互有所增廣，其志亦可尚矣。今名『證心』，蓋治平二年十月内始奉敕改賜。夫向所謂第一義者，證心而已矣；果何證乎？强名而已矣。院之僧誠能循是名以究竟之，則漸修者不足云，其將以爲庵居者光焉。元豐八年七月初三日，遼西項傳記并書。《四明圖經》卷一〇。又見《四明文獻考》第一二二頁，道光《慈溪縣志》卷四二。

〔一〕項：據文意似當作『項』。

衡規

衡規，字元度，淄川（今山東淄博）人。元豐八年爲晋城縣令。元祐四年十一月，以宣德郎充諸房條例編修官。見所撰《福嚴院題名》《續資治通鑒長編》卷四三五。

福嚴院題名記　元豐八年

朝議大夫、知澤州臨川晏知止處善，朝奉郎、通判澤州汶陽魚康伯寧夫〔一〕，宣義郎、新瀛州簽判温陵許公輔仲修〔二〕，晋城縣令淄川衡規元度，前潁州司法參軍河内李欣公燮同游峽石山福嚴院，登遠師擲筆臺，望角山〔三〕，相三泉，悠然有塵外志。因南縱百餘步，訪青蓮院，求師遺迹於殿庭之碑。下臨丹川，快襟久之。元豐八年歲次乙丑，夏五月癸巳朔，廿六日戊午，衡規奉命謹書。《山右石刻叢編》卷一四。又見《鳳臺金石輯録》，光緒《山西通志》卷九七。

〔一〕魚：《鳳臺金石輯録》《山西通志》作『魯』。

〔二〕新瀛：右引作『潁』。
〔三〕角：右引作『珏』。

黄庭堅

黄庭堅（一〇四五——一一〇五），字魯直，號山谷道人，晚號涪翁，洪州分寧（今江西修水）人，黄庶次子。英宗治平四年舉進士第，調葉縣尉。神宗熙寧五年除北京國子監教授。元豐三年改知吉州太和縣，六年調監德州德平鎮。哲宗立，召爲校書郎、《神宗實録》檢討官。逾年遷著作佐郎，加集賢校理，擢起居舍人、秘書丞等。紹聖初，出知宣州，改鄂州。二年，新黨謂其修《實録》『多誣』，貶涪州别駕、黔州安置，後移戎州。元符三年徽宗即位，召還，旋又以文字罪除名，羈管宜州。崇寧四年卒於貶所，年六十一。庭堅工詩，主學杜甫，開創江西詩派。善草書、行書，列宋四大家。著有《豫章黄先生文集》《外集》《别集》《遺文》《山谷老人刀筆》《山谷琴趣外篇》等。事迹見黄𥲅《山谷年譜》《宋史》卷四四四本傳。

江州東林寺藏經記

元豐三年夏四月，提點寺務司言，大相國寺星居院六十區，院或有屋數楹，接棟寄櫩，市井犬牙，庖烟相及，風火不虞。請合東西序爲僧舍八區，以其六爲律院，以其二爲禪坊。詔可之，賜祠部度僧牒二百，給其費。其六年秋七月落成，賜兩禪院名，其東曰『慧林』，其西曰『智海』。尚書禮部言，净因院僧道臻，奉詔選舉可住持慧林、智海院者，今選於四方，得蘇州瑞光院僧宗本、江州東林寺僧常總。詔所在給裝錢，上道聽乘驛。於是常總固稱老病山野，不能奉詔。禮部以聞，詔勿奪其志。總公天下大禪師，門人常數百或千人。方京師虛慧林、智海以擇士也，禪林之子弟皆願其師得之。及總公不出，而道俗傾動，相與謀曰：『吾師不肯爲西用，又將弃東林，而追之於窮山。凡可以安總公者，皆盡心力爲之。』於是能者致力，巧者獻工，富者輸財，辯者勸施。數年之間，爲夏屋千楹，其廢興則自有記。最後度爲轉輪《蓮華經》藏，屋未及成，而遣其徒永邦來乞予記。予見邦之爲藏經，其物材無苦，調護墨工，是正板籍，積書如山，盡歷邦手，如數一二，予以謂能成總公所商度無疑也。予問邦：『夫用力則外畀而不來，用智則物猜而不應。不用智與力，物歸之無極，此其故何哉？』邦之言曰：『《蓮華》藏，世界海，非人非天，虎嘯於陘，震風薄木，龍鳴于川，大雲乖空，若有召之者，而不知其所從來。吾師之道，芒乎昧乎，物故萃乎。』予應之曰：『如總公之不應詔而西也，似若有謂，未必直其妙處。然而來者芸芸，豈真知之者邪！子勉之，藏成，予爲若作記。』元祐六年某月，既没總公之世，而經櫝猶在寓舍。及其門人思度時，邦與後來主事者枘鑿有不合，因謝去。久之，度來告曰：『轉輪藏及藏殿今有六，乞士發心猛烈，殆將化成。惟是藏經者，邦有勛焉，而先師之手澤也。願終先師之志，刻石記之。』黄庭堅曰：『方總公盛時，化蟻穴蜂房爲廣厦百區，何其易也！比其晚節末路，度成一經藏，而身不及見，又何其難也！所謂「强弩之末不能穿魯縞」「行百里者半九十」者乎？抑牣而有者，其成壞自有數，當成於度之世者，雖總公亦不得牣而有之邪？古之得道者，閲世或餘百年，而栖遲蓽門之下，雖有大檀越，不聽增一草。蓋知三界一切法，衆生俱煩惱，即是道場堅固法，在此不在彼邪！』清光緒二十年義寧州署重刻本《山谷全書·正集》卷一七。

南康軍開先禪院修造記

廬山開先華藏禪院，江南李氏中主所作也。初，中主年十五，先主秉楊氏國柄鎮金陵，留中主與宋齊丘參廣陵政事。中主年少好文，無經世之意，喜物外之名，問舍於五老峰下，欲蟬蜕冠冕之間，鳳鳴林丘之表。有野夫獻地焉，山之勝絶處也，萬金買之，以爲書堂。時方多故，未暇。會先主開國，身任世子，稍駸駸於富貴，然語其舊僚，未嘗一日忘廬山也。其後中主嗣國數年，乃即書堂爲僧舍。蓋方其富盛時，傾國服爲之，亦推野夫獻地爲己有國之祥，故名曰『開先』，以了山道人紹宗主之，所謂拾枯松、煮瀑布者也。及中主作洪都，蓋嘗弭節雍容，故榻與畫像存焉。太平興國二年，又賜名曰『開先華藏』，然其主僧率以行義耆老。至善暹時乃有衆數百人，所謂海上横行暹道者也。於是開先始爲禪林矣。由宗十四傳，而今行瑛出焉。自瑛之前，有道行者或不屑於世務，有幹局者或義不足以感人。故其補敝支傾，僅僅有之，不足言。瑛得道於東林常總，其材器能立事，任人役物如轉石於千仞之溪，無不如意。初苦痰癖，屢求去而不可。卧病坊者餘三年，乃作意一新之，惟表章李氏時佛屋一區，以其壯大簡古，留爲後觀；後人所作僧堂一區，亦高深安隱，視佛屋，兄弟也，故不毁。開先之屋無慮四百楹，成於瑛世者十之六，窮壯極麗，迄九年乃即功。方來之衆與其勤舊，雖千人宴坐，經行冬夏，無不得其所願。賓客之有事於四方者，雖數百人夜半而過門，無不得其所求。蓋廬山開先、栖賢、歸宗、圓通四禪院，飯游客常居飯僧之半，而瑛以其餘與遺化於四方之所入，興舊起廢。其成功也難，故其落成也，乞記於豫章黄庭堅。庭堅曰：『夫沙門法者不任資生，行乞取足，日中受供，林下托宿。故趙州以斷薪續禪床，宴坐三十年；藥山以三篾繞腹，一日不作則不食。今也毁中民百家之産而成一屋，奪農夫十口之飯而飯一僧，不已泰乎！夫不耕者燕居而玉食，所在常數百〔一〕，是以有會昌之籍没；窮土木之妖，龍蛇虎豹之區化爲金碧，是以有廣明之除蕩，可不忌邪？』瑛曰：『然，有是也。今法王真子爲世界主，佛母净聖同轉道樞，泰山之雲雨，天下河海，潤極千里，何憂魔事邪？雖然，廣明之盜，三灾彌綸，一切共業，影響豈特末法比丘之罪邪？會昌之詔，吾又有以訂之，其説不過人其人，火其書，廬其居。夫毗盧遮那宫殿樓閣充遍十方，普入三世，於諸境界，無所分别，彼又安能廬吾居？有大經卷量等三千大千世界，藏在一微塵中，彼又安能火吾書？無我、無人、無佛、無衆生，彼又安能人吾人？雖然，妙莊嚴供，實非我事，我於開先，似若夙負，成功不毁，夫子强爲我記之。我住此山十有二年，隨緣所作，窮於是矣。我將煮東溪之菜，縣折脚木床，以待夫子解腰而共飯。』黄庭堅曰：『此上人者，蓋如來藏中之説客，菩提場中之游俠邪！』欲作記者，亦窮於是，因自書使刻之。

《山谷全書·正集》卷一七。

〔一〕『數百』上，四部叢刊影印宋刻本《豫章黄先生文集》（簡稱『叢刊本』）有『千』字。

洪州分寧縣雲岩禪院經藏記

江西多古尊宿道場，居洪州境内者以百數，而洪州境内禪席居分寧縣者以十數。二十年來，住持者非其人，十室而八也；其有户籍而單丁住持上官租者，十室而五也。分寧縣中，惟雲岩院供十方僧。山谷道人自爲童兒時數之，未嘗得人，其號十方，名存而實亡矣。元祐末，山谷以憂居里中，有玉山僧法清尸此禪席，而十方僧往來，不得展鉢托宿。清聞山谷嘗道雲岩初無藏經，慨然欲辦此緣。其人才智足以興事，而道行不能感人，論者紛紛而中廢，清亦得罪去矣。韶陽老人得道於黄龍祖心禪師，被褐懷玉，隱約山間，二十餘年矣。自言山野不解世事，無出山爲人意。邑中賢士大夫及其耆宿商度曰：『欲興雲岩法席，必得本色道人，若是則莫宜韶陽公。』於是逼致之。韶陽公幡然受請，入居方丈之東死心寮中。居數月，粥魚齋鼓，隱隱訇訇，聞者動心，升堂入室，肅肅雍雍，觀者拱手。韶陽公曰：『與十方人作粥飯，緣則可矣，非老人爲道而來之意。古人云：「我若一向舉揚宗乘，法堂前草深一丈。」吾恐雲岩門外荆棘生焉。不得已，衆竭力爲我置藏經，且於末法中作佛事。』衆亦不解老人語，而謀爲轉輪《蓮華經》藏，庇以華屋，大爲經堂，嚴以金碧。有山者獻木，有田者獻穀。如此且閱三歲，檀化爲魔，種種沮壞。韶陽壁立，不戰不怖。諸魔所攝，去魔即佛。作大莊嚴，遠近傾倒。魔復爲檀〔一〕，自謝負墮。嗚鼉伐鼓，相我成功。於是四方來觀者乃曰：『江東西經藏凡十數，未有盛於雲岩者也。而此經藏者，發端於山谷，不得不爲之記。』山谷曰：『物之成壞，蓋自有數。要以有道者爲所依，然後崇成。韶陽所以不得已而置藏經，是中有正法眼句，禪子自當於死心寮中求之。』凡此藏經，主工者僧悟機，如京師印經者僧希文。韶陽老人者，大長老悟新；山谷道人者，謫授涪州别駕戎州安置黄庭堅。《山谷全書·正集》卷一七。

〔一〕『魔』下原脱『復』字，據叢刊本補。

洪州分寧縣青龍山興化禪院記

幕阜山之東，黄龍山之下曰青龍山。背山而向溪，有道場曰興化禪院。相傳以爲隋初有頭陀卜築此山，得名曰靈臺院，至會昌而籍没。大中再許度人，有利相禪師，實化草萊，皆爲金碧，號澄心院。嗣興者曰伏虎禪師，歲遠失其名。蓋常以道行伏虎，鄉民生敬其經行，死奉其塔廟，至今遺基巋然，水旱猶請禱之。此後子孫食其田宅而已。至慶曆中，賜名興化禪院，於今七世，無赫赫可紀。紹聖丙子歲，衆請漳州僧以弼住持。弼嘗入黄龍心、泐潭文之丈室，自以爲聞得力句於東林常總禪師，不能補壞支傾，偷過歲月，鋭意興作，必欲自我一新之。尚有東林之規摹，又得長沙僧志秀爲之佐，故七年而大厦彌山，凡所以尊崇經像，安養聖賢，包容作務，館穀賓客，無不稱事，高明顯融。又栽杉十萬，以關盛衰。蓋方事之初，民慎展者，家有古墳櫧林，相其材可大用，而人以爲不可得。已而櫧林之中，夜聞鐘梵；或以告弼，試往喻之。慎氏四十餘院，欣然同施，人歆其祥。於是傾財獻力，遂崇成耳。惟積敝難振，大緣難成，非其時不興，非其人不能。夫更六世，而補破支壞，粗合苟完，可謂積敝矣。空山之間，四旁去州縣遠，徹故作新，費以巨萬，可謂大緣矣。櫧林鐘梵，非所應有而驚動，此其興之時也。弼以净行而主此緣，秀又爲之竭力，凡一切作務，病者不悔，死者不怨，皆曰，今我盡心盡力，必將惠我三昧，其人又能也。夫東林千歲之功，發地除之，不遺一像一室，爲屋千楹，成壞無不如意，然未及以道接十方也而化去。今弼尚未老，訖臻厥成，尚行總公之道哉！故爲之記，記其興廢而勸請之。《山谷全書·正集》卷一七。

太平州蕪湖縣吉祥禪院記

太平州蕪湖縣吉祥院者，考之載籍，不知其所本。父老言，曩猶有石刻云，院基於晉承和二年，而忘其名。又言，江南李昇初爲徐温乞子〔一〕，時徐知訓不能容昇，置酒伏劍士，欲殺之。行酒吏刁彦能知其故，以手爪語昇〔二〕。昇悟，起走，伏於此院北山間古松下以免。及昇有國〔三〕，名院曰『永壽』云。其後僧紹熙焚巢毁像，掃地幾盡。天聖初，知縣事太常博士董黄中逐紹熙，以授僧自元，而院中興。景祐大饗帝於明堂，賜院名曰『吉祥』。元之徒繼主事者曰可旻，亦有道行俗緣，以故其佛事崇成。上北山，斬竹開屋，凡數十楹。旻死，其弟可云、可暹，敗壞寺居，略如紹熙時，鐘魚不鳴，像設風雨。云等不能有，乃求以十方人主事，閲知縣事晉陵胡宗質、開封李士高，始以邑中士大夫耆老之願，起宣州廣教禪院僧慶餘傳法住持。蕪湖未嘗有十方院，院又蕪廢，不可措手，人以爲興之難。而餘以元豐八年五月二十八日來就法席，是日竹笋彌山，人以爲瑞。有屠者故凶忍，於是方欲解牛〔四〕，三夕不能奏刀，已而牛見夢：『送我吉祥院。』屠以語市中人，市中人則共買牛與吉祥，至今以供麥磑。方念作經藏，而法鼓自鳴〔五〕。餘亦不知寒暑，日乞於市上，風饕雪虐，道無行人，而夫須襏襫出作佛事，故邑人動心焉。其耆老亦有修禪奉律、信有是道者，以是坐賈行商、與田間著姓，破慳捨有，日月至焉。然餘自貧士一錢而乞之〔六〕，而人有施四十萬者。故歲行八周，興舊起廢，於今可以安方來、禮勤舊，下逮冗從，皆有舍區。又爲大轉輪藏經，其費巨萬。方歲之不易，居民薦菑於水火，若不可爲；而餘之立志如山，不可回奪。餘之言曰：『蕪湖古大縣，嘗爲丹陽郡治所，直中江之會，舳艫相屬，千里連檣，輔我者衆，則吾事當有濟時。百足之蟲，至死不仆，吾以是没，吾世爲之，以成難成〔七〕，遂濟登兹。』庭堅曰：『此山蓋爲永壽院者幾百年，爲吉祥院者又五十年矣，今乃蔚爲禪居，再閲廢興，可爲累嘆。物之成壞相尋，馮虚而責實，蓋難爲功。今餘之功緒且終，是必將齋心服形，退藏于密，延四方之有道者爲之法供養，豈使法鼓虚鳴，反爲磑下牛所笑哉！』故爲之記其所從來，使後有考焉。餘蓋授法於太平州興國修睦，而其同學弟仲珪實左右之。《山谷全書·正集》卷一七。

〔一〕昇：原作『昪』，據叢刊本改。下同。
〔二〕手爪：原脱『爪』字，據叢刊本補。
〔三〕『有』下原注『缺』，據叢刊本，此處無缺字，今從之。
〔四〕方：原作『坊』，據叢刊本改。

〔五〕鼓：原作「教」，據叢刊本改。
〔六〕自：原作「貞」，據叢刊本改。
〔七〕以成難成：原校：「一作是故能成難成。」按叢刊本作「以能難成」。

南康軍都昌縣清隱禪院記

發豫章下流，略鄱陽之封，據彭蠡上游，距落星灣輿行一舍，舟行百里，有大聚落，是爲古之鄡陽，今爲都昌縣治所。山悠而水遠，能陰而善晴，升南山而望之，如李成、范寬得意圖畫。蓋南山之於都昌，如娟秀人，直其眉目清明處也。其東則謝康樂繙經臺，其西則石壁精舍，見於康樂之詩。石壁之灣洄，古木怪石，又陶桓公之釣臺也。野老岩之下，盤折爲隈隩，其土泉甘而繁松竹，曰「清隱寺」者，唐泰陵皇帝所賜名也。其後縣令陳杲用咸通赦書，改築於南山之陽。自爾餘百年，閱廢興多矣，守者非其人，至無用庇風雨以食。熙寧甲寅，令王師孟初得廬山僧建隆主之，遂爲南山清隱禪院。乙卯丙辰而隆卒，長老惟湜自廬山來，百事權輿，願力成就，而僧太奇實爲之股肱〔一〕。於今八年，宮殿崇成，凡所以安衆作佛事者，靡不斬新。松竹欣欣，安樂雨露，而無斧斤。引高泉以致日用，器械奇巧，如人血脉周流於百體也。陰房薜壁，户牖通達。昔者蟲蛇之寢廟，虎豹之燕居，無不畚築丹堊。糞其寬衍以爲園蔬，老者有所休，壯者有所游，少欲而常足，無聚禄而望人之腹。余得意於山川以來，隨食南北二十年矣，未嘗不愛樂此山之美，故嘉嘆清隱之心，賞風月而同歸。清隱曰：『吾與子同與不同，付與五湖雲水，惟是艱難以至燕樂，强爲我記之。』清隱出於福清林氏，飽諸方學，最後入浮山圓鑒法遠之室〔二〕。浮山，臨濟七世孫，如雷如霆，觀父可以知子矣。《山谷全書·正集》卷一七。又見《名山勝概記》卷一一下。

〔一〕太奇：叢刊本作『太琦』。

〔二〕法遠：原作『决遠』，據叢刊本及《雲卧紀譚》卷上改。

吉州隆慶禪院轉輪藏記

維物外禪師冲日有道行，以江南楊氏順義中築室於廬陵郡之仁山〔一〕，其言傳，故院不廢，至于今爲隆慶禪院。熙寧乙卯，禪師利儼自黄龍慧南道人所來，樂仁山而駐錫焉。儼器宇重深，才智能任事。其初舉事緣，占邦人心〔二〕，告以刻《華嚴》經論板書，經費巨萬，人勸其功，期月而成。儼曰：『黄龍知見之香，可以普薰斯人矣。』於是安意莊嚴此山，即以其書告衆人曰：『吾師云：「五十六億萬歲，當有大丈夫來自善足天，於龍華菩提木下三轉法輪，度諸有緣人，稱所有施法佛及僧，是爲將來聽法種子。」其會盟以二月十九日。』至元豐三年其日，遠近皆會，有异僧來吃飯〔三〕，忽不知所如，道俗振動。四年六月，會者傾江西、湖南，而僧迦浮圖出光明相照此會，人無不歸心。故儼因此會供施，轉化多人，爲轉輪經藏。木石、金碧妙天下之材，百工妙天下之手，閱二歲而崇成〔四〕。機發於踵，大車左旋，人天聖凡，東出西没，鬼工神械，耀人心目。其費無慮二千萬，皆人自勸，非機巧智力所能。儼之言蓋如此。豫章黄庭堅曰：『夫一瓶一鉢，行若飛鳥，而宴坐十年，荆棘草萊，化爲金碧，歲無豐凶，施者常滿門。彼非有大才智鼓舞斯人，安能若是？』因其落成爲之記。《山谷全書·正集》卷一七。

〔一〕江南：原作『江西』，據叢刊本改。

〔二〕邦：原作『却』，據右引改。

〔三〕吃：右本作『訖』。

〔四〕二歲：右本作『三歲』。

懷安軍金堂縣慶善院大悲閣記

直金堂縣南有山如城壁，東西行者，風雨以爲保障，是謂金堂山。有一峰，發於其麓，自北而南，出絶峰上極，得地坦平，表裏見其江山，縣之爽塏處也。縣南故有僧房曰天王院，天聖中賜名曰慶善，爲舍五百楹，成於僧化之師文紀。至化之，乃度作千手眼大悲菩薩閣於峰頂。規摹之初，智者笑之，愚者排之，化之意益堅。其求於人，不避寒暑雨雪；其受人施，不計貧富多寡。積十五年而功乃成，於是又即山南北而爲宫，與大悲閣高下相望，爲屋將百楹矣。初，其匠事未能半，而壯麗宏敞，動人心目。於是笑之者皆助之謀，排之者皆借之力。已而檀施傾數州，其用錢至一千萬，然後聖像圓滿，千手所持，多象犀珠金，間見增出，無一臂不用，不以人功歲計所能辨也。觀者傾動，或至懺悔涕泣。於是化之自武其功，因余外兄張子安，乞余文記之。子安亦言：『化之醇樸不雕鎸，盡心於佛事，所作殊勝可紀也。』按千手眼大悲菩薩者，觀世音之化相也。維觀世音應物現形，或至於八萬四千手眼。昔楊惠之以塑工妙天下，爲八萬四千不可措手，故作千手眼相，曰：『後世雖有善工，不能加也。』已而果然。今之作者皆祖惠之云。金堂本廣漢郡之新都聚邑，至唐咸亨中，以金堂山而名其縣，化之其縣人也。子安，通直郎，知金堂縣事張君禔也。大悲閣作元祐二年之九月，將落成於新天子改元之某月。《山谷全書·正集》卷一七。又見《全蜀藝文志》卷三八。

濾州大雲寺滴乳泉記

濾州大雲寺西偏崖石上，有甘泉滴瀝，一州泉味皆不及也，余名曰『滴乳泉』。然寺僧宗惠埋其上，泉滴來不汲汲，似爲死骨所觸。余聞葬書，死而葬泉源者，其子孫皆當病水瘇而死〔一〕，其毒數世不已。惠若有子孫，可忠告之，遷以避數世之禍。《山谷全書・正集》卷一七。又見《名山勝概記》卷四四。

〔一〕瘇：原作『瘴』，據叢刊本改

吉州西峰院三秀亭記

廬陵比缺守，輒以它吏攝承，托宿傳舍。吏胥視民爲俎豆，執鞭者衆，羊失其牧，歲歲仍饑饉，夜有枹鼓，不治聲聞京師。元豐六年春，詔用壽春魏侯。魏侯有家法，以吏能名一世。至則引見官吏，問救敝所先。下書教民，諭以苦語；奬拔才能，昭勸不勉；戒敕宿負，聽以功除。按行州左右曹三獄，累械至三百餘，决其得情引慝，釋其點染攀牽，唯上請須報、遠逮證左與繫輕而捕重者，乃付有司。其所裁遣，蓋去三分之二，人氣以和。下車之十二日，芝草二本産於州院獄門之東，其後得一本於郡齋便坐之室，而最盛於西峰僧舍之秀野亭。一月之間，凡産芝二十餘，磊落權奇，人物象成。最後寺僧來獻黄芝，异本同穎。黄者慶色，异本同穎者不争之祥。今郡侯樂士愛民，天澤優渥，五穀順成，鈔盗其將衰息，健訟之民且化爲慈祥弟友；魏侯亦將鴻漸於臺省，以受福民之慶。則靈芝之生，不獨爲吉瑞。魏侯因改秀野亭以爲三秀，屬豫章黄庭堅記之。魏侯名綸，字君俞，其歲之六月甲戌記。《山谷全書·正集》卷一七。又見《名山勝概記》卷二六。

吉州慈恩寺仁壽塔記

吉州東山慈恩寺，治平皇帝賜名也。寺有江南李氏保大中刻石，曰龍興寺。而《高僧傳》言，仁壽舍利塔在發蒙寺。寺三易名，其歲月皆失款識。其傳曰：隋文皇帝方隱約時，有异人以舍利一掬遺之，曰：『以此福蒼生。』因忽不見。帝以示僧曇遷，置堂中，閱數日，數有盈縮，遷曰：『吾聞法身過於數量，非世智所及，此未可量。』有尼智遷數大言〔一〕，人以爲狂而不信，陰謂帝曰：『象教堙沈，一切鬼神皆西，兒當父母天下。』其後周失其牧，隋文受命，仁壽改元，乃詔分舍利三十，置浮圖於天下高爽地，所至皆發祥下瑞。三年，又以所餘舍利五十有三，分置五十三州，皆選有道行僧調護至其州，卜吉地爲浮圖。吉州發蒙寺，其一也，實以西京光明道場僧慧最將命。發地八尺，得豫章板，古瓴甓中，置銀罌舍利，觀者皆震動。唐天祐中，夜雷雨大晦冥，厥明視之，浮圖左旋，殆且盈尺，故基宛然，不相函，蓋非人力所及。靈瑞傳聞，崇奉傾數州。由天聖以來，屢見光景，志怪者或過其實，而曲士持議以爲無是。道彼恢詭譎怪，流俗喜傳，無以爲有；寡見淺聞，又裁耳目之外，謂之不然。故曰『夏蟲不信冰霜，醯鷄斷無天地』，彼何足論大方之家！故咨考實録，遺主塔僧師慧，以告來者。師惠喜事，有經論學，樂以余言勒之金石。《山谷全書·正集》卷一七。又見《國朝二百家名賢文粹》卷一二四。

〔一〕智遷：叢刊本作『智仙』。

天鉢禪院準禪師舍利塔記

維東福勝，故號天鉢。有來鎡錤，在同光之末。令初堂堂，大覺印可。干戈日尋，禪子宴坐。真人開宋，六合爲家。時維令準，以弟繼初〔一〕，持臨濟家法，鼓板鐘魚。寂寥百年，有僧父子。父糊其鄰，子乞于市。文慈重元〔二〕，海岱維清。如雷如霆，十州震驚。盲者得眼〔三〕，檀者傾施。日飯三百，猶故不賜〔四〕。覺海若沖，提印了空。雪山醍醐，法示一味，飲者不同。冲子智航，蓋士夫選。諸根猛利，透出魔罥。昔在天鉢，風雨及床，瓶鉢三世，冬温夏凉。有窣堵波，畚築所開，發函得骨，莫詔其誰。稽首摩拂，舍利涌出，銜齒附骨，如珠瑟瑟。乃考圖記，準實藏此，壽七十五，同光之季。累甓莊嚴，鐘唄威儀，使見聞發心，維航智悲。林下家間，得意自足，蒿萊荆棘，不純不縟。因時成文，證德訓俗。如象遇雷，如龜藏六。攻石作銘〔五〕，閲世陵谷。

《山谷全書·正集》卷一七。

〔一〕繼：原作『纖』，據叢刊本改。

〔二〕文慈：右本作『文惠』。

〔三〕盲者得眼：原作『育者得眠』，據右引改。

〔四〕『故』字原脱，據右引補。

〔五〕攻：原誤作『考』，據右引改。

江陵府承天禪院塔記

紹聖二年，余以史事得罪竄黔中，道出江陵，寓承天，以補紉春服。時住持僧智珠，方撤舊僧伽浮圖於地，瓦木如山，而囑余曰：『成功之後，願乞文記之。』余笑曰：『作記不難，顧成功爲難耳。』後六年，余蒙恩東歸，則七級浮圖巋然立於雲霄之上矣，因問其緣，珠曰：『此雖出於衆力，費以萬緡，鳩工於丁丑，而落成於壬午。其難者既成功矣，其不難者敢乞之。』余曰：『諾。』謹按，承天禪院僧伽浮圖，作于高氏在荆州時，既壞，而主者非其人，枝撑以度歲月。有知進者，住持十八年，守舊而已。智珠初問心法於清源奇道者，而自閩中來，則佐知進主院事。道俗欣欣，皆曰：『起廢扶傾，惟此道人能之。』於是六年，作而新之者過半。知進殁，衆歸珠，而不釋此浮圖，遂崇成耳。僧伽本起於盱眙，于今寶祠遍天下，其道化乃溢于异城，何哉？豈釋氏所謂願力普及者乎？儒者常論一佛寺之費，蓋中民萬家之産，實生民穀帛之蠹。雖余亦謂之然。然自余省事以來，觀天下財力屈竭之端，國家無大軍旅勤民丁賦之政，則蝗旱水溢，或疾疫連數十州，此蓋生人之共業，盈虚有數，非人力所能勝者耶？然天下之善人少，不善人常多。王者之刑賞以治其外，佛者之禍福以治其内，則於世教，豈小補哉！而儒者嘗欲合而軋之，是真何理哉！因珠乞文，記其化緣，故并論其事。智珠，古田人，有智略而無心，與人無崖岸，又不爲翕翕然，故久而人益信之。買石者鄒永年，篆額者黄乘，作記者黄某，立石者馬珹〔一〕。《山谷全書·别集》卷二。又見《豫章先生遺文》卷三，《湖北金石志》卷一〇。

〔一〕馬珹：原作『馬城』，《豫章先生遺文》作『馬誠』，《湖北金石志》又作『馬成』。按據黄㽦《山谷年譜》，字當作『珹』，馬珹字中玉，庭堅之友，時知江陵府也。據改。

成都府慈因忠報禪院經藏閣記

元祐七年九月，翰林學士范公百禄以中書侍郎與聞大政，追榮其三世，曾大父璲贈太子少保，大父度贈太師，父鍇贈太尉。其兆在成都東北近郊之五里，例得即塋次築佛廟，以極崇奉之意。天子錫之名曰『慈因忠報禪院』，所以休寧范氏之祖考，而勸之以熙載之功。中書之兄朝散郎百朋，榮家之慶，侈上之賜，相其土田，以基以堂，伐山隨川，阜其材木。凡爲屋二百楹，一出于己，不以累人。又擇僧之有名行者繼隆主之。隆以釋氏法度，其徒爲一姓子者今七人矣，而慈元實協贊其經營。元又度大藏爲經閣〔一〕，在院西。其土從三十五尺，横七十七尺，爲複屋，直三而曲四，致飾甚嚴。所藏經五千四十八卷，勸請士大夫四百餘家，皆號稱能書，乃畀之書。其費皆出於范氏。奔走所嚮，積以日月，訖於崇成，皆出慈元。凡此莊嚴之功，朝散不愛其財，慈元不愛其力，故能速成而盡美。成都雖大府，閥閲相望，而用執政尊顯其先隴，以恩得佛寺，度僧以守之，唯范氏，故士大夫家皆欽羡之。閣成，朝散屬元來乞文以記之。余惟中書君輔政未久，而捐館于河中，遂葬于河南，諸子亦不能歸；而朝散公年餘八十〔二〕，能不懈于崇奉，可謂知本矣。元以灑埽之勞行，度身任其事，可謂不忘本矣。經閣之壯麗，施書之名題，字畫之工拙，來觀者當自得之，故不書。書經藏之所以成，與此院之因起，使廢興之際有考焉，蓋范氏之志也。《山谷全書·别集》卷二。又見

〔一〕《豫章先生遺文》卷三。

〔二〕度大藏爲經閣：《豫章先生遺文》作「度爲大藏經閣」。

〔三〕年餘八十：右書作「年九十」。

萍鄉縣寶積禪寺記

寶積禪寺，本周廣順中以民李氏施宅地梵林寺，寺有僧伽象，顯德中見光怪累日，因改寶積寺。星居六室，以元符二年十二月敕破律爲禪，以僧紹概主之。而概于萍鄉無法緣，居十月而里人不施一錢，于是弃而去。三年十月，余伯氏元明爲令也，擇請延慶院山主宗禪來尸法席。禪倦游諸方，號稱得安樂法，其居延慶也，變飲酒食肉處爲菩提坊，開草萊荆棘爲金碧聚，故元明以爲是必能興我寶積。三招而後肯來，至則破六律院爲一叢林，謗者杜口，檀者傾施。六閲歲，盡徹蜂房之屋，鬱爲鷲峰之會。建中靖國之元，方丈、三門、世尊之廟崇成矣。粤明年，樂静室、德味厨、法堂皆畢工。凡率有錢之家爲五百萬〔一〕，而所以庇覆安樂道衆冗徒之屋無不具。使嚚訟者口談般若，鄙吝者心悦檀施。若禪者可謂有功於此縣，而其道行之化，或溢於鄰邦矣。伯氏來屬爲禪記之，故叙載如此。崇寧二年十一月丁丑，朝奉郎、管句洪州玉隆觀、雲騎尉、賜緋魚袋黄庭堅魯直記并書。萍鄉縣令黄大臨元明立石。《山谷全書·别集》卷二。又見《豫章先生遺文》卷三，《益公題跋》卷一〇。

〔一〕有錢之家：《豫章先生遺文》作『有家之錢』。

普覺禪寺轉輪藏記

法界門中無孤單，法起則全起；古人陳迹無壞滅，性用則日新。惟去本之日遠，不知法所從來，遂令色像峥嶸，心目流轉，故説法者濫於邪師，聽法者窮乎不信耳。普覺禪師楚金既作經藏，以書抵山谷道人曰：『我初住普覺，破屋數十楹耳，不知何人飂食吾垣，地闕東北，茅塞吾道，蛇行東西。賴外護之力，皆復厥初。我四垣平直，松竹行列，道出正南，會於四達之衢。由上漏下濕，至於風雨寒暑而不知；由食時乞飯，至於日饍百人而不濁。末後以檀施之餘，建蓮華轉輪經藏，百工神奇，輪奂一新，化出幻没，耀人心顔，佛事莊嚴，自謂愜當。然或譏謗，以謂大老翁當爲十方衲子興法之供養，安用作此機械、隨俗嫮夸耶？於山谷意如何？』山谷曰：『妙德法界，不容一塵；普賢行門，不利一法。吾聞轉輪藏者，權輿於雙林大士，可謂淺深隨量，巧被三根。今使在俗處廛不知文字性相者捨所積藏，滅慳貪垢，布净信種，隨此輪轉，示世間生起所因，所作饒益，被譏謗者亦知之矣。若乃此離垢輪圓機時示諸衲子，轉者誰轉，止者誰止，負荷含藏，承誰恩力，一念正真，權慧具矣。若能如是觀者，即絶衆生生死流，即具普賢一切行。不如是觀，雖八萬四千寶目遍入五千四十八卷，字字照了，虎觀水磨，竟是何物。常坐不動道場，即此以爲佛事，善知諸子回心與未回心，堪入生死與不堪入生死，根器成熟與未成熟，法之供養更於何求？』普覺老欣然曰：『我今有六十衲子坐夏，而山谷道人爲我轉此法輪，省老翁無量葛藤。幸爲我書之，以告來者。』元祐九年四月丁巳，豫章黄某記。《山谷全書·別集》卷二。

石門寺題名記 一

韓城元聿、雙井黄某同游石門。霜清木落，山川高明，掃徑上冠雲亭〔一〕，可以忘歸。《山谷全書·別集》卷二。又見《豫章先生遺文》卷一二，《名山勝概記》卷一九。

〔一〕掃徑：《豫章先生遺文》作『掃葉』。

石門寺題名記　二

晚到石門，秋氣正肅。斜日在青苔上，冷光翻衣袂。此地憶康樂『迴溪淺瀨，茂林修竹』語，使人意遠。《名山勝概記》卷一九。

戎州舍利塔銘

維我戎州，治漢僰道。鈎帶二江，撫有蠻獠。王德無外，來享疏犒。在邊文武，卧鼓弗考。維時父老，崇佛宫廟。道人在純，法中杜多。捨所懷璧，嚴窣堵波。寶積佛之舍利羅，五色生息；僧伽師之骨身，匪玉匪石。大善知識，功德之餘，用福蠻方。三灾不作，百穀有年，上天降康。歲攝提格，元符天子，萬壽無疆。涪翁作頌，不顯其光，以詔方將。此第七級，不爰衆力，檀者陳防。吠琉璃瓶，白金爲墻，施者周章。《山谷全書·正集》卷二一。

無等院生臺銘

呵利底母衆，以血食爲命。探懷取嬰兒，而其父母愁痛。如來慈威力，爲開甘露門。乃救清净衆，受食施己分。稱頌五如來，及佛金口敕。粒粒遍十方，施衆生飽滿。彼呵利眷屬，化形來受供。若有彈射者，死墮畜生道。若彼慳貪心，謂少不飽衆。是人違佛敕，死入餓鬼道。司馬竦、旦、泰〔一〕，母夫人白氏，琢石作生臺。以施無量故，獲福亦無量。《山谷全書·正集》卷二一。又見《永樂大典》卷二六〇三。

〔一〕原注：『竦、旦、泰，司馬氏三子名。』

法雲寺金剛像銘

善才訪道海絶處，鑄金莊嚴萬物睹。道人公麟規範土，臮氏翟用司火度。在元祐元秋白露，檀越張侯、冀公主，法雲秀公第一祖。《山谷全書·正集》卷二一。

法雲寺水頭鑊銘

圓通師，大蘭若。冀公主，捨脂澤。無量鑊〔一〕，慈悲杓，來者酌。聞尚檀，從智作。《山谷全書·正集》卷二一。

〔一〕鑊：原作『護』，據叢刊本改。

瀘州開福寺彌勒殿銘〔一〕

瀘州控綿水一都會，文經武略，付在守臣，呼吸變故，應以整暇。佛廟鐘鼓，亦用震驚聾俗，使相輯睦，不相侵冒，實爲王略之助。瀘故有開福寺彌勒大像殿，屹岌通衢，夷夏所瞻摩。以歲祀，金碧黯昧〔二〕，象設攲傾，僧景沂、了愚、了謁同力新之。始於紹聖丁丑，成於建中靖國之元，而景沂來請銘〔三〕。余爲稽首銘之曰：

能仁像法，岌岌將傾。知足天王，下開群冥。維此金像，景沂所作。侍其純夫，實掌西南之鑰。有其閉之，莫相侮侵；有其開之，來獻其琛。

此卷摹刻畢，便留充沂上人衣鉢〔四〕。若有攘臂紾奪者，依東坡先生施四菩薩板誓。建中靖國元年正月丁亥，清輝閣前舟中書〔五〕。《山谷全書·别集》卷三。又見《豫章先生遺文》卷二。

〔一〕彌勒殿銘：《豫章先生遺文》作「大像銘」。

〔二〕昧：原作「時」，據嘉靖六年喬遷余載仕重修本《豫章先生文集》《外集》《别集》（簡稱「嘉靖本」）及《遺文》改。

〔三〕「來」字原無，據《遺文》補。

〔四〕充：原作「兖」，據嘉靖本及《遺文》改。

〔五〕清：原作「青」，據《遺文》改。

黄龍心禪師塔銘　元符三年

師諱祖心，黄龍惠南禪師之嫡子。見性諦當，入道穩實，深入南公之室。許以法器，爲之道地，雲峰文悦發之；脱略窠臼，游戲三昧，翠岩可真與之。住持黄龍山十有二年，退居庵頭二十餘年。元符三年十一月十六日中夜而没，葬骨石於南公塔之東。住世七十有六年，坐五十有五夏。賜紫衣，親賢徐王之請也；號寶覺大師，駙馬都尉王詵之請也。初，南雄州始興縣鄔氏子爲儒生有聲〔一〕，年十九而目盲；父母許以出家，忽復見物。乃往依龍山寺僧惠全，全名之曰祖心云。

明年與試經業，師獨獻所業詩，試官奇之，遂以合格。聞雖在僧次，常勤俗學，衆中推其多能。久之，繼住受業寺不奉戒律，且逢横逆，乃弃去，來入叢林。初謁雲峰，雲峰孤硬難入，見師，慰誨接納。師乃决志歸依朝夕。三載，終不契機，告悦將去，悦曰：『必往依黄蘗南禪師。』師居黄蘗四年，雖深信此事，而不大發明，又辭而上雲峰。會悦謝世，於是就止石霜，無所參决。因閱《傳燈》，至『僧問：「如何是多福？一叢竹多福？」曰：「一莖兩莖斜。」僧云：「不會多福。」曰：「三莖四莖曲。」』此時頓覺親見二師。歸禮黄蘗，方展坐具，南公曰：『汝入吾室矣。』師亦踴躍自喜，即應曰：『大事本來如是，和尚何用教人看話下語，百計搜尋。』南公曰：『若不令汝如此，究尋到無用心處，自見自了，吾則埋没汝也。』師從容游泳，陸沈於衆，時往諮决雲門語句。南公曰：『知是般事便休，安用許多工夫。』師曰：『不然。但有纖介疑在，不到無學，如何得七縱八横，天迴地轉？』南公肯之。已而往謁翠岩，翠岩貶剥諸方，諸方號爲真點胸，見師即云：『禪客從黄蘗師兄處來，未見有地頭者。個嶺男子却有地頭，汝能久住，吾亦不孤負汝師。』依止二年，翠岩没後，乃歸黄蘗。南公分坐，令接後來。及南公遷住黄龍，師往就泐潭曉月講學，蓋月能以一切文字入禪悦之味。同列或指笑師『下喬木，入幽谷』者，師聞之曰：『彼以有得之得護前遮後，我以無學之學朝宗百川。』中以小疾，求醫章江院，轉運判官夏倚公立雅意禪宗，見楊杰次公，而問黄龍之道，恨未即見。次公曰：『有心首座在章江，公能自屈，不待見南也。』公立聞之，亟至章江，見師在僧堂後持經，問曰：『非心公耶？』對曰：『是。』揖坐而嘆曰：『達摩一宗將掃地矣！』因劇談道妙。至會萬物爲自己，及情與無情共一體，有犬卧香案下，師以壓尺擊香案曰：『犬有情即去，香案無情自住。情與無情，如何得成一體？』公立不能答。師曰：『才入思惟，便成剩法，何曾會物爲己？』公立於是參叩鄭重。南公入滅，僧俗請師繼坐道場，化俗談真，重規疊矩，四方歸仰，初不減南公時。然師雅尚真率，不樂從事於務，五求解去，乃得謝事閑居，而學者益親。謝景温師直守潭州，虚大潙以致師，三辭不往，又屬江西轉運判官彭汝礪器資起師。器資請所以不應長沙之意，師曰：『願見謝公，不願領大潙也。馬祖、百丈以前無住持事，道義相求於空閑寂寞之濱而已。其後雖有住持，王臣尊禮，謂之人天師。今則不然，掛名官府，如有户籍之民，直遣五百追呼之耳，此豈可復爲也？』器資以此言反命，師直由是致書，願得一見，不敢以住持相屈。師遂至長沙。蓋於四方公卿意，合則千里應之，不合則數舍亦不往。其於接納，潔己以進，無不攝受。容有匪人，不保其往，至於本色道人，參承諮決，爐爐鞴鉗椎，厥功妙密，故其所得法子冠映四海。雖博通内外，而指人甚要，雖直以見性爲宗，而隨方啓迪。故摭内外書之要指，徵詰開示，使人因所服習，克己自觀，悟則同歸，歸則無教。諸方訾師不當以外書糅佛說，師曰：『若不見性，則佛祖密語盡成外書；若見性，則魔説狐禪皆爲密語〔二〕。』南公道貌德威，極難親附，雖老於叢林者，見之汗下。師之造前，意甚閑暇，終日笑語，師資相忘。四十年間，士大夫聞其風而開發者甚衆。惟其善巧無方，普慈不簡〔三〕，人未見之，或生慢疑謗，承顔接辭，無不服膺。庭堅夙承記莂〔四〕，堪任大法，道眼未圓，而來瞻窣堵，實深安仰之嘆。乃勒堅珉，敬頌遺美。其詳則見於師之嫡子惟清禪師所撰行狀。銘曰：

鹿野孤園，衆千二百，空寂而住，時至乞食。法王啓齒，三界爲家，皆是吾子，實無等差。宴坐經行，無資生物〔五〕，病而須乳，侍者行乞，泐潭百丈，住成法席，國不入禪，禪不入國。末法住持，以食爲宗，王官作牧，驅羊西東。師嘗一出，歲行十二，鐘魚轟轟，如垢不磧。脱梏以往，娑婆林丘，龍蛇混居，雷藏電收。抱道在旁〔六〕，不誰不汝，及其震驚，萬物時雨。師之於道，曰行太空，譬日之明，勞而少功。《山谷全書・正集》卷三二。

〔一〕鄔氏：叢刊本原校：「一作『鄒氏』。」

〔二〕密：原作「道」，據叢刊本改。

〔三〕簡：原作「間」，據叢刊本改。

〔四〕夙承記莂：原校：「一作『嘗承夙記』。」

〔五〕物：原作「鎛」，叢刊本作「物」。按「物」與下句「乞」字爲韵，作「鎛」則失韵，據改。

〔六〕旁：原作「勞」，據叢刊本改。

福昌信禪師塔銘　元祐三年閏十二月

禪師名知信，出於福州閩縣蕭氏。蕭氏以捕魚爲生，師幼則根慧，觸事疏通，無憂恚疑懼，撫會而言，或非里中語。隨父兄在江濱，輒從網中弃所得魚。久之，父兄爲易業。年十三，乞身於親，去家爲釋子。奉持頭陀甚苦，山行，夜逢虎，師祝之曰：『使我得披如來衣，作世間眼者，當不害我。』虎因背去。年二十有六，乃誦經應格，得僧服。平居與衆勞侶共一手作，衆作少休，師則問道，常有大禪老記師當爲法幢。蓋所游非一師，最後入夾山遵之室。遵，雲門偃之曾孫，含光匿迹，如愚似鄙，惟叢林中行甚深智者可知耳。師之入室，不陟階漸，如石投水，如箭鋒相直，如印印泥。其深禪妙句，自有録，余嘗書其後云：維福昌信老，峭立萬仞壁於夾山，影中印全提般若者也。師之接人，不爲驚濤險崖、關鎖閉距，然非相應者，終不得其門而入，今其書具在，可考而知也。在夾山任值歲典座餘十年，蓺杉松滿山，水陸不耕者皆爲田。住福昌寺二十一年，其初草衣木食，寢飯破屋數間，於今廣厦，不知寒暑，齋供數百人。師隨事莊嚴不懈如一日，或勸師：『安用苦色身以徇事緣？宴居養道可矣。』師曰：『一切聖賢，出生入死，成就無邊，衆生行願，不滿不名，滿足菩提。』師之密行，不愧斯言云。元祐三年閏十二月己酉，不升堂。庚戌，湯浴更衣。辛亥卧疾，問曰：『早晚？』曰：『正午矣。』起坐而逝。閲世五十九，夏坐三十三。以其月庚申，道俗門人數百，葬師於福昌善禪師塔之左。江陵居士劉瓘以狀來請曰：『禪師道眼清净，戒地堅密，願得石文，以告來者。』則爲銘曰：

巍巍堂堂，首出萬物；泯泯默默，與衆作息。誰其信之，成有密迹。具此眼者，百世同轍。稱性之印，印空成文。林泉市廛，有子有孫。大行所薰，骨亦不朽。出見世間，千萬年後。《山谷全書·正集》卷三二。

圜明大師塔銘　元符三年十月

大師號無演，出於天彭張氏。幼童英烈，不甘處俗。年十五，弃家事承天院寶梵大師昭符，符記之曰：『此子他日法中龍象也。』年二十，以誦經落髮，受《首楞嚴經》於繼舒。舒没，卒業於惟鳳文昭，受《圓覺經》《肇論》於省身，受《華嚴法界觀》《起信論》於曉顔，受《唯識》《百法論》於延慶。凡此諸師，皆聲名籍籍，師必妙得其家風然後已。又從諸儒講學，於書無所不觀，於文無所不能，至於曲藝，學則無所不妙解。清獻趙公始請師登法席，師於《楞嚴》了義，指掌極談，席下道俗，如飲醇酒，無不心醉，如肉貫串，處處同其義味。蓋於此一經，心融形釋，出入内外篇籍，風行電擊，無不如意。又嘗問道於禪師惟迪、惟勝，師默然心許曰：『此自在吾術内矣。』又作大悲觀世音化相，宇以崇閣，極天下之竘工珍材，二十餘年乃成，人以爲莊嚴之冠，不知師之游戲也。中年喜葛洪《内篇》，延异人譎士，將以丹石伏物，皆爲黄金。或取其金而畔去，師不悔不怒，他日遇之，禮之如初。此可以觀其德性也。寶梵既没，二親又耄期去世，乃謀南游，曰：『吾聞南方大士，有若祖心，有若克文，有若善本，皆命世亞聖大人也，不可不行觀道焉。』元符三年五月，道出戎州，始識之。卓乎偉哉，其非凡器也！是歲四月甲辰，憩渝州覺林禪院，不疾而逝化。僧臘三十有七。其法子曰圜、曰雨、曰觀、曰鐙、曰印、曰本、曰顗，以其年十月丙午，奉師遺骨，藏於寶梵師塔之西，而來乞銘。銘曰：

蜕蟬于東，歸骨于西。皆我法界，不憾不疑。諸子矯矯，不尚有造，其能似之。《山谷全書·正集》卷三二。

法安大師塔銘 元豐七年

禪師號法安，出於臨川許氏。幼謝父母，師事承天長老慕閑。年二十誦經，通授僧服，則無守家傳鉢之心，求師問道，不見山川寒暑。初依止雪竇重顯。顯没，則依天衣義懷。雖蒙天衣印可，猶栖法席數年，同參皆推上之。法雲禪師法秀尤與之友善，以經論入微爲同業，參玄入不二爲同門故也。辭天衣，又探賾鈎深，靡不經歷。年三十有七，歸在臨川。初受請住黄山之如意院，破屋壞垣，無以蔽風雨，師住十年，大厦崇成，僧至如歸。乃謝去，下江漢，杭二浙，上天台、四明，溯淮、汶而還〔一〕。所至接物利生，未嘗失言，亦未嘗失人。白首懷道，蕭然無侶。倚杖於南昌上藍，又受請住武寧延恩寺〔二〕。延恩父子傳器，貧不能守之，初以爲十方，始至，草屋數楹，敗床不簀，師處之超然。縣尹裴士章欲糾合豪右，爲師一新之，師曰：『檀法本以度人，今不發心而强之，是名作業，不名佛事。』裴以師苦白，因止不爲，師亦住十年。凡安衆之地，冬燠而夏凉，鍾魚而粥，鍾魚而飯，來者息焉。以元豐甲子歲七月，命弟子取方丈文書，勿復料簡，商略爲聚，如共住僧，數人與其一，則示微疾。其八月辛未終于寢室，閲世六十有一年，坐四十有一夏。弟子普觀營塔于後山，距寺百步。師平凡常謂人曰：『萬事隨緣，是安樂法。』師之居延恩，人視之，不堪其憂。於是法雲秀常有衆千數百，説法如雲雨，所居世界莊嚴，其威光可以爲兄弟接羽翼而天飛也。以書招師云云，師發書，一笑而已。予舊聞禪師爲有道而陸沈者，每嘆息其無傳，晚得友道人惟清，清之言曰：『我初發心，實在延恩，安公告戒策勵，如父母師友，中心以謂凡住山者，法如是爾。及游諸方，罕遇如安公者，以是提耳之誨，不忘于心。若安公名稱利養，實不能與天下衲師争衡，然此自不滿安公之一笑。公可作石，置安公道場，使來者知住山規矩當如是。』于是追迹行李，總其化緣起滅如此，而繫之以詞。詞曰：

三際十方，心田一契。威音以來，諸佛所印。其中種子，皆本來法。東西相付，唯證乃知。證得祖契，如是而住。爲萬物主，是故無諍。若有造作，無印之契。妄認界畔，如空如海。維此契心，有無根樹。問其所在，則伏冒佃。由初不知，自本自根。懷藏僞契，算其丘角。一九非九，謂傳密記。目盲爲幻，醫窮子眼。披如來衣，作大妄語。見地不真〔三〕，與萬物訟。見境峥嶸，故多諍論。土牛耕石，終不得稻。堂堂安公，是大田主。絶學無爲，終日修行。出入生死，無作無造。法住法位，無有争地。布慈悲雲，雨一味法，飛蝗蔽天，赤旱千里。而我境界，萬物有年。鑿井耕田，不荷帝力。安公法爾，一切亦爾。安公道場，來者敬禮。《山谷全書·正集》卷三二。

〔一〕溯：原作『泝』，據叢刊本改。

〔二〕『受請』二字原缺，據叢刊本補。

〔三〕真：叢刊本作『直』。

智悟大師塔銘　元豐八年十月

聖壽禪院僧明教大師慧表、寶月大師慧雲，狀其師懷謹行業始終，來乞銘。予聞謹游王公戚里四十年，委金帛如山，未嘗留一錢楮中。度門人百八十有二，禮其勤舊，而教養其罷不能〔一〕，内外無間言。其趣操類賢士大夫，是宜銘。故叙而銘之。謹，賈姓，開封民家，母劉氏方娠，夢幡干出青囊中，占曰：『干出于囊，萬夫之望。兒不爲家人子，去家而有光。』及謹生，而骨相與閭里兒异。九歲，依普明道者歸恭出家。經梵禪律，無所不學，落髮而左右普明，於緣事盡心力，不受一毫。普明没，即以謹知院事。謹於經行輒作佛事，皆赫赫成就。治平中，普明所作僧伽浮圖壞，謹力新之。至于躬土木之功，未嘗過人之門，聞者傾施，其半縣官佐之〔二〕，閱二歲而崇成。繚以周廊複屋，十倍其初，費萬萬計。於是詔廢印經院，以經板十六萬畀謹刻印，賜之。凡謹賜服號名及他錫予，皆以行業聞，不録録因人也。僧夏五十有九，住持二十有八年，如出一日。生以大中祥符辛亥九月丁酉，没以元豐乙丑十月戊寅，而葬以其十一月庚申，其浮圖在祥符縣樊村之崇臺云。表有謀略，處煩而知務；雲佐謹，夙有力。謹没，衆皆推院事，莫敢承，曰：『非表則雲。』而表與雲又孫辭相先，以是益知謹之賢。銘曰：

維智悟，祥於天。爲法器，不家傳。謝斯文，以游刃。維德機，與事會。勞而不伐，丘山其成之。下仞其有，稛載而歸之。以躬爲律，杖屨其信之。孔欣孔時，乖寡者順之。以彼易此，士夫或吝之。有似有續，我銘以洵之。《山谷全書·正集》卷三二。

〔一〕教：原作『敬』，據叢刊本改。

〔二〕佐：原作『住』，據叢刊本改。

姚孳

姚孳，字舜徒，以字行，又號過雲居士，明州慈溪（今浙江慈溪東南）人。熙寧九年進士。歷尉掾，知桃源縣，奏課爲天下第一。元符召對稱旨，除提舉成都府路常平等事。崇寧中知泗州，政和中爲江東轉運副使。後除直龍圖閣、知夔州，卒於官。見寶慶《四明志》卷八，《宋會要輯稿》刑法二之四三。

永明寺大殿記

句章郡西有大聚落邑名慈溪。井之右有大伽藍號曰『永明』。始基建立，在唐天寶；敦牂之歲，揭爲禪林。會昌遭難，大中復興，命以大寶，而易其舊。皇朝祥符，始錫今額。厥初草具，香積無庖，徒衆星居，金繩界弛。有僧知簡，努力營造，始自嘉祐，迄於熙寧，垂三十年。精舍悉備，檀施雲集，遂爲長堂。中構寶殿，奉釋伽、文殊。歲月浸遠，楝宇傾頽，乃至尊像亦復隳壞。爾時主僧若冰修行三昧，嚴净毗尼，睇視悲泣，謂其徒曰：『我等苾芻，蒙被佛恩，盡未來世，終不能報。目擊斯事，居豈能安？』於是并謀協慮，起勇猛心，日裒月積，丐諸俗姓，得種種材，將議營建。俄而中阻，心欲奪之，退自刻責：『云何罪業，而有魔障。顧念力綿，夫豈能勝！』晝夜思惟，薰修懇禱，愿憑佛祐，集我緣事。居無幾何，衆材復歸。當知誠心，昭答如響。爰命工師，增廣基構。歸然隆棟，不日而成。金碧丹漆，照耀人目。復以衆香和七寶泥，作如來像，相好端嚴，宛如天造。總其資費，乃至萬千。業畢之日，實在崇寧丙戌仲夏壬辰。是諸有衆，無遠無邇，若女若男，不謀俱集，躬持香花、幢幡寶蓋、鐘鼓鐃唄與衆音樂，作大佛事，而落其成。爾時過雲居士適至其所，同聲隨喜，瞻仰贊嘆：『善哉！佛子作是勝緣。』若冰進曰：『我等夙幸結華林會，遇善知識，爲我證明，願得叙述，以永不朽。』居士報言：『一切世間、出世間法，乃至無上正等菩提，本性俱空，究竟非實。如夢如幻，如尋香城，雖皆似有，而無實性。如來法身，譬諸陽焰中水，明鏡中像，空谷中聲，來何所從，去何所至，刻畫形容，了不可得。昔優延陀王渴仰於佛，自負香木，脱身瓔珞，持與天匠，願爲造像。天匠自言：「我之工巧雖號第一，然造佛形，終不能盡。但可模擬螺髻玉毫小分之相，諸餘相好光明威德，誰能制作？」譬如有人以炭畫日，言相似者，無有是處。設以真金而作佛像，亦復如是。今汝所造，是真佛耶，是非佛耶？佛即衆生，衆生即佛，佛與衆生，等無差别，然皆假名，本性空故。汝緣假名，因作假像，吾復假説，以假襲假，豈不妄哉！雖然，衆生沉迷，不見自性，開示悟入，必假名相，如標月指，如渡河筏，又如失道，須憑導師。一念心起，諸佛現前。建此法門，是安可置？至如童子聚沙，戲作佛塔，若人爲佛建立形像，或以七寶鐵木及泥，乃至指爪刻畫而成，是諸人等，皆成佛道。昔佛嘗告優滇王言：「極四衆天下江海之水，尚可斗量，以致枯盡。」作佛形像，其福過之。仁者當知佛語不虚。凡諸四衆，應以是觀。』居士説已，若冰釋然。退而書之，以爲記云。雍正《慈溪縣志》卷一四，雍正八年刊本。又見雍正《浙江通志》卷二三〇，光緒《慈溪縣志》卷四一。

王詵

王詵，字晉卿，其先太原（今山西太原）人，祖凱徙家開封。全斌裔孫，尚英宗女蜀國長公主，官拜左衛將軍、駙馬都尉，爲利州防禦使。與蘇軾等相友善，以黨籍貶官均州。後赦還，元祐初官至定州觀察使，封開國公。卒謚榮安。詵能詩善書畫，風流藴籍，爲人稱道。見《宣和畫譜》卷一二，《宋史》卷二五五《王全斌傳》，《宋詩紀事》卷二四。

大宋故昭孝禪院主辯證大師塔銘　并序〔一〕

神宗皇帝以孝治天下，凡世之所以奉先追遠之事，靡不舉焉。熙寧初，詔即永昭□厚陵建浮圖氏居，以修梵福。五年功畢，敕額曰昭孝禪院，御書其榜。乃推擇名德，將使主其事，凡得二十人，又選於其中，得啓聖禪院僧重表。於是宣補住持，特度其弟子十人，以寵榮之。師侈上之賜，心有以□天子追奉之誠，莅事之日，謀善於始，約以持己，寬以御物。殿既飾以致焚修之勤，堂既崇以蕆講誦之席，有容焉則以安清衆，有厨焉則以薦香積。不敢爲妄悦，雖無刑而嚴；不敢爲妄怒，雖無賞而和。是以聚徒百衆，直侍□□過之，而大小皆得其情，且樂爲之用。故師處之裕如，而金穀滋衍，垣墉者皆墍茨矣，樸斫者皆丹雘矣。師猶不自暇豫，日底□□。□祐初，太皇太后聞其行，詔坤成節别賜度牒三道、紫衣二道，爲莊嚴聖像之用。繇是人益歸嚮，善緣日廣。師未嘗畜衣盂，至于服用取纔足而已。住持凡二十年，人無間言。度其弟子至一百六十餘人。以元祐六年十一月二十日疾，召門弟子語之曰：『有爲之法，豈异電光雲影哉？吾嘗修凈土觀，緣殆至矣。』語畢右脅而□，蓋西嚮也。聞者皆驚嘆焉。俗壽七十二，僧臘五十一。管□嵩山崇福宫、朝請郎、□君景□施一方爲塔域，直昭孝之西三里曰孝義橋西地之原。明年正月二日，弟子具禮儀而葬之。既葬八月，其法屬弟啓聖禪院供養主□通大師守僧、弟子明教大師昭智等，來請余志其塔。按師姓張氏，洺州曲周人也。自童□時已异諸□□，長□事生産業，一日告其母曰：『聞佛氏有出家法，願歸心焉。』景祐四年來京師，往謁啓聖禪院主明智大師惠□，□□□志，明智壯□□之，師喜且嘆曰：『既已弃吾親而來，可不淬勵以成吾身哉？』執役之間，未始輟焚誦也。康定二年，以誦經及格披剃。明年，受□□。自是篤志律儀，尤樂濟衆之行。主院者稍委以事，師謹力以辦之，後益掌金帛，衆服其清。尤喜賓客，頗爲士大夫所知。嘉□中，□□宋莒公奏授命服，本院又奏賜師號，故及是神□詔主昭孝院事，人多識其能，以爲必善其任也。師之始終可紀如此，故余喜爲□其事而著之。銘曰：

於妙神考，致孝□先。乃即陵寢，作□祇□。□佛塔廟，既成有嚴。榜曰昭孝，帝意攸虔。孰尸其事，聽僉言〔二〕。得辯證師，往始法緣。師既□止，廣佛所傳。食蘖□行，貫花肆筳。焚修之功，二后在天。作者既艱，居者孔安。既基而堂，則師之賢。來嗣觀德，考銘新阡。

表白廣照大師昭惠，知庫、賜紫昭用，典座、寶慈大師昭隆，維那圓照大師照寧，供養主、慧覺大師昭遇。敕補住持院主、明教大師昭智立石。玉册官趙隱刊。元祐八年六月望日建。民國《鞏縣志》卷一七，民國二十六年刊本。

〔一〕題下原署：『持節文州諸軍事、文州刺史、充本州團練使、駙馬都□、上柱國王詵撰并書。翰林學士、左朝奉大夫、知制誥兼侍讀、護軍、賜紫金魚袋顧臨篆額。』

〔二〕聽僉言：按此句當脱一字。

釋紹慈

紹慈，元祐元年爲鞏縣青龍山净惠羅漢院住持。見民國《鞏縣志》卷一七。

青龍山净惠羅漢院先師塔銘　元豐三年正月

先師諱守暹，俗姓蔡，住當縣鄧封村人。以農爲業。於景祐五年四月内，投得本院札惠廉爲師，至慶曆五年四月内得剃，嘉祐五年八月内賜紫，嘉祐六年十月内住持，得一十九年。受歲五十八年，度弟子一十八人，至元豐二年十二月初三日卒。元豐三年正月初五日葬。伏惟靈：空門是業，方便爲因。築墳於大力山前，建塔在徘徊泉下〔一〕。民國《鞏縣志》卷一七。

〔一〕篇末原題：『其塔於元祐元年歲次丙寅三月戊午朔二十八日乙酉日立石，上足弟子院主紹慈等一十八人。建塔弟子紹珙。刊字人程化誠。』

吕南公

吕南公（一〇四七——一〇八六），字次儒，號灌園，建昌南城（今江西南城）人。出身於貧苦士人之家。治平末出山外游，熙寧初試於禮部，十餘年間屢試不第。退而築室灌園，不復以進取爲意，益務著書，借史筆褒善貶惡。元祐初，立十科取士，曾肇薦其讀書爲文，不事俗學，安貧守道，志希古人，堪充師表科。一時廷臣亦多稱之，議欲命以官，未及而卒。其子吕郁收其遺稿，編爲《灌園先生集》三十卷。《宋史》卷四四四有傳。

大仁院重建佛殿記　熙寧八年十一月

殿爲屋名，不見於古經。以《爾雅》細碎猶不著，而《南華·説劍》乃著之。蓋六國諸侯初變題號，以异者爲高，至於秦窮，而其稱遂著，其究主以易乎内外朝之名。劉漢始承，惟視事之位，則以題之，乃世皆爛熟，則宴私之地亦以題焉。禮文之變，其必弊如此。象教立於中土，帝公助其莊嚴，故梵王以殿居。而學老之徒攀玉京，稱秩其奉，與梵王同。孔子死二千歲，乃蒙王爵，而有廟於天下，廟有殿。此三人者，生無百里之勢以臨衆民，而死以能聖之德，享齊大君。周公復作，必不發論。凡爲殿，壓以鴟吻，環以鈎盾，其庭容，其陛崇，其位正以深，其事重矣。勢非君主，德非孔、老、釋迦，而輒居焉，智雖不及周公，論之可也。夫天下之人，知殿之名尊，而不思所以居其尊，是故輕於奉擁，而不當公義。自今而察，苟有靈真之號於佛老下風，而因其所奉之力足，則皆居以殿而不疑。此與夫宴私名殿何异？至於房祠邑祀，民壹以其正座爲之殿。嗚呼，作始有倫，而令乎婦女，古之人豈虚言哉？是維世習之極弊，而鄒魯搢紳以陽弗聞爲宏者也。而今則論焉，豈勇於反之哉？謹禮之變，難俗之非，緣事以寄乎情，故論焉而不以罄。凡今三聖人所享，唯梵王爲莫盛，何者？孔子之廟，郡國或以爲學，則謂之盛，然其中皆一殿而已。佛老之居謂之盛者，其殿則二三之，而精密壯麗又不可貲，其如是孰能肩？若夫鍾梵所建，星分鱗布於井落山林，其勢雖不在於盛，而各不失於足。蓋徒有院，佛有殿，斯足矣。事有然，理有原，此又余之論而不以罄者也。江西之縣四十六，而南城居縣之一。南城之佛寺二百一十五，而大仁居寺之一。其地去縣七十里而遥，其於井落山林蓋又居星鱗之一。而長老言其起於唐太和中，然則焚修舊矣。光化三年，行常禪師於此遷寂，其真身塔在今院西偏，鄉民禱雨之地，懷赴如響，故其爲佛事也滋足。熙寧元年，院僧有暹請於衆，言吾舍畢治，惟佛殿宜新而未新。於是里豪余致收者，率力户資之。或敦匠，或獻材，諸役具。至是歲十月戊申，新殿成，諸像亦蜕塵，力户來落之，相與慶歡。凡計其貲雜五百千而羡，論其資之優者，指過有成、黄守安、徐守忠。衆謂有暹必記於石，以告而勸。暹雅於余，遂來懇乞，蓋非文無以行於遠也。使世道而每不變，則此院之得名，若暹之謀，余、過、黄、徐氏之力，何必無繼？且以余之不佞，而文之不苟也，何直歲月云乎？論雖不以罄，世必有知余者矣。有暹姓陳氏，其爲人静以莊，其舉非輕於奉擁，其乞宜於莫之拒。殿成後七年冬十一月記。四庫全書珍本初集《灌園集》卷九。

華藏寺佛殿記　代郭主簿作　元豐元年六月

由道而爲言，淡乎其無味，則中士以下有不足以循之。體道而立教，則故常玩易之俗，有時而不振；輔教以制法，則依違苟且之弊，遂變而形見。至於因天下之理迹，而耀之以禍福之利害，然後多欲之生民，莫不悚動而從之。帝公之貴富，臣庶之賤卑，惟聽其所煽惑而已。萬一愆負容貸而佚樂容致，則冥冥之報，顯顯之責，非所過而問焉也。其悚動之心一至，則割弃髮膚，炮灼頂臂，無所敢愛，而况於身外之才力乎？此釋氏之莊嚴，所以益新而每大也。崇仁爲邑，領治八鄉，而郭中塔廟，華嚴居其甲。其佛殿之雄麗，費財五十萬乃能成，而嫠其氏具出之，彼唯悚動之心一至焉耳。某年月日始事，某年月日落成，凡其所以爲之雄麗者，莫不竭盡其方術。嗚呼，亦已勤矣。夫爲婦人女子，不得出於盛古之際，而同流俗於教法爛漫之後，求所以善吾身於存没。初終既無所取循矣，方又穀以縈縈之嫠，而其貲利蓄藏傾於一殿而無所靳也，其心豈不可矜矣哉！余爲之書，蓋所以矜之。元豐元年六月日記。《灌園集》卷九。

普安院佛殿記　元豐八年十二月

廢興有時乎？吾不敢知，而理存焉。行爲在人乎？吾不敢知，而義見焉。知其可而進之，能盡其力與心，以不墮於悖。夫然，故事得而道順，順斯行，行斯立矣。戛戛之誠，自我茫茫之數。自彼未之至，而不忘於圖前，惟其分之循耳。及其至也，若非所以馴而致之者有矣。謂豐年不可必而怠於耕，非聞義者也；謂不匱出於勤，而預多其廩庾，非信理者也。未嘗怠，未嘗預多，而作緒其宜，獨安知所謂天同而神相者，果虛言哉？余少之時，從閭里輩行往來鯉潭間，入龍安院，問高寨之名於父老，能言者蓋鮮。或曰：犁鋤之壟畝，時時得綉鏃蝕兵，則知其嘗爲戰地矣。其勢隱坌顯亢，如卧虎，如伏黿，四陲所壓，皆以俯瞰，如登樓而察市，信夫其爲必争之利也。喬木蒼烟。蘿蔓蔽虧，鐘磬不鳴，或不知僧居之在其上。於是時，老屋數十楹，僧三四人，童子八九人，晨夕曠適，衣食僅給，而事佛未嘗有殿，人不堪其嗟，而僧末如之何也。又數年，余得《唐書》《吴録》讀之，按知僖昭之代，所在盗據，而黎汾、危全諷之徒相持於此鄉，高寨之名，蓋起諸此時。不見其爲院之因，其亦兵荒之後無可考歟。治平時，詔易寺名，而龍安實爲普安。熙寧之季，院之尊宿相繼遷寂，今仔扶師獨主梵唄，年少刻苦，以戒律爲己任，民之佛事待師而足，於是院有昌新之勢矣。元豐六年七月己巳，院南居人姜君惟積初爲之建殿，凡土木丹青石甓所集，費錢四十萬，其規制之雄，工巧之妙，皆絶常手。殿之成，香像亦從而具矣。是歲十月辛酉，又爲之起僧堂，起外門，其財用不在四十萬中。普安爲院，壯麗垂全矣。一溪之陽，大路之衝，平沙廣野，榛莽不隔，巨刹凌空，檐翼玲瓏，金輝碧彩，燦衍於林端木杪，不俟標榜，而行子知其爲如來之勝宅矣。江君，純厚人也，余嘗從之問力田生財，其語條達而不紊，有見於體勤穀分者也。其配黄氏，能同其志，於爲佛事謹喜贊嘆，如恐不得爲之，其於普安尤懋焉。夫武成之主不作，而儒者言動足以導民長善者幾希。若今之俗，弃擲仕學而襲蹈園廬，其欲遠離凶德，舍事佛其奚所歸乎？江君是已。傳曰〔一〕：『何有何亡，黽勉求之』，『深則方舟』，『淺則泳游』，固其所也。人有一錢之屨，數節之杖，曳而卓之，必擇地而置焉，孰與多事之際，物輕於錢，不啻鴻毛之比大阜。而夫婦傾心捐四五十萬於佛僧，不之彼而之此，亦偶然歟？其有在矣。普安乎，昔之血刃披猖，孰知後日之香火焚修之道場乎？昔之寘滅亡無，孰知今日之輪奐渠渠？謂之天歟，則吾不敢知。謂姜君之爲善，仔扶師之持教，各能盡其心力以相遭於此時，使普安爲院勃焉興且盛，是豈特人謀之至，殆亦理之會歟！理即數，數即天，天即義，義即理。吾不敢知者，以立乎人；吾終及之者，以進乎天。以勉夫戛戛，而或疑於茫茫者，故書。殿成之明年，歲乙丑十二月甲申，灌園呂某記。《灌園集》卷九。

〔一〕下文見《詩·邶風·谷風》，非傳。

真如禪院十方住持新記　元豐八年八月

聚人徒，駕師説，其爲奉養勸相，固有法度立乎其間。舉之存乎人，謹之繫乎官。孔王之庠校，佛老之寺觀，所以荓廢興盛，未有不繇此者。蓋善衆以道，明道以教，振教以法。法者，事之成始成終。小之不持，大之安放？維佛事滿天下，而戒律之席爲多，禪定名門居其百二而已。禪定之師缺，則官謀之；戒律之席，則如不聞。吾求其説矣，非以戒律精苦，不俟飭勉，而禪定汎衆，宜有所齊乎？是爲政者未之思爾。夫精苦，行之至難也，人人能之，則無所用乎師資矣。然則相與易而勿治，是縱蠢蜳者假衣飾以醉飽膏腴，匿形鐘梵，以遂其私焉耳。始制失之矣，方來則不圖，所以裁而革之，其爲不思，孰若無政之愈？民之鼓舞於佛，視其所至，刻食減衣，自一而百至於千萬億，足以供四海之僧，而況於占莫限之美田？誦書拜像，自蠢不慧至於僅有形氣，莫不仰東漸之聲，而況於值見性之達人？維澤有水，浚則爲淵，導則爲川，吹則爲瀾，而水未云自表也。有天下者，奉佛惟恐不足，而百官有司不謹於爲其徒擇師長，考名實，過亦甚矣。余行人間，覽觀大山長谷奇勝之地，必在佛老所家，其以禪命院有舊，而師一非其人。官適不之察，則鐘梵餘閑，坐爲盜寇屠博之林，豈論夫草草勿問之聚乎哉？真如院故曰地藏，西距南城縣六十里，在應寶山之陰，長嶺之址。天成三年，閩僧惠通於此結庵，能以精苦動人，故歸嚮者日加。居老矣，得文敢者繼之。蓋自通初舍至於乾德甲子，積三十七年，而敢始建堂殿，佛事以盛。有田七百畝，畝二穫鍾一而贏。其山林場圃池籞之利，又從而具，其爲奉養裕矣。惟戒律無德嗣，故裕乃所以資其爲慾。夫中下易流而勸相莫尸，則亦何惡之不長，何心之或迴？爛漫無稽，果至於屋破田荒，舉債以度晨夕，其敝可謂極矣。元豐六年，臨邛李公在令位，聽采所及，爲之太息，曰：『是亦吾民也。』呼其主者詰而誚之，凡院之所有，嘗見侵者使之還，嘗致罔者使之止，無稽之游黨使之絶。又告於上，命以十方住持。擇其師，得今長老守訥，而付之禪席，曰：『其爾克舉。』師唯唯。後三年，遣其門人介乘來請文以記其事。初，師寄廬阜，與大知識惠顒游相好。元豐五年，建昌太守命顒以太平興國，而師與俱行。故李公之擇真如，近得之餘，未識師也。其請文則顒爲之先。夫虚心正意，明不二以待群迷，倡宗風而全獨有，師其有以葆之，是之謂舉。使是院之興，終亦茀而不廢，繫乎能得其人，則必有令如李公察擇清平，在法有嚴，在教有明。夫然，故十方之名實無負，是之謂謹。若今執筆志叙，則又余職也，其何避之？於是應其請而記焉。是時元豐八年八月戊辰，灌園吕某記。

《灌園集》卷九。

曾肇

曾肇（一〇四七——一一〇七），字子開，建昌南豐（今江西南豐）人。鞏幼弟。治平四年進士，歷崇文院校書、館閣校勘兼國子監直講、同知太常禮院。遷國史編修官，進吏部郎中。元祐元年，爲《神宗實録》檢討，擢起居舍人，轉中書舍人。乞外，歷知州府。七年，入爲吏部侍郎。出知徐州、江寧府。紹聖元年，徙知瀛州。又歷知滁、泰、海州。徽宗即位，復召爲中書舍人。遷翰林學士兼侍讀，改龍圖閣學士，復出知州府。崇寧初，落職，謫知和州，徙岳州，繼貶濮州團練副使，汀州安置。大觀元年卒於鎮江，年六十一，紹興初謚文昭。著有《曲阜集》等。見楊時《曾公神道碑》（《曲阜集》附録），《宋史》卷三一九《曾肇傳》。

滁州龍蟠山壽聖寺佛殿記

自先王之迹熄，佛之教始行于中土。學者得其書而傳之，凡數千萬言，要其大旨，云人去惡而趨善，舍邪而歸正者也。後四百餘年，有爲禪學者來，而告之曰：彼書所載，皆名相文字，佛之粗迹爾，非道之至也。佛之道，有出于名相文字，可一言而盡者，曰禪。其説以謂，直指人心，見性成佛，學者以心傳心，不必外求。其操術甚約，其收功甚速，非若他學之有次第階級也。于是禪學始興，趨之者如水走下，枝分脉引。至于本朝，而其流浸盛。予嘗求其説矣，蓋非出于人心，不能使人趨之若是其衆，傳之若是其久也。何以知其然哉？夫心大矣，天地萬物無不具于性中，而心者性之地也，巨無不周，細無不入，增不爲贅，減不爲虧，默爾而自運，寂然而善應，不疾而速，不行而至，方體不能拘，度數不能窮。此心之所以爲神也。道至神則至矣，亡以加矣。佛之爲佛，豈外是哉？夫人皆有是心，而情想汩之，利欲昏之，故忘己以逐物，弃真而取僞，卒于流蕩不反者舉世皆是，而卓然能盡其材者蓋寡也。盡其材者無他，去心之蔽，復性之本而已。所謂直指人心、見性成佛者，其不幾于此乎？質之吾儒，孔子言：『性不可得而聞。』孟子則謂：『盡其心，知其性。』揚雄亦曰：『人心，其神矣乎！』《詩》《書》以來，言修身以及國家天下，未嘗不以心爲本，其意亦如是哉！惟其所傳出于人心，故自漢唐以來，有欲闢之而不能屈也。道人曇廣，傳禪學者也。始居龍蟠山之壽聖寺，有僧廬而無佛殿。乃與其徒歸式、元祐、希受、紹安并力營之。八年而成，極土木之麗。又前爲重門，後爲堂寢，以謹啓閉，以備賓燕。棟宇耽耽，丹碧相發。總其費，爲錢千萬有奇。既事，會予來守是邦，請予爲記。予于佛學，未能周其文、竟其義也，姑誦予所聞大略，不悖于吾儒者，書而予之。豫章叢書本《曲阜集》卷四。又見《南滁會景編》卷七、《琅琊山志》卷一，康熙《滁州志》卷二九。

釋景德

景德，治平中臨邑慧日院僧人。

慧日院經幢記

維大宋治平四年，歲次戊申，正月建寅朔日庚戌十有二日辛酉建立。敕賜惠日院崇政殿特賜紫僧景德、小師惠賢、惠從。齊州興德軍臨邑縣舊孫耿鎮惠日院維那頭劉順等共施《金剛經》香幢壹座，永充供養，今具施主姓名如後。略鎮將朱秉、右班殿直監舊孫耿鎮鹽酒税兼烟火臣席贇、守縣尉宋、守主簿韓、知縣郭。同治《臨邑縣志》卷一四，同治十三年續補刻本。

畢仲游

畢仲游（一〇四七——一一二一），字公叔，士安曾孫。其先代郡（今山西大同）人，後徙鄭州管城（今河南鄭州）。熙寧三年與兄仲衍同科進士及第，聲名籍甚，調壽州霍丘主簿。哲宗繼位，召試學士院，蘇軾异其文，擢爲第一，加集賢校理，提點河東刑獄。上書司馬光，謂新法廢而可復；上書蘇軾，勸其以詩文爲戒，均如其慮。徽宗時歷知鄭、鄧二州，京東、淮南轉運副使。入元祐黨籍，坎壈散秩而終。卒於宣和三年，年七十五。見陳恬《畢公墓志銘》（《永樂大典》卷二〇二〇五）及《宋史》卷二八一本傳。

代范忠宣撰通慧禪院移經藏記

曩余通守安陸，嘗行諸山中，間游釋素垂之寺。殿堂門廡皆稱，而所謂經藏者，獨介于堂之北偏，側陋非地也。後十有一年，余謫義陽。素聞之，自山中來，持唐御史潁之文而謁余曰：『此經藏頌也。夫子嘗憫夫藏之非其地，今似得其地矣。欲識之夫子，豈有意乎？』余曰：『素，而所謂得地者何如？』曰：『募錢八十萬，工七千，自治平丙午距熙寧辛亥凡六歲不倦，而後辭乎側陋之地，占西隅之高明，使行者仰，居者誦，而有助于教焉。』余曰：『素，而可謂善士矣。吾聞西方之學，以氣爲緣，以身爲垢，以事爲障，以境爲礙，以不動止爲性，以無所失得爲道，則雖精深妙密，無以寄其言焉，寄一言即以异于道。而其書乃至乎五千四十八卷者，豈非緣、垢、障、礙借此爲證，而性與道由此見乎？意者見道與性而返，無事于書也，則雖五千四十八卷，猶無言矣；不然，何道之省，書之多也？天下既有其書矣，素獨得不有乎？天下既有其書而藏之矣，素獨得不藏乎？藏之而同乎道，合乎性也，吾不知藏之而异乎道，離乎性也？吾不知同异離合，吾無所容其心，則與天下而藏之者，將真爲道乎？而又况辟側陋之地，占西隅之高明，使行者仰，居者誦，而有助于教耶？素，而可謂善士矣。』元豐二年五月十九日記。影印文淵閣四庫全書本《西臺集》卷六。

李之儀

李之儀，字端叔，滄州無棣（今山東無棣）人。頎子，之純從弟。進士及第，曾任河中府萬全縣令、權知開封府開封縣。元豐中曾入呼延幕府，爲折可適所知。六年十二月以楊景略奏辟使高麗。元祐中爲樞密院編修官，與蘇軾兄弟游。及第幾三十年，乃于元祐八年從蘇軾辟，主管定州安撫司事機宜文字。紹聖四年爲原州通判。元符二年，監内香藥庫，以蘇軾薦辟，『爲奸臣心腹之黨』放罷。崇寧元年，提舉河東常平，坐爲范純仁草《遺表》，并作《行狀》，除名勒停，編管太平州，遂居姑熟，自號姑溪居士、姑溪老農。久之，徙唐州。政和三年九月，以與楊姝逾濫及以楊姝所生男爲己子，自管勾成都府玉局觀除名勒停。卒於重和元年（是年作有《祥瑛上人字序》）以後，年八十餘。見《東都事略》卷一一六《李之儀傳》，《宋史》卷三四四《李之儀傳》及《續資治通鑒長編》卷三四一、四九一、五一一，《宋會要輯稿》職官六七之一九、六七之二六、六八之二九。著有《姑溪居士文集》《姑溪詞》。

重修雲岩壽寧禪院記

雲岩壽寧禪院在分寧縣中，據鳳皇山，修水流其前。背山臨流，真一方歸向之地，而大善知識行道之區也。院廢不治，雖在事者時因禱祈而至，然香火不繼，亦莫之恤。縣人謀曰：『苟不得所主，院將終廢乎！』乃謀於上，得今黄龍悟新禪師主之。既到，慨然有志於興葺，姑作轉輪經藏，成之甚艱，而新之志愈勵。藏成，新遽遷席，而事亦斷續。已而，通直郎、金陵李君來知縣事。既入院，問其所以興廢本末，而嘆曰：『是在事者之過也，豈有爲國焚修，爲民植福，爲衆化導，而官不曉諭獎勸而能成者乎？』聞者踴躍相告曰：『吾令君之語如此，我輩其可緩邪？』輸財獻工，肩相穿，足相躡。君乃命蜀僧天游董之。游本儒者，又富家子，有才智，尤敏於是學。遷就更易，凡所以崇奉提唱，安集館待，庖厨儲偫之所，莫不完具。而無一椽一甓之舊。又收其餘，隨景所聚而迎致之，以寄游息。既成，君曰：『非本分人不可分付。』於是因衆所願，請今長老德逢，以承所付。逢又邀其所厚守宜爲之佐佑。二人者妙悟固相期，而資藉紬繹，互能表發。又於其後作靈源方丈，自黄龍惟清禪師居之，故來學者至無挂褡之次。縣人又曰：『微吾令君，不能主兹事。非二三善知識，不能相與維持。苟無以記之，則四方無聞，來者何以取信？殆將委諸草莽矣。』乃請於君，遣使至太平求予文以爲記。予以爲天下無難事，顧力行何如耳。謀之而不能行，行之而不能至，與不謀等。吾友黄庭堅魯直，其里人也。於此因緣，尤所置力。初勸成轉輪藏而爲之記，叙置固已詳盡，是纔新禪師一則語爾，曾不知後來俊功偉績，展衍振起如是，豈非默有所托，而實待於今日邪？君於魯直則氣類也，靈源與逢、宜二老，皆其平昔所先後者，不獨一新壯觀爲不易得，是亦成吾魯直之素也。興工於大觀四年冬，而落成於政和二年夏。院始於唐，不知其歲月與所因，其賜額則本朝太宗皇帝誕聖節名也，當在其時。李君名孝遵，字道甫，軒闢磊落，可人也。能舉魯直之殯，而葬於其先隴之側，又能周旋諸老，以究竟一時極則之事，是皆可書。其位置之適其宜，參次之應其序，名實不爽，而奢儉得中，非到其地，則不能知。要之因人而推之，固不待見而已可信也。成之年七月二十一日，姑溪老農李之儀記。粤雅堂叢書三編本《姑溪居士文集》卷三六。

潁昌府崇寧萬壽寺元賜天寧萬壽敕賜改作十方住持黄牒刻石記

上即位初，有司請以十月十日爲天寧節。是年，潁昌府奏乞以保壽院爲十方住持，仍乞以天寧萬壽禪院爲額，招徠四方學者，以其焚修上祝新天子千萬歲壽。尋報可。復相與謀曰：『吾君以調御身應緣示現，爲諸有情作大饒益，非其大威德，步步踏佛階梯，在在處處依佛行道，而蒙覆退藏，如杜口於毗邪，如待時於内院，其出也不遺餘力，以振起萬目，融通一切種智，同底於無上正因者，不足以主之。』皆曰：『南方有號普覺大師道和者，此其人也。』或曰：『彼方蔭嘉木，濯清泉，金碧相輝，芬馥翳薈，享天酥陀味，印爍迦羅眼，與諸上善人同會一處，而直曲指迷，自爲津梁，是安得而致哉？』曰：『是不知普覺者也。既已爲大事因緣而出現，而受如來甚深〔一〕，付屬固當以古人冢間林下、巡門行乞之心，而捏土成金，變濁惡而爲清涼〔二〕，使諸隨喜成等正覺，豈有不可致者哉？』遂遣使具叢林儀物，走二千八百里，即杭州臨安之徑山，於第一座下申致迎請，果符正驗，臨福一方。比至〔三〕，都人踏肩累足，夾道如山，香霧氤氳，幡花雜出，歡呼贊嘆曰：『見未嘗有！』入院升座，潮音一振，百怪頓息。昔之謗者悔罪，笑者革心，疑者釋情，信者加力。若齋若粥，凡可以供者，恨得次之晚，耻在人之後，奔走遠近，殆無虚日。其輪至肩摩而轂擊，其委至露積而不垣，其盛至無地可以容。然棟宇庳陋，舍次無序，莫不病之。竊自謂曰：『我師去彼即此，何啻霄壤之异，無乃不堪其居邪？』師聞而笑曰：『汝等以何事而致我？以何道而待我？既以不可思議，如上所説之念而來，我以不退轉、屹然山岳之心，而以是相契，復何彼此霄壤之异哉？我願與汝等歷阿僧祇劫，日進日勵。阿僧祇劫有限，願與汝等盡未來際，長居此地，同轉大法輪，同建大法幢。此地有盡，此願不窮。』既聞此語，皆曰：『禪師之願，是我等所興隆莊嚴，上祝吾君聖壽之意也。顧所謂千萬者，可得而强名邪？我等願以師之言以報吾君，願吾君如師之言是爲我等依止〔四〕。既皆信受奉行，以期必至。』即以所賜敕語黄牒刻之石，而謂臣與聞師言，目睹斯事，乃屬筆於臣，使系而記之，蓋所以達師之願，而記來者之歸向也。臣方應其所屬，會臣南遷，遂不果書，而亦竟未刻石。後三年，詔京畿諸州軍監皆建崇寧萬壽禪寺，聽因舊爲新，遂改就今額。久之，普覺以一方所化爲上所知，特加號祖照禪師。已而，移住大相國寺智海禪院，其都人曰：『師則去矣，我之念無時而忘。』因追借所欲記而未畢刻石者，走奔江上，以書見徵，曰：『子昔許我矣，不可以不踐言。師雖改席，其化如師在也。』臣報之曰：『無所不在者，師之道也；無時可書者，師之願也。尚何待臣言而後傳邪？』曰：『都人之意也。』乃爲之書。姑溪居士李之儀記。《姑溪居士文集》卷三七。

〔一〕如：原作『知』，據文淵閣四庫全書本（簡稱『四庫本』）改。

〔二〕爲：原無，據右引補。

〔三〕至：原作『致』，宣統三年金陵督糧道刊本傅增湘校語本（簡稱『傅校』）作『到』，據右引改。

〔四〕依：原作『以』，據傅校、四庫本改。

代人作褒禪捨田記

崇寧二年，滎陽鄭公出守和州。既到，訪境内名山勝迹，參考圖經所載〔一〕，得褒禪由定明禪師而名〔二〕，其山因得師顯异，報應福臨，一方之迹爲詳。乃曰：『吾爲是州，所以承宣牧養之責，實與師均。而吾又被遇主上，入陪法從，出備守臣，推吾及物之心，夙夜不懈。是則爲不愧所遇，知任其責，而上報於吾君矣。』於是以師之狀請於朝廷，願以上之誕聖節名冠其院額，而歲度一僧以繼香火。尋報可。公又曰：『此特朝廷加被於師，而寵師之恩爾，於我之心則未有所及。』即以私義付院僧，命買田，歲收其所得之利以嚴供施，日於師塔前點長明燈一盞，日齋一僧，以其僧誦《金剛般若經》一卷，有餘則爲塔下修葺之費與夫度僧之助。院僧既奉命，則書公命以審於公，而請其所願。公親書點長明燈之因曰：『願無盡，法無盡，燈亦無盡。』書齋僧誦經之因曰：『願一切含生離苦得樂。』异時院僧謂公之客某人曰：『公所施所命所願既有其目，固足以永藏吾山，嗣守而相勉矣。然翰墨之傳有時而盡〔三〕，不若刻之石，庶與吾山共垂不朽，能爲我記之否？』某常爲公之屬官，辱公知爲厚，而又家於是邦，目擊盛事，其可辭也邪？田有頃，畝有界，至歲有徵收之數，其奉命經始有其人〔四〕，皆具載於碑之陰。公去和，自翰林學士、金紫光禄入爲同知樞密院事，遂知院事，今爲觀文殿學士、金紫光禄大夫兼侍讀、中太乙宫使。其黼黻斯文，羽儀聖世，名在夷狄，德在生靈。施設固未艾，而報施所享，亦未易可量也。政和二年十月一日謹記。

《姑溪居士文集》卷三七。

〔一〕考、所：原無，據傳校補。

〔二〕由：原作『田』，據右引改。
〔三〕翰墨：原作『默』，據右引改。
〔四〕經：原無，據右引補。

天禧寺新建法堂記

事正則能立，位正則能安，人正則能舉。事與位相須，而惟其人之正，然後能舉之而正耳。此物理之常，而苟不如是，則未有能成之者。故正者本也，本正則無不正矣。造物者以是付之人，而人由之以應於世，蓋自然之理也。江寧府天禧寺及長於道場，舊葬釋迦真身舍利。後寺廢，至南唐時爲營，廬舍雜比，污穢蹂踐，無復伽藍緒餘。國初營廢，鞠爲榛莽。久之，舍利數表見感應。祥符中，僧可政狀其迹并感應舍利投進，有詔復爲寺。政即其表見之地建塔，賜號聖感舍利寶塔。至天禧中，又賜今額。寺據山水形勢〔一〕，坐乙向辛，以越王臺爲案。塔之後，地勢傾下，政失於遷就，不能培築相因，始以北廊造院，爲安僧之地。雖規摹僅足而狹，陋劣能庇風雨。事既不正，位亦不安，以故事不復振。元符二年，知府事温陵吕公升卿曰：『是一大叢林，特主之未得其人耳。』遂請於朝廷，改十方住持。既報可，即迎致大導師永公爲初祖。永，法雲圓通禪師高第，緣契都城，大作佛事，名震四方。朝廷賜方袍，加號慧嚴大師。慧嚴受請入寺〔二〕，顧瞻太息，曰：『真福地也，所以不振者，正坐不正耳。』乃於塔後塔築福增叠〔三〕，凡下而上，積二丈三尺，深入四十尺，横亘二十丈。將建法堂，次第以正其位。已而，信士南昌魏德寶同其妻王氏，見而喜曰：『如此更易，方見形勝。』慧嚴因道歷其詳，而德寶顧其妻曰：『此地不植福，更將何之？』乃獨許作堂〔四〕，且曰不計其資，惟成是務。慧嚴即鳩材庀工。未幾堂成，高明静深，萬象俱發，宏麗雄特，爲一方叢林之冠。俯視疇昔，無异發覆破暗，如出雲霄之外。凡甓甃髹繪，總用錢五百萬。慧嚴又建寢堂方丈，盡所增之深，資藉締構。又建僧堂厨庫，移經藏於故院，隨向展衍，各適其正。焕然一新，直一大叢林矣。异時德寶再至，踴躍稱贊曰：『非師正眼照徹，道力超异，則不能有舉。非我信向經始〔五〕，則衆緣何從而應？』遂請僧衆轉《大藏經》，修水陸齋，落成其事。又曰：『叢林既新，將不下五六百衆，其將何以備齋粥？』慧嚴曰：『子於此地信有緣，而我與子殆非今日相遇者。儻知齋粥必繼，則功德圖滿，亦在子耳。』德寶曰：『請爲師買田産，買蘆場，收其所入之利以繼之。』慧嚴曰：『子果有是願，我將爲子記之，以信不朽。』乃遣其徒道滋走太平〔六〕，屬余爲之記。余從慧嚴游久矣，又始終親睹其事，當抑揚表發，以侈其甚盛之舉。而余老且病，文思衰耗，故直書以報之。自餘興廢本末，則有塔記存焉，兹得以略。政和六年九月十五日，趙郡李之儀記。《姑溪居士文集》卷三七。又見《金陵梵刹志》卷三一。

〔一〕據：原作『拘』，據傳校改。
〔二〕『大師慧嚴』四字原無，據右引補。
〔三〕『乃於』句：疑有誤。
〔四〕乃：原無，據傳校補。
〔五〕向：原作『間』，據右引改。
〔六〕道滋：原作『道之』，據右引改。

寧先凝福院鐘銘

於皇惟覺，務施之博。肆及大聲，以時而作。靡昏不驚，無隱不擢。一聞其舉，振滌踴躍。猶暗逢燈，如病得藥。下徹幽冥，旁周廣莫。浚哲吾君，乃眷忠恪。薦之焚修，爰命橐籥。肇自尚方，表以杰閣。念往既深，圖今尤卓。去識弗昧，孝思永托。普暨有情，同資利樂。《姑溪居士文集》卷一二。

廬山承天羅漢院第九代南禪師塔銘

師一日晚沐浴，次日早更衣升座，白衆，既歸方丈，即跏趺而逝。其語有『倒騎鐵馬，逆上須彌。踏破虛空，不留朕迹』之句，實紹聖元年三月二十四日也。時氣候早熱，居五日乃就木，儼如平時。傳聞四方，爲宗門希有之事。异時師友人上饒子章過余于京師，與之游久且相好也，有間出其所述師出處經行大略示余，余讀而壯之，兹根師不得而見也。已而，從余求銘，將刻之石，以詔未來之日。嗚呼，師既不得而見矣，其示寂之際能結信心者如此，其住世抑揚者又如此，余銘其可辭耶？師諱系南，汀州長汀人，姓張氏。甫十歲，告其親，願從學佛者游。久之方得請，既去，凡三年不歸。其親思之，因携酒饌就見，命其師同饗。師怒，亟請徹去，曰：『污巇伽藍，罪入無間。』親與其師皆有愧色。其後偶庭下初植柏秀茂可愛，師以一頌示其師，師始异之。遂不復以世諦事累師，尋得度，受具戒。嘗與其屬海評營所事，忽流涕語評曰：『吾佛有出妙世法，而我與若反局促于名相間，不求自利利他以達究竟，斯有負于一報身矣。』乃相與遍參善知識。初見開元潭，又見隆慶閒、仰山偉，三人者一時之所臻湊，皆謂法師器也。雖降意延挹，而師終不契，獨于開元賦中秋月頌會中有百餘衆，悉爲之斂衽。晚游湖湘，入道林元祐之室，然得蜜符心印，自是不復遠矣。祐遷羅漢，師超據第一座。祐命立增，就學者日盛，祐退席，師遂繼之，時年三十有九。

□□年學者至頃東南，又以其餘力，楝宇敗陋若未及者〔一〕，皆一新之。壽四十有五，僧臘二十□□奉全身建塔于院之西。昔師與海評□□游歷，同院惠深者夢二大蛇，一角黑章，長各數丈，繞院三帀，騰躍而去。黎明，師與評別，深以所夢告，且屬之曰：『二子善護持，他日吾門龍象也。』後評住開元，與師相鄰，俱得名叢林間，號廬山二龍云。銘曰：

作如是因，得如是果。只如是行，成如是事。于大總持，證如是義。不漏絲毫，不落第二。亘古亘今，普天帀地。若乃動着，不雜紛碎。所以倒騎鐵馬，逆上須彌，踏破虛空，不留朕迹。嗚呼，如是如是。《姑溪居士後集》卷一四。

〔一〕『楝』原誤作『揀』，『宇敗』原缺，據傅校改補。

釋元照

元照（一〇四八——一一一六），字湛然，號安忍子，俗姓唐，錢唐餘杭（今屬浙江杭州）人。幼出家居祥符寺，後禮神悟大師處謙習天台教觀，博究群宗，以律爲本。元豐中住持杭州靈芝寺，歷三十年。著述頗豐，今存《無量壽經義疏》《阿彌陀經義疏》《資持》《濟緣》《行宗》諸記，又有《芝園集》二卷及《芝苑遺編》《補續芝園集》等。政和六年卒，年六十九，賜謚大智律師。見《咸淳臨安志》卷七〇，《釋門正統》卷八，《新續高僧傳四集》卷二七。

台州順感院輪藏記

擣楮以爲紙，殺烟以爲墨，采毫剪筠以爲筆，點畫蹙捺以爲字，字有呼召以爲名，累名以爲句，累句以爲偈，累偈以爲卷，累卷以爲帙。用是以紀聖人之言，垂于後世，可法而不可易，故命之曰經。嘗考其所以爲經者，皆天地間有爲之物，抑人力之所爲耳。紙素筆墨，土木水火之所成者也；名字句偈，世俗之字，語言虛響之所爲者也；造作工匠〔一〕，精識血氣之所聚者也。此等皆由衆緣而生，然且各不自名，而人强名之。以强名之人，會强名之物，以成乎經，則經亦强名也。夫如是，則佛之經果安在哉？雖然，至有信受誦持，一念隨喜，固有滅罪者焉，脱苦者焉，生福者焉，開悟者焉，證人者焉，以至萬行莊嚴，正遍知海莫不由是而生。如是，則佛之經豈在他哉？紙素筆墨、文字句偈、造作工巧，無非經者。如向所求，了無一切當其名者，况有實乎？以今觀之，未有一物而非實者，况其名乎？是則吾佛之經不可謂有，不可謂無，不可以内外中間求，不可以語言情慮測。苟能達此，不見達者，則物我齊泯，取舍兩忘，當處湛然，一切清净。雖手不執卷，常讀是經，口不輟誦，未沾一字，是以一句一偈，經耳過眼，雖河沙身命，布施之福，未足爲多，而况深造者乎！故如來於百千萬劫，捐頭目，弃國城，屈身爲床座，布髮爲茵褥，從衆聖以求之微塵刹土，示生唱滅，因緣譬喻，隨宜以説之。逮于滅後，飲光慶喜集結之，二十四師傳持之，安清童壽翻譯之，法顯玄奘搜索之。經雖無量，且據東華，見翻五千餘軸，流衍布濩，啓痦迷塞。其間迴邪復正、識心達本者，不可悉數。東陽大士補處聖人，將欲普植龍華得度之緣，乃會集大小部帙，盛以琅函，架以層樓，括以機關，飾以金彩，號爲轉輪經藏焉。於是毗盧海藏大千經卷，寂然不動，運轉無窮。或徒見其轉而生信者，或因其所轉而知其未嘗轉者，或安住無轉而從其終日轉者，上智下愚，隨分得益。故輪藏自雙林爲始，厥後他寺皆仿之，而浙東尤盛。雖無所考，斯亦善巧汲引之一端乎。台城順感院，石晋天福中郡人胡都使捨宅爲之，始名報國，今朝祥符初改賜今額。師徒繼世，甲乙住持久不得人，寥落滋甚。熙寧十年，郡吏臨華、弟僧希湛相與募緣，建轉輪經藏，洎法堂、僧堂、三門、鐘鼓臺、房廊、厨庫等，于兹僅二十年，然猶興葺未已，所費無慮一千萬錢。其輪藏所出，用建長堂，接待海衆，遂有士女競施田畝，以給二時。每夏請法師講唱化導，香燈鏡梵，晨夕不輟。予以景德建壇之命，寓于楞嚴上方，而臨華、希湛累以記文見托。竊惟命之爲佛者〔二〕，謂道不在語言文字，而忽於經教者有矣；或藉此講誦，專求聲利，飾於一身者有矣；或因之得利，不懼罪福，用與不公者有矣。豈意俗士身爲公吏，而能崇奉興建，竭力外護，若此則吾曹得無愧乎？故爲書其始末，以告同道云。《補續芝園集》，續藏經第二編第一〇套第四册。

〔一〕工匠：據下文當作「工巧」。

〔二〕命：原校云疑作「今」。

秀州普照院多寶塔記　元豐元年八月

靈鷲山中，無上法王會百千萬衆説《法華經》，俄有寶塔從地而涌，卓然聳于四天王宫，華瓔飛灑，龍鬼翼從，塔中發聲，稱嘆釋迦世尊所説如實。大衆驚疑，莫知所自。世尊告曰：『此遠古多寶如來全身之塔。彼有大誓，滅度之後，十方國土有説是經，我塔涌現，證明贊嘆。』衆聞欣踴，咸欲瞻禮。于時世尊大軫神用，三變其國土，遍集其分身，即舉右指指開塔户。衆睹彼佛儼然如生，仍分半座與釋迦并坐。世尊乘是顧命大衆，懇囑流通，終于散席，塔亦隨隱。竊惟如來爲一大事因緣，出興于世，群生著欲，力所未堪，四十餘年，秘而不授。洎于大根將啓，圓音方震，指萬化歸乎一理，會三乘同乎一轍。髻珠既解，寶輅等賜，宣降靈之致，暢久默之懷。將事歸真，猶悲末度，庶幾妙道，垂諸無窮。夫以道在人持，種由緣起，是故古佛現殊特之瑞，本師亦殷勤之囑，且使無邊大士，奮志維持，後世獲聞，莫不由此。秀州海鹽縣廣陳鎮普照院有僧處詮，嘗覽斯經，仰追化迹，乃率衆信，依經建塔。自嘉祐癸卯發首興構，至治平間不幸物故。弟子智圓，克荷師道，接武遺業，力勤營幹，歲無暇日。逮于元豐改元戊午仲秋，跨一十六載，役工方畢。所費無慮萬緡，皆出於四衆。塔有七級，每級藏法華寶篋各一帙，下級加以金銀爲文字，頂層安《相輪經》九十九本，基下瘞以卧佛舍利。自餘經卷、塔像不復具數。中間塑多寶釋迦列坐之像。衆寶莊校，極爲嚴飾，遐邇具瞻，嘆未曾有。由是聞見者迴邪而復正，禮敬者殄罪以蒙福，至於遇物感心，即事通道，植一乘緣種，造諸佛境界者，往往有之矣。旨哉，處詮草創之，智圓力成之，以有爲材建大佛事，發千古之遺美，爲萬劫之良導。其濟世益物可勝言哉！余以經從，獲究始末，輒復命筆，爲之記云。《補續芝園集》。

無量院彌陀像記

元祐九年四月八日

彌陀教觀載于大藏，不爲不多，然佛化東流，數百年間，世人殆無知者。晋慧遠法師居廬山之東林，神機獨拔，爲天下倡，鑿池栽蓮〔一〕，構堂立誓，專崇净業，號爲白蓮社。當時名僧巨儒，不期而自至，慧持、道生，釋門之俊彦，劉遺民、雷次宗，文士之豪杰，皆伏膺請教，而預其社焉。是故後世言净社者，必以東林始。厥後善導、懷感大闡於長安，智覺、慈雲盛振于浙右。末流狂妄，正道梗塞，或束縛於名相，或沉冥於豁達，故有貶念佛爲粗行，忽净業爲小道，執隅自蔽，曹無所聞，雖聞而不信，雖信而不修，雖修而不勤，於是净土教門或幾乎熄矣。嗚呼！明教觀孰如智者乎，臨終舉《觀經》、贊净土而長逝矣；達法界孰如杜順乎，勸四衆念《彌陀》，感勝相而西邁矣；參禪見性孰如高玉、智覺乎，皆結社念佛，而俱登上品矣；業儒有才孰如劉雷、柳子厚、白樂天乎，然皆秉筆書誠，而願生彼土矣。以是觀之，自非負剛明卓拔之識，達死生變化之數者，其孰能信於此哉！近世宗師公心無黨者，率用此法誨誘其徒。由是在處立殿造像，結社建會，無豪賤、無少長，莫不歸誠净土。若觀想，若持名，若禮誦，若齋戒，至有見光花、觀相好，生身流於舍利，垂終感於善相者，不可勝數。净業之盛，往古無以加焉。生當此時，得不知幸乎！臨安縣實杭之巨邑，九仙山乃邑之佳境，無量院又境之精舍。先是，道者於院之東南隅建觀音堂，復於堂後建彌陀殿。其徒用淵乃募士女一千人，率財計三百緡，雕造八尺彌陀像。元祐八年上元日，集衆瞻禮，淵乃述識説偈，發大弘誓，置像腹中。是日供五百羅漢，設會飯僧以落之。越明年四月八日，莊嚴圓備，儀相妙好，輝彩焕發。由是一方之人得以歸向，百世之下得以流通，其有禮足瞻顔，稱名送想，莫不拔業根於苦海，投蓮種於寶池。若夫畫地聚沙，皆成佛道，低頭舉手，同歸一乘，而況竭力經營，存誠繫念，克論其利，尚可量耶！淵聞予屬意此道，累以記文爲請，遂援毫直書，以塞其命。《補續芝園集》。又見《樂邦文類》卷三。

〔一〕鑾：疑當作『鑾』。

台州慈德院重修大殿記　元祐二年十一月

西天竺國藏佛舍利者則曰塔婆，此謂之方墳也；安佛形像者則曰支提，此謂之廟也。然今所謂殿者，本宫室之异名〔一〕，秦漢已來，唯王者稱之，蓋至尊之所居也。佛爲法王，首出庶物，大千化主，群生導師，其尊可謂至矣。自佛化東漸，王公大臣尊其道，重其教，凡聖像所在，必構以大厦，揭以勝名，而謂之殿焉。故歷代相承，其風不墜。此院舊有佛殿，而草創低窄，歲月浸久，加復朽故，往來瞻禮，不能發越極敬之意。宿德子瑊、主首子斌、斌之弟子仲元，乃同謀并力，導募衆緣，鼎新大厦，重塑尊像。克誠所感，衆信響合，故不簡豪賤，傾施金帛，所費無慮二百萬錢。發首於嘉祐戊戌，落成於治平丁未。由是材植宏壯，簷棟高敞，金彩輝映，儀相殊絶，豈止一方之榮觀，抑爲萬世之歸向也〔二〕。竊惟如來以法界身，住寂光土，清净湛然，廣大虚寂，言詮不可示，情慮無以測。經曰『性空即是佛，不可得思量』，又曰『離一切相，即名諸佛』，即知佛身非相，佛土無方。然而啓迪來蒙，提携弱喪，非事無以表其理，非相無以動其心，故出世也現奇妙之容顔，泊滅度也示莊嚴之形像。是以優塡創啓於西竺摩騰，賫至於東華，爲生福之勝緣，作出世之夷徑。故使散心稱號，咸悟佛乘，舉手低頭，盡歸實道。其功叵究，其利莫窮，實設化之要門，住持之大本也。元祐二年仲冬月，予以結界之命，因過是院，而仲元者具狀本末，丐文爲記。辭不得已，試復叙云。《補續芝園集》。

〔一〕室：原誤作『至』，據文意改。

〔二〕抑：原作『仰』，校云『仰疑抑』，據改。

越州龍泉彌陀閣記　大觀元年八月

金璧珠具，世間貴重；道德事業，出世尊仰。難得希有，皆名寶焉。然出世間實大略有四：

衆生妄念，天真本具，一體三寶也；諸佛果德，清淨無染，理體三寶也；乘時利見，啓迪群庶，化相三寶也；垂裕後世，流及無窮，住持三寶也。範金合土，雕刻丹青，住持佛也；琅函鈿軸，紙素竹帛，住持法也；壞服毁容，升壇稟戒，住持僧也。餘之三寶，以佛爲尊，住持三寶，推僧爲上，豈不以無興替，維持在於人乎？越州餘姚龍泉寺，經始于東晋咸康中，逮今大觀丁亥，凡八百五十載。唐末會昌，天下寺宇，例遭毁廢，唯兹塔廟，儼然獨存。咸通啓運，吾道復興，寺主法光大師勸募邑人詹文舉等，寫造大藏。皇朝開寶二年，慧文大德始建藏閣，安著經卷，待遇四方。皇祐二年，智端藴栖，并力化緣，别立殿宇，更爲輪藏。於是藏閣廢而不用，歷年滋久，舍宇隳弊，其徒不能葺治。主首僧衆具狀申舉，邑宰曾公給牒，命智榮者繼嗣住持。榮乃竭力募衆鼎新，構立其閣，左右前後共五間。寺首覃悦以謂净土教觀，方今盛行，仍出長財，雕造丈六彌陀妙相立于當中。舊有千佛畫幡，大悲刻像，布列左右。重修雙塔，增廣堂舍，利成一院，揭號彌陀寶閣焉。自是可以延集僧徒，焚修報德〔一〕，遵承律範，演唱利人。三寶得以隆安，四生得以依仰，嚮所謂『道無興替，維持在於人』者，爲不誣矣。大觀改元仲秋晦記〔二〕。（《補續芝園集》）

〔一〕焚：原校云：『焚』疑『梵』。

〔二〕元：原無，據文意補。

明州經院三聖立像記

三聖立像，見于《觀無量壽佛經》，釋迦世尊無緣大悲〔一〕，深悲堪忍未得度者，大啓淨土法門，曲示念佛三昧，將使神栖淨域，故令繫想聖緣〔二〕，十六妙觀於是乎設也。是以落日懸鼓，指其向方；大水凝冰，狀其寶地。林泉樓觀，第而觀焉，莫不皆以百寶莊嚴，世無與比，光色炳焕，不可具名。已而方欲廣宣，觀彼佛身，光明相好，衆會階善。俄於太虛空中，現出三聖，令韋提希見，以爲發請之端。經曰：『佛告韋提希：「吾當爲汝分别解説除苦惱法。」説是語時，無量壽佛住立空中，觀世音、大勢至侍立左右。韋提白佛：「我今因佛力故，得見彼佛及二菩薩。未來衆生當云何觀而得見耶？」佛令先觀華座，次觀形像，後觀佛身左右侍者、九品徒衆。念佛三昧，於兹備矣。』自廬山遠師已來，天下僧坊結繫念淨社，立彌陀三聖，蓋出於此經，的見於斯文耳。四明慈溪靈龜山福源蘭若釋子戒深，自入道稟具，常持是經，而篤志淨業有年數矣。以謂修一已不若誘諸人，振一時不若存諸久。於是糾募衆信，躬往錢唐，命工雕造三聖立像。江山千里，往返經營，歷涉數載，始獲完就，所費幾一千緡。立于城南開元寺經藏院之懺室〔三〕，四衆具瞻，嘆未曾有。一日拿舟渡江，抵于芝園蘭若，解囊結夏，捻香稽首，請文爲記。予忝屬意此道，故樂爲書之。或曰：『經云諸佛如來是法界身，入一切衆生心想中。今刻木爲像，世物所成，用比爲佛，不知其可乎？』對曰：佛身無相〔四〕，亦不離相。以其無相，故世出世間，無有一法而是佛者。雖八萬四千三十二相亦即非相，况他物乎！故曰：『離一切相，即名諸佛。』以其不離相，故世出世間，無有一法而非佛者，况相好乎！故曰：『當知一切諸法，即是佛法。』如能達此相即非相，非相即相，則山河國土，草木微塵，四生六道，翾飛蠕動，莫非諸佛法身之體。而况範金合土，刻木繪素，莊嚴相好，而獨非佛乎？諸有智者當觀此像。材木、灰布、膠漆、金彩，假彼衆緣〔五〕，和合而成，求於衆緣，皆世間之物，各有名體，孰爲佛乎？然緣無定相，物無定名，既號爲佛，一切衆緣莫非佛體，豈可捨此別求佛乎？故《華嚴》云：『色相不是佛，音聲亦復然。亦不離色聲，見佛神通力。』若此觀像〔六〕，不住於相，亦不離相，理事一如，真俗不二。雖復對像，是真見佛。經云：『若佛滅後，造立形像，持用供養，是人來世必得念佛清淨三昧。』是知末法住持，像設爲勝，上中下根，莫不沾益。是以紫檀琢削，優填創啓於西乾；白氎丹青，迦竺始流於東夏。傳模既廣，瑞應尤多，生靈睹相以知歸，佛化承風而久住。其有識心達本，直造上乘，至於舉手低頭，終成緣種。克論弘濟，詎可勝言？凡到道場，宜加兢慎。《補續芝園集》。又見《樂邦文類》卷三。

〔一〕悲：《樂邦文類》作『慈』。
〔二〕令：原作『合』，據右引改。
〔三〕于：原誤作『干』，據右引改。

〔四〕相：原作『想』，據右引改。
〔五〕彼：原作『被』，據右引改。
〔六〕像：右引作『之』。

寧國院記　元祐二年二月

新城邑，古爲東安郡，寧國院在邑之南，相去五六里，地名陸渚，又在渚之北塢，所謂青巒山也。晉郭文舉者，河内人，雅好山水，晉室既亂，渡江來吴，嘗棲隱於兹山。獨坐巖穴，性不干俗，葛巾鹿裘，少私寡欲，受佛戒，持經法。山中多虎，而室無藩籬，有虎張口，乃引手探之，得大横骨，便曳尾而去。明旦，置死鹿於其室側，其至誠感物有如此者。既而遐逝，鄉人慕之，乃塑形儀，立祠宇，以時致祭。至於旱潦患難，有所禱求，皆立見感驗。鄉長孫邳率財立齋館佛宇於祠之旁，仍聞于朝，遂賜『碧流』爲其額，命僧以主香火，即東晉惠帝隆安五年也〔一〕。自是逮于唐末，經會昌，累遭廢而臺殿猶存。至懿宗咸通中，孫幹與衆進狀，乞請重創，遂復元額。中和間巢寇作亂，例爲煨燼。至光啓三年，梁太師杜棱復葺廊宇，起石幢于殿砌。晉天福八年，院僧得鉥、智聆等重建大殿。吴越王錢氏始更爲碧沼，以其門枕小池故也。太平興國四年，院僧德仁不堪治事，請全著者主之。著付廷璉，璉付廷獻，獻付自與，與付自忠，忠付自南，南付善祥。祥有道行，爲人知識，出己募衆，躬勤營締，至於堂殿像設，一皆新之，受用供事，靡不充備。主院事僅三十年，遂付今善孜。凡八士，歷一百有九載。聖朝祥符中復改賜今號。其院幽曠寂絶，蕭然世外，流泉奇峰，松竹花卉，四時佳致，足以悦耳目，養神性，禪誦經行，吟咏自適，真所謂蘭若僧坊，宜乎外方高流之所道也。故其徒居常不下二十餘衆，皆節儉守行，遐邇嚮風。唐賢方干，巨儒名僧，多所留咏。元祐改元秋九月，予嘗以結界之命，因寓上方數宵。其徒有好事者，相與從予丐文爲之記。越明年仲春望日，始獲執筆。既而編次事迹之本末，仍復爲書後云：佛出於西竺，祇陀須逮首建祇宇精舍。洎滅後千餘年，其教始流於東，漢明帝爲摩騰法蘭首建白馬寺。又數百年，漸於江南，吴主爲康僧會首建初寺。自爾僧徒既衆，寺宇益多。五代時錢氏據有吴越，大闡吾教，造寺度僧，不可勝數，故今天下言佛法者無盛於江左矣。且夫寺者所以安僧，僧者所以持教，教存則佛之遺化布于四海，流于無窮。其有見者焉，聞者焉，往往回邪復正，遷善遠惡，廓情塵，叩真寂，逍遥於形器之表，上以毗天子垂拱之化，下以爲黎庶殖福之境。夫如是，則梵刹之設，其濟世益物可勝道哉！鳳山釋元照記。《淳祐臨安志輯逸》卷七，武林掌故叢書本。又見道光《新建縣志》卷二一，民國《杭州府志》卷三八，民國《新登縣志》卷七。

〔一〕惠：疑爲『安』字之誤。隆安者，晋安帝年號也。

吴江縣壽聖寺結界記　元祐三年十二月

言天下爲佛氏者，有參禪者焉，有聽教者焉，有習律者焉，以至營福雜業，事業萬异，且未有一人不登壇受戒者，則知受戒乃爲僧之本歟。然受戒者必當持奉，持奉必遵制法。制法萬途不越，一者晦望説戒，二者衆法羯磨。羯磨是和僧之要術，既秘且勝，非作法之地，不能勝之，則知結界又持奉之本歟。然而毁容壞飾，升壇禀戒，反不能持奉，伽藍設置，歷年浸久，復不能結界者，得非忘本乎？蘇州吴江縣東走近二十里，有僧伽藍，號爲壽聖。考其創建之始，乃有唐大中元年鄉人顧文通捨宅爲之。舊名報恩，皇朝治平中改賜今額〔一〕，中間興廢，傳録不書。往世相承，未嘗結界，律議法制，有所不行，負識之流，慨其忘本，嘗有不足之色。遂以元祐三年十二月十一日命知律僧主法行事，隨方維以立標，約步量以集衆，唱相以告之，秉法以加之。是夕二鼓，厥功告成。翌日，將勒界相，垂諸不朽。仍書其始末，以告來者云。餘杭釋元照叙。《吴都法乘》卷一〇下之上。

〔一〕朝：原作『明』，徑改。

福聖院結界記 政和元年十月

會稽郡江北纂風鎮福聖院，昔錢氏有吴越，廣順元年，鄉宦蔣欽等狀，乞以嚴可瑛所捨之地建堂屋三間，以爲鄉衆焚修設齋植福之處，仍請興福院省諲主之。得旨依申，以延壽爲額。厥後徒侣既衆，舍宇漸增。本朝祥符初，天下寺觀例賜名額，始易今號。然雖堂殿完密，像設嚴整，而往世因循，未嘗結界，伽藍制度，有所未備。□城開元寺講僧履淵，結生□□，募道俗一萬人同修净業，化緣届此，人頗從之。又觀院衆率多□學，各尚熏修，於是率諭上下，具疏展禮，命予□□待結界法。隨方立標，區别於中外；約量集衆，檢校於和别。唱相以告之，秉法以加之，三相無差，十緣斯具。自從衆□□，可舉而行，攝僧護净，各有分齊。上從標際，下徹金輪，無作神功，住持常在，故使龍天之所翼衛，灾劫不能漂焚。□政和元年十月二十五日也，餘杭靈芝蘭若釋元照記。

光緒《上虞縣志》卷三七，光緒十七年刊本。又見光緒《上虞縣志校續》卷四〇。

建明州開元寺戒壇誓文

釋元照

釋迦遺法，比丘元照恭於娑婆世界南瞻部州大宋國明州開元寺建築戒壇，敬造護法神王，立於壇上。我聞神王有大弘誓，於末法中護持塔像，住持佛法，利樂群生。我今建此壇場，直欲報答佛恩，令戒律興隆，三寶住世。仰願同軫威神，常來擁護。若有毁戒作惡之人，爲求名利，妄居師首，秉實聖法，誤彼來蒙，即請驅逐令退，勿使登壇。或將腥酒觸污此處，即時誅罰，令知畏敬。將有水火風劫盜等難，願同力捍護，不令毁壞。且使此壇在世久固，令無量人登上受戒，發大道心，行菩提行，展轉授受，佛種不斷，盡未來際興佛事。紹聖五年二月十五日，沙門元照謹誓。

《芝苑遺編》卷中。

温州都僧正持正大師行業記

大觀元年九月十五日午未間，永嘉都僧正持正律師歸寂于城西之壽聖院。前三日，命衆僧諷《十六觀》《彌陀》等經，師亦合掌虔恭，隨聲而和。將終，乃指西向云：『此吾所歸處也。』良久奄然息絶。至十月二十三日，荼毗于西郊，發棺投炬，膚體如生，脣頰如紅蓮。火滅，得舍利不勝數。至明年某月某日，葬遺骨于西岑駐旌亭之南郊，立塔以識之。親度上首曰知孟，具狀先師平生行業，求文爲記。予尊僧正實爲先達，僧正視予不以晚輩，抑與師有舊，故不敢辭。師諱靈玩，字占叔，本郡宋氏子。童年厭世，禮開元寺妙明僧正曇可爲師，二十三試經業，得剃度。當年納具戒，即有志于學。聞天台真悟律師闢絳紗于錢唐，遂與同友仲卿而就學焉。敏鋭剋勤，寸陰不廢，儒老百氏，餘力旁求。當時卿、玩之名，藉藉稱于教肆。既而還鄉，卿乃導誘親族，重建戒壇。壇成未幾，不幸早世。其先，壇上不立佛像，師欲立之，而衆議紛拏，是否未决。師於衆中袖出《戒壇經》證之，衆遂默伏。自是壇場制度一禀於師，仍立南山祖堂於壇院之左。既而學業内充，名聞外溢，於是衆命住本寺教院。法明忠老當代之名匠，一日過門，正當講次，因而就聽講罷，執師手曰：『吾鄉善講，唯師一人而已。』自後凡有登門，指令從師先學戒律，然後可習經論。次住永安常寧律院，又遷東安教院，復遷杭州普寧寺，尋歸本寂禪院，後居大雲律省。師以不倦誨人，來學輻湊，舍宇爲之不容。衆信傾財，鼎新蓋造，不數載而成。因命演法處爲毗尼講堂，塑律宗祖像列祀于閣，置律乘教藏緘于丈室。自此人皆號爲毗尼師焉。郡倅唐公縠舉師爲僧判，次遷副僧正。郡守張公濟性嚴少交游，待師獨厚，又遷都僧正，給帖令揭額爲十方律院。郡守楊公蟠知師公正，凡僧門事盡委處斷，仍爲親書額字，贈《毗尼講堂詩》，見于《永嘉百咏》。大夫吴公君平贊師畫像，盛稱其美。自僧判至都正，掌握教門二十餘年，略無遺缺。數以病辭，後方獲免。師昔嘗臨壇度戒，位在第三。知郡石公景立以爲度戒事重，宜選德人，餘皆黜退，獨留師一人，仍推爲壇長，萬口皆謂綱紀壇場得其人矣。師少居學地，不憚勞苦，至於祖師三大部、本講十記，諸餘卷帙，皆親手書之。逮本寺遭爇，悉爲煨燼，復出錢唐傳寫，以備檢閲。師講學外，於西方净業信願甚篤，嘗命工繪彌陀、觀音、勢至三聖像，隨身奉事，至老愈勤。凡有少善，悉嚴净域，故隨處坐卧，面不背西。日誦《彌陀經》四十八遍，酷愛飛山《往生傳》，鏤板印施，爲衆銷釋。講《行事鈔》十五過，《羯磨疏》七過，《戒本疏》八過，諸小部帙不可悉數。自餘《法華》《光明》《十六觀》《普賢行願》諸小經咒，日别看誦，以爲常業。凡所施物，隨得隨散，衣盂之外，唯教乘數百軸耳。登門受道，前後往來二千餘人，散布諸方，分燈傳化。俗壽七十六，僧臘五十二。

評曰：弃俗爲道，其要在三：一曰行己，二曰利他，三曰護法。竊惟僧正自入道至終，稟律奉戒，不虧其節，不辱其身，禮誦焚修，日無虚度，則其行己不爲不勤矣。嘗患鄉閭律學不振，遠涉江山，尋師受業，晨夕講演，訓誘來蒙，故使南山宗部遐邇獲聞，流演無窮，由師爲始，則其利它不爲不博矣。四十餘年弘闡律藏，播遷南北，一志流通，魁鎮教門，肅清海衆，主持壇席，糾正軌儀，荷法輕生，死而後已，則其護法不爲不篤矣。晚年謝事，退養幽居，建志存誠，專期西邁，臨終正念，奄爾遷神。逮至荼毗，道俗奔赴，衆睹异相，追慕哀號。斯可謂始卒兩全，美善俱盡。非存誠荷法，孰能至於此哉？於戲！人有片善，猶足可絶，况備斯衆德，而無述乎？故直筆編其始末，以俟异日作傳者云。《芝園集》卷上。

杭州南屏山神悟法師塔銘 熙寧八年四月

天台教始盛於陳隋間，教主歿，至于唐，南北性相之宗大行于世，异端斯起，微言殆絶。荆溪禪師辭而闢之，遂復興振。荆溪既滅，逮于我宋，又數百年，學者鮮得其要，是非相攻，訛駁滋甚。有大導師號神悟者出焉。師永嘉人，名處謙，字終倩。少厭俗，禮常寧寺尚能爲師，能即天台十三世之祖師。自剔染稟戒，四出游學，投足於錢唐天竺慈雲之門。敏鋭超倫，美聲外溢，先達晚進，慑然敬服。其次歷扣諸方，道不我合，卒詣天台東掖山，遇神照法師，服勤北面，遂嗣其居焉。自是磨礱所業，優柔至理，夙植既深，豁有所發，乃擲去浮末，研幾根底，統宗會异，一其指歸。五時之教，權衡於《法華》；一家祖乘，梗概於《止觀》。故其所韞不可測，其所學不可究，其辯論不可窮。每一臨座，發言有詣，舉事炳焕，聽者莫不驚耳動目，揚聲稱善。搢紳先生、博雅論士，求之講道，終夜竟日，莫知所詣。師虚以待物，慈以容衆，青青子衿，憧憧而奔，踵門扣道，若大旱之望雲霓，嬰兒之慕母乳，未足爲喻。晚年出山，闡化于錢唐。而東吴禪講頗盛，或馳騁文字之學，或放蕩身口之事，浸以成俗，非朝夕矣。師獨能奮然整其頽綱，摘其餘焰，其徒往往捨末務本，革謬從正者多矣。故有厭弃榮寵者，謝絶退藏者，禮誦專業者，衣盂外飾者，齋戒自持者，講論兼濟者，禪寂内怡者，殆不可勝數。由是先聖之遺化復存於季運者，實斯人之力焉。累遷望寺，終止南屏。報盡緣息，示疾奄逝，壽六十五，臘五十四，即熙寧八年四月五日也。門人瘞全身于山之右，立塔以識之。銘曰：

天台東掖，奮于聲迹。克志圓乘，妙契皇極。後世有聞，斯人之力。

靈山天竺，方朋雲逐。來者虚心，往者實腹。瘠地枯根，靡不沾沃。

西湖南屏，石室籌盈。孤蟾奄墜，大野重冥。唯遺清風，布于寰瀛。《芝園集》卷上。

祥符寺通義大師塔銘　元祐四年正月

元祐三年十一月十日，大師以疾終于所居，十九日火葬，得青碧舍利數百粒。弟子輩以明年正月二十六日葬餘骨于靈隱之西麓，預狀平生事業，從予請銘以表其塔。辭不獲免，故爲叙曰：大師姓阮，世爲錢唐人。少小穎悟，不樂塵俗，從祥符寺有章脱素，遇天禧普恩，落髮具戒。諱子寧，字師静，號全真子。初依祖師遇因百法學《慈恩經論》，次從長水子璇法師學《賢首教觀》。尋歸閉户，焚枯折松，輪環講貫，若《楞嚴》，若《法華》，若《圓覺》，若《金剛》等，無慮五十餘過。行有餘力，旁涉周孔老莊百氏之書，皆通講解。善屬文辭，頗工筆札，嘗撰《金剛心經科記略》《慈恩彌陀疏鈔》并各一卷，出《宋高僧傳音義》三卷，删續本寺圖經一卷，新修《廣韵字録》一卷，書疏、雜文六卷，古律詩總五百餘首。其歷學義解如此。中年謝去人事，閱大藏凡四周，四大部一周，東京普安、長興、慶善、雲濟數處大藏皆師對校，手寫《法華》等經五十餘軸，看《華嚴》二十部、《法華》《楞嚴》《維摩》《圓覺》各五百部，《金剛》《彌陀》并五萬卷。密言聖號，晨夕課念，不可悉數。其焚修精至如此。未終前數日，忽謂其徒曰：『吾報齡非久矣，吾没後舉哀變服，挽喪夜會，汝輩必不爲之。然有假手作臨終頌、辭世遺書，多爲識者所誚。汝無徇俗，貽吾耻也。』俄而卧疾不起，剋時整慮，瞑目屈指，泊然化去，俗齒八十一，僧夏六十九。度弟子梵倫、梵僎、梵仁，法孫思振、思授、思拱、思總。其享壽令終如此。昔百法以德業擅名，言行動静爲人軌則，大師稟奉教言，孜孜循踐，力勤講課，不墜其風。又百法平居手植石岩木于其庭下，以爲悦目之玩，一時名賢皆留篇什。大師晚年敞軒栽花，繼其所好，且欲終身不忘遺訓。其尊道重義如此。大師天資沉毅，動無輕率，深居宴晦，怡然自得。雖衣冠貴族出入其門，而未嘗枉尺屈道，趨附權豪，苟其聲利。其養志秉節如此。大師學問該博，德業充富，才辯辭翰，出於時流，然未嘗矜能伐善，恃己陵物，不議人之所短，不掩人之所長，謙虚退己，慎言寡過。其深識遠度如此。於戲！人有卒身不爲學者，有學而不務修者，有修而不存義者，有義而不守節者，有節而不負識者，有備此數德而不得其終者。有以見大師爲人爲道，有始有卒，豈特擅美於一時，亦將垂裕於後世也。銘曰：

百法五教，性相支離。旁求兼講，通幽洞微。克嗣遺踪，聿修厥德。操守有終，動止無忒。空花起滅，水月去來。唯此遺骸，復于浮埃。靈山之西，祖塔之右。壘石勒銘，用昭厥後。《芝園集》卷上。

華亭超果照法師塔銘　元豐六年十一月

法師諱靈照，字了然，號希夷子。父盧氏，本東陽蘭溪建鄴里人。法師生而有异，不與群童戲劇。既失恃怙，志願脱俗，累啓於兄。兄欲止之，遂取三藤極粗者示之曰：『使吾擊汝，藤碎，可從汝意。』法師欣然，躍入山林間拾藤如束薪，負至兄前，曰：『兄果容入道，直以束藤擊之俱碎，亦無恨矣。』兄即感涕，乃知其志不可奪，遂令禮本縣寶慧寺紹賢爲師。一入僧門，誓去枕席，香燈禮誦，晝夜不息，未期月誦通《法華》《光明》二經。年過弱冠，抱經投試，即預科選，長吏嘉其敏鋭，别榜以奬之。洎落髮稟具，奉持甚嚴，竊自思曰：『人而不學，没齒無聞，君子耻之。矧爲佛徒，唯道是務，飽食虚度，不知其可乎。』遂浮杯度江，詣錢唐香嚴蘭若，依湛法師學天台教。服勤數載，更欲旁求，師訓之曰：『汝無他往，方今浄覺法師闡化吴興，實吾宗間世之匠，宜就而正焉。』法師受教，負笈而往。師資道契，針芥相投，切問近思，夙夜匪懈。又數年間，一家教觀無不通達。净覺欲觀其器度，歷試重任，法師隨事裁置，皆得衆心。洎净覺歸寂，吴興道俗請住吴山解空院，次還景德戒壇院。熙寧中，香嚴法師居雲間超果，力構教肆，纔及完備，無何報盡。將啓手足，囑其衆曰：『吾竭力盡心，建此道場，常願得一真傳教人以繼吾後，非靈照，其他不可。』道俗依言，同謀懇請，法師乃率衆而至。遐邇嚮風，徒侶奔凑，禪誦精苦，講誨無倦。矧乃崇净土之教，慕東林之風。自元豐已來，結四衆爲社，專慕彌陀，誓期西往。每至春首，啓净土法會七晝夜，躬事懺摩，愈加精至。如是二三年間，士女預社者二萬餘人，獲益感驗，不可勝數。嘗於寢夢見彌陀、觀音、勢至，聖相殊特，法師前禮跪而問曰：『靈照一生誦大乘經，學大乘法，修大乘行，期生安養，爲果願否？』觀音指曰：『净土不遠，有願則生，勿復疑矣。』又嘗誦經至於深夜，因而倚卧，忽夢普賢身相，喜而驚寤，遂發心造普賢像，誓誦《法華》萬部以嚴净報。餘時讀誦不可具紀。元豐五年仲冬月，忽卧疾不起，謂侍者曰：『吾於病中見有异事，安養之期，吾已决矣。』十六日昧爽間，北首西面，累足而逝，肢體温煖者三日。其徒依西竺法闍維之。是日天慘雲愁，風悲泉咽，衰素盈于四衢，號慟震於大野。衆以香木積而化之，開棺發焰，或聞异香。烟散身灰，盡睹奇瑞，舌根不壞，柔潤如生，舍利迸流，赤白相間。平居功業，於兹見矣。世報五十五，僧夏三十四。登門受道千有餘人，親度弟子曰静仁，曰覺圓，曰静智。明年仲冬十八日，以骨舌瘞于院之東南隅，立塔以識之。其静仁者累以行狀從予丐文，予與法師有舊，辭不得已，强銘繫曰：

竺風扇于震旦，台教盛于東吴。克荷斯道，實蕃有徒。偉歟法師，出爲世模。拯于弱喪，炳于昏衢。乘戒兩急，言行齊驅。集結蓮社兮希風廬阜，剋勤禪誦兮接武大蘇。道因時而或晦，形隨物而云殂。舍利騰烟兮粲如珠顆，舌根在焰兮赫如紅蕖。摧教門之梁棟，失後學之津途。機山西湖，丈室東隅，睹此靈墳，孰不爲之嗚呼！《芝園集》卷上。

杭州祥符寺瑛法師骨塔銘　元符二年

師名擇瑛，字韞之，桐江俞氏子。母王氏嘗夢二日相趁而至，并貫于懷，因而有娠，且疑必孕二子焉。逮月滿，止誕一男，次年復妊娠，又産一男，始應二日之夢。父母异之，俱令出家，各以經業得剃度，然皆明敏好學，有志節。長子名子欽，字希固，受業于錢唐净住院，晚出游學，卒於天台山。次子即法師也。師幼失所恃，隨父來杭，始脱素于南山之瑞峰，後禮壽寧院處邦爲師。既具戒品，首學戒律，俊邁之聲，已出流輩。師以始學，頗亦自負。熙寧中，東掖山神悟法師來止寶覺，師往見之，一聞講唱，慴然愧伏，乃曰：『不意叔世復有斯人，此真吾師，幾不遇也。』於是虚心潔己，北面師事，摳衣請教，朝夕匪懈，神悟亦頗器之。師雖博涉經論，獨於《法華》尤爲得意。因看《不二門》《金剛錍》，不寐者數月，遂以所得白師，師曰：『《法華》妙旨歸乎自己，宜善護持，勿自輕也。但恐摩尼至寶，投于弊囊，非所宜耳。』自是學行著聞，方朋嚮慕。如鏡去垢，則有像斯分；如鐘中虛，則隨叩而應。其爲道也不羈於相，不蕩於空；其爲人也不附於時，不滯於物。言無委曲，行無便佞，播遷南北，爲法忘勞。行止隨緣，去留在我，或領衆住持，或寓居講演，蘇、杭、湖、秀，歷二十餘處。中年多病，遂居祥符古刹。一揮麈柄，緇儒雲集，洪音迅辯，聽者莫不耳聳目眙，嘆其穎脱。元符二年春得疾，藥不可療，臨行自省曰：『吾二十年專弘上乘，啓悟群庶，豈謂嬰兹疾苦，力不能制，將非所傳未契聖意乎？』遂以平生著撰對衆火之，奮身而起，面西凭机，命衆誦《彌陀經》，纔及流通，奄然息絶，實三月二十九日也，壽五十五，臘三十二。後五日，闍維於下湖之野。是日素幡滿路，香木成積，道俗追送，數里間車馬不容。火滅，得遺骸散于湖中。或謂法師有益於世，一旦歸寂，而遺風餘懿泯然無聞，殆非我曹所忍，遂使人漉之，止得半許。立塔葬于靈芝懺室後蓮池之西，請予爲銘。予與師童稚時已相往還，以至同試經，同學教，知師頗詳，故不敢辭。銘曰：

至聖降靈，唯爲一實。鷲嶺開權，鶴林扶律。天台妙悟，章安祖述。不有法師，孰造淵密。區其善否，糾其得失。住有沉空，虎皮羊質。若夫冥乎真者，無動無出；繫乎數者，有始有卒。收種凭机，加趺掩室。香燼有身，塔藏遺骨。荷花開謝，湖光出没。留示諸徒，仰止奚畢？《芝園集》卷上。

越州餘姚昇闍梨塔銘

釋單昇，字隱之，越州餘姚杜氏子。丱角時已有超拔之志，脱素于龍泉寺，禮清序爲師。遇皇祐普恩，得剃度。既具戒品，負笈挈囊，學天台教於四明賓法師。自後遍歷諸方，知新温故，天竺明智、雷峰廣慈皆登門入室，孜孜扣擊，餘二十年。所業既成，遂還舊隱。道俗或以住持强之，皆確然不就，柰何耆舊篤迫，事不能已，遂於本寺講演圓乘，聽衆悦服。晚年謝去人事，掩關不出，嚴治一室，專修净業，禮佛誦經，不舍晝夜。崇寧改元，夏制將解，忽染微恙，至十九日召集徒屬，焚香告曰：『吾生净土時已到矣，當乘金剛臺隨佛西邁，願勉力進修，可得相見。』言訖，索湯沐浴，手結佛印，泊然坐滅。是月二十五日火化于西郭，而灰骨間舌根數珠儼然如故，得非誦持之效歟？其徒以某年某月葬于當山之西峰。壽七十六，臘五十二。平居誦《普賢觀經》萬卷，《法華經》五千部，《彌陀經》萬卷，佛號不計數。一子曰德懋，二弟曰覃逸、曰覃悦。悦見爲僧首，嘗從予學律，一日具録其事，求銘以識其塔。銘曰：

惟師爲學，有而若無。惟師爲行，實而若虚。形器化矣，珠舌儼如。白業斯著，青史宜書。《芝園集》卷上。

越州漁浦净慧大師塔銘　紹聖二年十月

大師蕭然，漁浦章氏子。少孤，與兄同事母，年甫弱冠，知兄力能幹家，遂白母求脱俗，禮净慧院子蘭爲師。嘉祐四年得剃度，明年具戒，諱清沼，字澄之。自少有膽氣，善營衆事，好賓客，胸中豁如也，於是衆推主事，凡三十餘年。其先院宇卑陋，師乃勠力興建，除大殿外，廊廡堂舍皆鼎新之。元豐三年，建轉輪藏，始則募衆計用不足，乃盡輪囊，長至於冬無衾襦，夏無絺綌，而未始有倦色。元祐中，余過蒸溪次，命余結大界，講《彌陀經》，受《菩薩律儀》，自是專持齋戒，食後雖湯茶不進。晚年謝絶人事，於院之西北隅構堂曰忘緣，别開懺室，看《華嚴》《十六觀經》，繫念彌陀，早晚佛事不輟。紹聖二年春得疾，聞余赴四明築壇，舟次西陵，遣弟子道淵召余，且欲叙别，遂往見之。雖已在膏肓，而精爽不亂。一日呼左右擊磬，厲聲稱佛，逾於平時。其徒乃集衆諷經，師自稱普賢懺悔、發願、迴向三偈已〔一〕，泊然息絶。是年十月葬全身于院側楓林下，俗壽六十三，僧臘三十七，度弟子六人。法孫希深具狀老師平生事業，從予丐銘，以表其塔。

銘曰：師之存兮，漁江之人翕然如歸。師之亡兮，漁江之人寂然無依。嗚呼！大師之爲人也，兹焉可知。《芝園集》卷上。

〔一〕稱：疑當作『誦』。

强浚明

强浚明，字行季，杭州錢塘（今浙江杭州）人，强至長子。熙寧九年登進士第。崇寧初爲朝奉郎、少府監丞，三年爲兩浙路提點刑獄。嘗與其弟淵明同交蔡京，濟成元祐黨禍。早卒。見《宋會要輯稿》職官五之一三、五之一四，《咸淳臨安志》卷六六，《宋史》卷三五六《强淵明傳》，雍正《浙江通志》卷一二四。

壽聖院記　元祐八年九月

元祐八年九月辛巳，同郡錢君慎微過余，言曰：『昔我先王既荒吴越，維子若孫分建藩屏，我高祖廣陵宣義王實鎮中吴，父子再世，嗣有節鉞。逮我皇祖司封，始去而仕于朝。然自廣陵而下，四世皆葬於蘇。晋天福辛丑歲，曾祖威顯公始建寺於吴山之麓，以爲薰修之所，用其山名之曰吴山院。本朝天聖丁卯歲，主僧維久嘗遷其寺少南，既又遷瓦塢，最後遷宋塢，則今所建寺之地也。治平中賜今名壽聖院。厥初屋纔數十間，僧徒甚寡，歲久益壞，而僧之來者日衆。先將軍爲出緡錢二十萬，俾其徒懷政合衆財以新之，然後瞻禮有殿，講説有堂，井廬庖湢無不完具。又俾其徒懷遇即寺之側相沃衍之地，闢田百畝，歲更豐凶，不資檀施，而寺常足食。先是，法堂獨庳隘不稱，寺僧智來又侈大之，以增其舊。此寺之興逾百年，更三遷，歷吾家四世而後大備，其成之難如此。幸此寺日益新，僧之來者日益衆，則錢氏之興可知也。恐後來者亡以考也，吾子試爲我書之。』余曰：『唯唯。』詞曰：

武肅多子，大王小侯。厥初啓宇，十有三州。分建子弟，維藩維屏。維時中吴，式控外境。廣陵受鉞，闢壤千里。文穆之兄，武肅之子。生有其土，死即葬之。父子孫曾，相望纍纍。在晋天福，當威顯公，相方視址，爰作佛宫。桓桓將軍，世濟其美。百年于兹，寺更三徙。浮圖惟久，實繁有徒。修敝徙廢，不忘其初。太湖之濱，吴山之原。斵石刻辭，敢告後昆。《吴都法乘》卷十上之下。又見《吴都文粹》卷八，《吴郡志》卷三三，民國《吴縣志》卷三〇下。

章瑋

章瑋，武都（今甘肅武都）人。按張九成《海昌童兒塔記》（《横浦集》卷一七）稱其爲『邑人』，即鹽官（今浙江鹽官）人，蓋嘗由武都移居鹽官。

重修童兒塔記　元祐三年五月

鹽官古牒，縣南隅有佛寺一，曰『靈塔』，世説相傳，以唐季擾攘，爲黄賊焚掠。近歲西南郊林墅間，夜有光亘天，邑人沈暉訪而視之，得一壞浮圖，且莫知其所由始也。稽諸里老，僉謂昔此地有佛宫，里之兒童累瓦礫爲小塔，其間且有嘉瑞，後人增飾之成浮屠，而焚弃於五季之兵火，故所餘者如此而已。其下有黑蛇長數尋，蟠護不去，而宵夜昏黑則開放火光，紅輝屬天，明徹幽隱，然不知其所爲始也。然則此非所謂靈塔之遺迹與？前數年，邑人有召日者治葬域，且用塔以爲應按，而語人曰：『此去歲餘，塔復興矣』。後逾歲，果有净信願加修治。瑋聞其作興，乃與同志共率有緣，協力以相其事。始事於元祐戊辰二月，成於四月。然則是塔之來，信久矣。噫！數百年荒圮之地，一旦營繕，乃與日者之識若合符節，果術數之精如此耶？比有過客善風水，嘗過予而言曰：『直縣之西，有水曰「淡塘」，其派自錢原來，而於卦得「辛兑」之龍，於經得秀文之氣，地勢雖遠，而源流不深，故未能有嘉驗也。苟浚之使深，則斯邑也，文富貴達，當世世不絶。』余得其言，因竊自思邑之人貴登龍樓，勛勒砥石者，往古有之矣，過此已數百年，而繼其顯者寂寥無聞。豈非直西之水當時源深而流長者，其應如彼；後來湮没而蕪廢者，其應亦如此耶？是或可信也。後之君子鋭於作爲，以速久遠之效者，皆浚其源而疏其流，則予未老，尚及見其瑞應也。元祐三年五月望日，武都章瑋撰。民國《海寧州志稿》卷一九。又見乾隆《海寧州志》卷六，道光《海昌備志》卷一二，《淳祐臨安志輯佚》卷六。

王基

王基，元祐中爲河東縣主簿。

解州解縣静林山興化寺新修盧舍那佛大殿記〔一〕　元祐三年十二月一日

中條之山自蒲距陜，東西相接逾二百里。其巉然而秀、聳然而异者，曰方山，曰五老峰，曰天柱峰。其佛宫之盛者曰栖岩，曰萬固，曰靈峰，曰延祚，曰柏梯。俱占中條之勝，而屬蒲阪之界。自隋唐已來，世有高僧繼處於其間，故遠近信嚮，經營塔廟，崇基隆構，壯麗奇偉，雄冠於一方。静林谷者亦條山之界，而蒲之舊地也，中有古寺，載於圖經。唐乾寧中，錫以『妙覺』之號。漢乾祐初，始屬於解。至本朝太平興國二年，易以今名。歷歲浸久，頹垣壞屋，莫之能興。慶曆中，有僧號普真者雲游至此，徘徊周覽，愛其山川之秀，可以爲住錫之地。乃營庵於其側，鄉人知其篤行，相與出力，崇起殿閣，創修磚塔。繼而得絳僧文玉者，與普真同其志，願誓栖隱於斯地。其徒從之者衆，乃度地之勢，以廣一寺之基，日修月葺，講論有堂，燕息有室。於是二人復相謂曰：『夫浮屠氏之道，以寬容泛愛爲心，而不可以有偏係之拘。其於吾之儕類也，當來則受之而不可拒也。』乃請於官，乞敷奏以『十方』爲名，朝廷從之。至是歲時設齋大會，環千里之内外，衣冠士女，雲集輻凑，其盛遂與栖岩、萬固之類相埒，而爲解地之盛游。歷三十年，而正殿獨闕，有沙門洪濟者繼爲主僧，慨然欲以建立爲意，乃告於有力者。郡人試將作監主簿婁應，夙植善根，素崇像教，與濟相善，因告之以無他求，應當獨力以辦，遂聚材鳩工，以築以構。暨始成，乃刻盧舍那像以中居之，而兩邊之廡、護崖之舍，與夫四壁丹青之事，及棟宇藻繪之功，俱未之畢，而洪濟化去，婁君繼卒。其子綬念先人之志，遵釋氏之教，欲廣修功德以薦，乃告於主僧元杲，乞繼而成之。增廣廊廡至七十餘間，凡用工前後逾十年，其費幾二萬緡，一出於婁氏。至是，一殿之飾，左右上下粲然，罔不完矣。觀其四隅角立，巨棟下臨，窗牖相鮮，門欄競爽，雖參差不齊，而高低交映，盡繩墨之巧，窮丹漆之工，使游覽之者如入於兜率之中、清都之上。焕其炳兮，溢群目也；雕且峻兮，駭衆心也。信哉，非佛之有大威德，孰能使人必信若是哉！噫，佛法入於中國，千有餘年，盛於晋魏梁陳之間，而民之所以奔趨歸仰之不暇者，以其徒能篤行其教於民，以謂順之則或生天界，逆之則或墮地獄，故斯民悦服而信深，以至罄室之財以捨之而不吝，殺己之身以奉之而弗辭。則凡吾之所謂天之禍福，神之吉凶，一皆出於其徒而已，則佛之徒唱其教，亦大矣。若夫梵宇之興廢，亦繫其所主之人如何爾。則是寺也，非普真、文玉經始於其前，而洪濟、元杲善承於其後，俱有大信行，足以感動於人，則孰能使人竭誠盡力以增修善完若是其盛哉！予嘉前後主僧得其人，其所以用心如此，又嘆婁氏父子相承之若彼，因述此寺肇興之迹，而論佛法入於中國之盛而詳言之。若夫盧舍那佛之事，則載於釋典，而其徒皆能道之，此予所以不紀也。然《春秋》之法，所作必書者，所以志是非也，而後之爲文者凡舉事必皆有記，則記亦從來尚矣。乃因其請，而爲之志其歲月，以告後人云爾。元祐三年十二月初一日癸酉朔記。陝州閿鄉縣主簿南熙立石。朝散郎、通判解州軍州兼管内勸農及提舉兩池鹽場公事、護軍、賜緋魚袋蓋瑜。朝請郎、知解州軍州兼管内勸農及提舉兩池鹽場公事，上輕車都尉、借紫陳安壽。焦元吉刻。《山右石刻叢編》卷一五。又見乾隆《解州全志》卷一三。

〔一〕碑題下原署：『新授河中府河東縣主簿王基撰，河中府臨晋縣尉王明遠書，萬州南浦縣令李光篆額。』

周鍔

周鍔（一〇五七——一一三二），字廉彦，鄞縣（今浙江寧波）人。元豐二年進士。調桐城尉，辭不赴，益究治經史百家之書。游潁昌，訪其舅范純仁，過洛，見文彦博、司馬光，咸見器重。歷官濠州户曹、提點江淮荆浙等路治錢公事，後知南雄，以言事入黨籍，退休於家。紹興元年，朝廷牽復黨人，特轉中大夫，將用之而卒。有奏議、雜文、表啓二十卷，《明天集》一卷，《六甲奇書》一卷，《承宣集》一卷。見《宋會要輯稿》職官二八之一一、職官六八之三、職官七七之六五，《寶慶四明志》卷八，《甬上耆舊詩》卷二，《宋史翼》卷五。

四明山寶積院記

四明山與天台并高，東接滄溟，西連禹穴，穹窿盤礴，幾數百里。嘗有雲氣蒙覆其頂，仙書以爲洞天，殆不妄。其間崇岡秀嶺，深林窮谷，多昔人結茅之地。歲月浸久，易以層構，往往金碧相望於烟雲杳靄之間。前年，予卜先人之藏於銀山。既居其麓，與所謂空相院者并。望其北曰錫山，又有刹焉，即此院也。錢氏時，鄰翁鄭仁潮捨其基，中間輒廢。乾德中，鄭遇復構之，號爲總持。慶曆丁亥歲，僧可革主其事，始爲像殿與講堂。而尹熙又繼葺之，稍稍完具。治平中，有事明堂，因錫額曰『寶積』，而院遂興焉。宗瑩上人，熙嗣也，既新前人之構，又穴堂之右爲行人修行之室。且患山之西阜不豐，乃益培土以自輔，植木森然。將於上方之上建經行軒，以爲行道駐足之所，又於山之前爲披風亭，使度嶺者得憩焉。鄉人父老咸以能幹名之，而予於是知瑩可嘉。將刊其敕額於石，以爲之志，而過予求文，故爲之書云。乾隆《鄞縣志》卷二五，乾隆五十三年刻本。又見《兩浙金石志》卷六，《清真年譜》。

俞　仲

俞仲，明州鄞縣（今浙江寧波）人，居象山（今浙江象山）。元祐三年進士。見雍正《浙江通志》卷二二四，光緒《慈溪縣志》卷五〇。

明州慈溪縣普濟寺羅漢殿記〔一〕　元祐七年九月

羅漢以六道入解，普現無礙，而慈心所屬，恒沙并攝，等無有异。故巨迷熾惱，纖悲匿苦，皆我之所憐□；□蕩高廓，蓋覆罅隱，皆我之所臨照；岑臺騫宇，鷦巢蟻穴，皆我之所栖泊。夫何專一方，係一域，蔽二□，□滯□□□□衆生自障，罕得親近，唯願洪緣合，則不約而冥契。則普濟之殿，其興也，宜有由矣。皇祐二年，縣令林侯肇夜□□□門，霜毵雲縷，魁岸异特，環謁栖止。林日暮如普濟，應聲錫東。望惝恍間，若見其乘虚而彼下也。既覺，召諸□□□□未有能爲羅漢像者。林謂今夢以幸，予可不任哉！念無完力，以擅乃舉，即捐俸爲四像以倡之。因以□□□□□貴葉□者力其事。於是百里走應，相爲告勸，爲像五百一十有六，亦已浩而難成矣。而其既成，人不□□施□□□貪而□□也。集像傍寓，委其事於未竟者，凡幾年。顔氏文悦、文溥，相與慨然，願得屋而殿之，緝熙前功。約□□□繼然□裒募焉。逾年而殿成，元祐五年十二月十九日也。噫！何其事重而工速耶？慈之爲邑，眇介江滸，望若□□□。雄會巨鎮，彌跨竦跱。謁栖之夢，不即彼而唯是之辱，何哉？豈以其俗朴愿，趨善避罪，積洽既久，而所謂願洪緣合，□□有□□多劫，不可窮之際；不然，安得憩真仗而集勝果，以爲一方福田乎？然後知林侯發之二顔，承之閑□，於□□餘年，乃獲完就，豈偶然也哉！天台赤城，大阿羅漢所家也。石橋危磴之怪險，金雀茶花之顯應，著爲异事。舊□□□，夫兹殿既闢，其仙游相望，浮空往來於兩者之間，而俗奉愈久而益虔，則金雀茶花之應，將不特專美於天□□□云。元祐七年九月二十七日記。寺主傳教賜紫智文立石。

慈溪縣尉□，三班借職、監慈溪茶鹽酒税張□，慈溪縣令張伋。光緒《慈溪縣志》卷五〇。

〔一〕題下原署：『河間俞伸撰，富春孫籲書。』

王箴

王箴，元祐中人，郡望瑯琊。按蘇過《王元直墓碑》（《斜川集》卷六）、《宋元學案補遺》卷四有王箴（一〇四九——一一〇一），字元直，青神（今四川青神）人，蘇軾妻兄。九歲通經，曉解句義。弱冠爲文，見稱于世。元祐間薦舉經明行修，力辭而免。蘇軾貶嶺南，箴浮舟往會。建中靖國元年卒于夔州傳舍，年五十三。與本文作者王箴未知是否一人。

宋故青峰山寶月大師岫禪師龕銘〔一〕

巨雄闡化，萬靈一源。正法眼藏，大甘露門。師子一吼，群魔遁奔。廣博智慧，梵天之尊。能慈與悲，不止不紛。風揮日舒，照迷炳昏。一切有情，令入涅槃。先王道缺，周衰秦燔。鰥寡孤獨，弗能自存。仁義浸微，九流無言。金人夢漢，□相其傳。死果生因，□嚚革頑。有功在民，暨于夷蠻。塔廟莊嚴，百千斯年。少林爲禪，枝葉爲繁。北律南宗，各守一偏。師少而通，絶群離喧。鶴警寒露，猿啼青山。白雲孤飛，得法泐潭。天空月明，萬慮不干。一鉢一瓶，揚波函關。誰其嗣之，厥聲岩岩。元祐三年四月十六日麻田院主僧道珂立石，張惟慶刻。《金石萃編》卷一三九。又見乾隆《寶鷄縣志》卷一五，民國《寶鷄縣志》卷一四。

〔一〕原碑題下署：『瑯邪王箴撰并書。』

楊天惠

楊天惠，字祐父，自號回光居士，梓潼（今四川梓潼）人，徙於郫。幼警敏，登元豐進士第，以儒學稱。攝邛州學官，元符二年補彰明縣令。元符末應詔上書，入崇寧黨籍。著有《三國人物論》三卷、文集六十卷。見所作《彰明遺事》，以及《宋會要輯稿》職官六八之三，《宋史·藝文志》二、七，費著《楊氏族譜》（《全蜀藝文志》卷五四）。

北溪院化僧龕記　崇寧五年十二月

化僧者，初不識誰何，蒼顱黧面，去來郫、繁間甚熟，市人蓋多見之而無相問訊者。崇寧五年十二月二日晨，從外來乞食城中，如故常洋洋也。眂日欲昃，輒囊其衣若將去，行次廛東小息，於逆旅馬氏乞漿焉。斂裓趺坐，漿未饋而告寂。玉骨山峙，不杌不倚，邑人環禮日數百人。有喜事者迎置北溪巖，以髹漆閟以龕室，取諸香花而散其上。東蜀居士聞而嘆曰：『异哉！我昔未之見也。』是導師者不離闤闠喧閂而示静便，不鄙屠沽垢紛而示精潔，不舍生死濁惡而示究竟，不樂相好設飾而示堅固。其音制和軟類近里社人，而莫知其名氏；其膚理臞勁類七十許人，而莫知其壽臘；其衣履簡野類空林衲子，而莫知其居止。嗚呼！生，吾不知從師游，没，吾徒知志其迹，是刻舟之説也。雖然，由吾之説瞷師之相，起欣慕相，成净信行，庶其有從入哉！師之寂凡三日始歸北溪，後十日爲之記。《成都文類》卷三九。又見《宋代蜀文輯存》卷二六。

劉弇

劉弇（一〇四八——一一〇二），字偉明，吉州安福（今江西安福）人。元豐二年登進士第，除通州海門縣主簿。歷臨潁縣令、洪州教授、興化軍録事參軍、知嘉州峨眉縣。紹聖三年，中宏詞科，擢太學博士。元符中除秘書省正字。徽宗即位，改承議郎，爲禮部參詳官。又改朝奉郎、著作佐郎，充實録院檢討官。崇寧元年卒，年五十五。有《龍雲集》三十二卷行世（龍雲，所居鄉名）。見李端臣《劉偉明墓志銘》（《龍雲集》附録），《宋史》卷四四四有傳。

觀禪師碑

閩越右浙左番禺，壤迫而民稠。男子資秀穎，力强自好，則起而爲士者常十五六，爲佛之徒者又五之一焉。然佛之徒自其童時已能誦數，學涉精博，纔一祝髪，即拔迹游方，巾瓶杖屨，從知名師，解懸脱梏，躍出累表。异時匡廬灊霍布金之肆，諸以禪擅天下，多閩粤人。至閩粤，則其望僧反不逮他處，而數百年間求如汀上白衣、莆之妙應、與夫福唐存備之徒蓋無幾。顧寂寥不詔之後〔一〕，能踸踔到佛，是其尤偉，而有如師者出矣。師諱令觀，俗姓黄氏，莆田人。生不茹葷，年十三隸廣化寺禮師繼隆，十八受具戒。略通《易》《孟子》《老》《莊》諸書，已而撥去，聽講大乘經論。他日讀《楞嚴經》，駭然大悟曰：『世徒傳當年《圓覺》之圭峰，何知不有今日《楞嚴》之我耶？』未幾得寺之安養院，折笻坯户而居之。標尚質素，語終日不妄出口，非有迫致，或竟歲未嘗踦閭。閲大藏經，更數返，雖老益力。又天性慈甚，哀病者而急阨窮，咒食放生，無不爲者。貲不逮，必解衣就質，無難色。佛事，身朝贊夕燈者五十年，不驅蚊，不搔餧虱，不以匡衆爲己任。人或戲之曰：『憊乎，觀公奚事爾爲？』師曰：『吾非憊者，正恐坐此得憊耳。』其密意警人類如此。忽一日示疾，語其徒曰：『有六上人當過我，亟具茗果。』衆疑師屬疾語迷謬，既而人有賫像自遠至者，物色之，正六，則傅金羅漢也。暮沐浴，黎明更衣，敷坐集衆，若辭世者，曰：『勉矣，毋負吾佛！』語已，抵掌就寂。是日，愁雲曀空，群鳥鳴悲，實元祐八年三月二十九日也。壽九十一，僧臘七十三。居三日，頂猶温，其首蓋俛而復正者再。用天竺法荼毗于寺之北垌，火行，异香收盡，得舌根不壞，觀者駭嘆。其徒塔之，夜有光炯然，自荼毗所屬塔中，如往還狀。又三日，現金銀色。舍利環五里餘，尺草寸木，悉發光耀，蹶石掘土〔二〕，無不得者，而不窮也，旁近民至取以售用。于是長老繼諸狀其事詣余曰：『凡剃而緇者，決生平功行，每在于臨行拘縱之一靈，最後灼肌之寸燼耳。張君佛燼〔三〕，既得之觀矣，將侈觀之傳，使蔓于後，子則不可以徒默。』連三請益堅，既而曰：『觀之事赫然可喜如此，而諸之請也，不徒知觀，又知余，則侈觀之傳，當自諸始，而余其一也。』系以偈言，曰：

金剛寶玉秘密藏，實甚希有《首楞嚴》。了知一切于刹那，如大壯士屈伸臂。衆生盲龜越浮孔，不撥聚散取泥洹。無漏種智安養佛，封礫疑網知有此。起不退轉得安隱，于彼無生忍法中。妙湛圓明大總持，時取惑者藥其病。爰七十載閱僧臘，當示順日屯雲空。云何舌根歷熾然，猶紅蓮花出遺燼。況復得大堅固力，神光去來窣堵波。普現舍利山樊間，尺草寸木皆發色。取如泉源無有絶，蹶石掘土仍得之。嘆未曾有莆之人，一切有情悉擎跽。維大禪伯曰法海，伏請謁言爲證明。得不思議有如師，告彼來者庶無愧。

興化軍廣化寺法海禪院沙門繼諸。豫章叢書本《龍雲集》卷三二。

〔一〕詔：影印文淵閣四庫全書本（簡稱『四庫本』）作『聞』。
〔二〕掘：原作『相』，據四庫本改。下同。
〔三〕張君佛燼：四庫本作『燼餘佛相』。

釋福受

福受，元祐間僧人。

中峰寺殿宇記

大宋元祐戊辰四年歲次正月十五日〔一〕，□天寧寺下中峰寺僧福受，號南山，因見古迹，方乃垂納，遇緣化道，努□焚修。三門、殿宇、法堂、僧舍、厨房、回廡，創新而□。北至岳冢，南至路，東至中岳廟，西至□嶺，方闊四至明白。門徒智惠、智海、智燈、智果、智珍、智定、智寶、智能、智興，法孫諱主道、行道、隆道，香方了然、了真、行寬、行祥。功德施主胡允恭、程仕明、程吉、張順、陳晏、陳士元，諸方施主郭用、于繼安、李繼安、趙普明，博士戴普原。鎸字陳再榮。

國家圖書館藏拓片·各地五八五三。

〔一〕元祐戊辰四年：按元祐三年爲戊辰，四年爲己巳，此處年次或干支必有一誤。

趙嗣業

趙嗣業，元祐五年守普州、知安岳縣事。見《蜀中廣記》卷三〇。

大唐克幽禪師塔記　元祐五年

大唐克幽禪師，俗姓李氏，其先隴西人，因官入蜀，家於遂之長江縣。幼玩世典，有志於仕，而緣在於佛。因以得疾，見猛焰相逼，遂發志出家，求無上道。應念火滅，疾亦尋愈。往依成都凈衆寺無相大師金和尚，而師資道合，投針相契，就削髮圓具。無相即授以心要，師亦靈根宿植，言下頓悟。無相謂師：『汝如香象渡河，深通我願，付法之最，當在汝也。』遣往彭門白鹿山，結庵而居。無相一日謂衆曰：『東雷鳴矣。』衆莫之測。會杜公濟節度東川，果欽師道，延請歸住持遂之石佛寺，説法爲人。大曆七年，忽現瑞相，身坐圓光中，遠近花卉變成蓮萼，人皆异之。刺史鮮于公曼、皇叔李公樸深所信奉，參叩密旨，由是學徒雲集。嘗曰：『汝等諸人勿學凡夫，三乘外厭諸相而不了知，相逐相生，相繼無窮，流浪生死。凡受法者須具福、智二門，行住坐卧，不離此心，即六識清净，妙周沙界。故經云：所見色與欲等，所聞聲與響等，但心不生，則諸法空寂。』其示人略如此。先是資陽處寂禪師囑其衆曰：『吾示滅矣，四十年後當有東來菩薩收吾舍利，爲吾造塔。』開元乙亥歲寂入滅，至大曆戊午，歷歲四十四，而師遣門人升岸等往爲營建，開壙獲記，一如所言。建中大旱，井泉枯竭，師遥指寺之西北隅，往視卓錫，焦崖水涌，衆賴以濟，今謂之聖水井。貞元三年五月，師告衆曰：『吾此方緣盡，不久將行。』刺史韋成武聞知，帥衆詣寺，請師久住，濟度群品。師曰：『吾未嘗去，但衆生緣盡耳。』九月十一日復升座，曰：『時至矣。』趺坐而化，報齡六十，僧臘三十五。韋公命其徒建塔於寺之南，以葬全身。會昌中寺廢塔毁，地陷成池，瑞蓮時出，往取則無有。天復年間，相國瑯琊王公簡見一僧立府庭，遣人逐之，至池所而没，因發掘其地，得异骨如金色，鈎鎖相連，其教謂之菩薩骨也，乃復建塔藏之，并興其寺。而五色圓光現谷中，人以爲觀音化身，即於塔之側創一堂，塑像莊嚴，以表其事，謂之聖觀音。往往曉色開霽，日出霧升，團爲圓相，布爲五色，觀者堵立，自見其形現光相中，至今猶然。太守馮公了達佛乘，以外護之力，謂禪師應化，靈迹如此，而舊記闕略，乃以其事畀嗣業，輒緝拾始末可傳信者，詳而書之，以示後人。《蜀中廣記》卷八八。又見乾隆《潼川府志》卷八，道光《蓬溪縣志》卷一三，《宋代蜀文輯存》卷一七。

釋仲殊

仲殊，俗姓張，名揮，字師利，安州（治今湖北安陸）人。初爲士人，嘗預鄉薦。其妻以藥毒之，遂弃家爲僧，居杭州吴山寶月寺。因以蜜解毒，蘇軾號之『蜜殊』。崇寧中自縊死。殊工詩詞，有《寶月集》。見《紹定吴郡志》卷四二，《全宋詞》第一册第五四四頁。

破山光明庵記　紹聖四年正月

《佛説金光明經》，是經莫知所始，莫究所終，杳無形聲，廣無邊際，最尊最上，衆經中王。類名曰金，不可沮壞之體也〔一〕。現前日用，光明之實相也。雖天地之大，萬物之多，幽明之异，死生之隔，皆不出是經含弘遍覆之外也〔二〕。廣矣大矣，不入二乘之論；浩然寂然，未離三界之中。樂著是經，則入起滅輪；趨向是經，則示懺悔法。由懺悔法，故能拂樂著之心；無樂著心，故能達菩薩之本。有大沙門，名曰海素，以曩故行願，愛樂是經，出入是經，受用是經。得是經三昧安樂，贊嘆之不已。又思一切衆生，同入道場，供養是經，行懺悔法，去一切罪垢，與人天四衆，得清净果，究竟了義，入無生法忍，安住如如，復次香火之地，不無擇焉。乃相視此山西南頂，有奇峰裂澗，可以隔塵凡；有長松茂竹，可以庇經像。燕坐屏息，歸者悦，來者遂。以熙寧辛亥經始，訖紹聖丙子年，建立凡三十餘間。得東南之絶境，擬化城之仿佛。背望遼海而鏡空一天，前臨尚湖則澄光百里。于是擊大金鼓，出大音聲，諸有聞者，合手而至。稱曰：『某甲等以宿昔緣，墜塵色界，煩惱障難，願盡懺除。』素公乃爲整威儀，良久而大衆恍然有失，瞿然有得，悲啼懇切，告謝而去。往問之，則曰：『所失者煩惱妄想，向來覺知，今已斷滅。所得者口耳不及，使余何言？』仲殊身隱光明，迹涉懺悔，聞此殊勝，書以自警。公命勒于石，以示四衆云爾。紹聖四年正月十五日，雲游比丘仲殊記。《重修琴川志》卷一三。又見《海虞文徵》卷一四。

〔一〕沮：《海虞文徵》作『汩』。

〔二〕『外』上原有『無』字，據右引删。

陸河聖像院記　紹聖四年十月

生民之欲者，富與貴而已。富貴知道德，稱爲君子。君子所居，鄉黨歸之。是故博施濟衆，君子之所職也；率人爲善，君子之常分也。在西方之教，謂之居士長者，乃利益及物，因以爲氏。故釋迦如來號刹利氏，謂利益所及，一刹上耳。中國有大聖人作，自太祖皇帝至今天皇，推原開闢以來，未有太平如此之盛也。治化隆侈，天下富樂，比屋可封。餘力閑暇，人人得以講性命之宗，究死生之本，覽罪福之要，互相勸飭，思所以因教而進於道。夫三教之用，雖趣尚各异，要之爲善，其揆一也。佛法之盛，莫如姑蘇，白沙又居其上游，附海膏腴，地力十倍。朱君肱承父業起家，稱爲右族。父某天資好善，嘗游陸河聖像院，覩大殿摧圮，首施家財，募衆興工。嘉祐八年夏，績用成就。熙寧初，再造佛像，未畢而終。君能追誦先志，紹聖三年二月畢，刻石作記，以告後來。紹聖四年十月，霅川空叟記。《吴都文粹》卷九。又見《紹定吴郡志》卷三六，《吴都法乘》卷一〇下之上，《海虞文徵》卷八。

文宗義

文宗義，徽宗時宣州涇縣（今安徽涇縣）人。

寶勝禪院造塔記　大觀四年七月

宣州涇縣龍山鄉積善甲石陂社奉佛弟子文宗義與妻陳氏二娘，男德尚、德庸、德全，孫邦彦、邦國、邦禮、僧保、星弟，新婦張氏三五娘，董氏十七娘，程氏五娘，沈氏三娘，女文氏五娘、十娘、四五娘，女孫十一娘，妹兒家眷等，切念幸生樂國，忝際明時，粗豐足於此身，感修因於宿世。況以復聞勝事，同發誠心，謹捐浄賄一百二十五貫文足，就寶勝禪院建于寶塔一面。所集微毫之上善，用蠲曠大之愆尤。灾露消融，福苗秀實。門風高建，庫務興崇。人人壽龜鶴之遐，代代富□□之永。然願常逢佛法，不昧信靈，等與法界之含生，共證菩提之妙果。大觀四年七月二十七日，弟子文宗義志。民國《安徽通志稿·金石古物考》卷一五。又見嘉慶《涇縣志》卷一二。

黄公頡

黄公頡，建州建安（今福建建甌）人，元祐中在世。見《吴郡志》卷三三。

光福寺銅觀音像記

光福寺距城六十里〔一〕，有銅像觀音，其始作者與其歲月，予不得知也。康定改元六月，志里張氏於廟傍之泥中睹焉。時久旱弗雨，相與言曰：『觀音示現，殆有謂乎！』乃具梵儀禱焉，即時雨降。以是凡有禱而弗獲者，州人必請命於刺史而致敬，無不得其感報。夫道之在天下，其廢興有數，而出處有命，亦惟其時而已。蓋習俗沉迷之日久矣，必將有以薰沐其邪意，啓迪其善心。教令既不足以驅之，於是時聖人出而輔世。其在吴越，則若四明之奉化、東陽之雙林、錢塘之天竺是也。或因乎俗之所趨，或寓乎物之所感，顯相示化，變出不窮。以是因緣，不假言説，凡見聞者，隨其願求，各有所得。則雖頑嚚扺冒之人，亦將有以善其心，况根性之厚者乎？則其所以輔世者豈小補哉！此其佛教行乎中國，人之所賴以悔罪祈福者，宜乎曠世歷年而弗絶也。予母葬於寺之西南，常過其上，僧藴恭屢求爲記，予不得辭也。因序其事云。《吴郡志》卷三三。又見《吴郡文粹》卷八，《吴都法乘》卷二，《古今圖書集成》神异典卷九二。

〔一〕六十里：《吴都文粹》作『七十里』。

秦觀

秦觀（一〇四九——一一〇〇），字太虛，又字少游，號淮海居士，揚州高郵（今江蘇高郵）人。元豐八年進士，除定海主簿，尋授蔡州教授。元祐初因蘇軾薦，任太學博士，六年遷秘書省正字，八年任國史院編修，授左宣德郎。紹聖元年坐元祐黨籍，出通判杭州，道貶監處州酒稅。後削秩徙郴州，繼編管横州，又徙雷州。徽宗即位召還，復爲宣德郎。元符三年八月卒於北歸途中。觀善詩賦策論，尤工詞，爲『蘇門四學士』之一。著有《淮海集》四十卷、《後集》六卷、《長短句》三卷。《宋史》卷四四四有傳。

慶禪師塔銘　元祐五年

師諱昭慶，字顯之，俗姓林氏，泉州晋江人也。少跅弛，以氣自任，嘗與鄉里數人相結爲賈，自閩粤航海道，直抵山東，往來海中者十數年，資用甚饒。皇祐中祀明堂恩，度天下僧。師爲兒時，父母嘗許爲僧，名隸漳州開元寺籍。至是輒謝諸賈，以財物屬同産，使養其親，徒手入寺，毁鬚髪，受具戒，鄉人异之。居無何，謂其曹曰：『出家兒當尋師訪道，求脱生死，若匏繫一方，乃土偶人耳。』遂去開元，遍參知識。至禾山楚才禪師會中，因看風幡話，忽然有悟，以爲道妙盡於此矣。及見黄龍惠南禪師，示以佛手驢脚因緣，輒漫不省。因服役左右，數年不去，始盡得黄龍之道。故師後出世，法嗣黄龍云。熙寧中游淮南，往來廣陵、天長、高郵之間，三邑之人，見師如舊相識，莫不靡然心服，願爲弟子，而高郵之人，遂以乾明請師出世。師凡三住道場〔一〕，初高郵之乾明，次烏江之惠濟，最後廣陵之建隆。惟惠濟僻在深山中，地有湯泉，人迹罕至，心樂居之。乾明、建隆，皆爲檀越士大夫所强，遁去不獲，非其好也。師所得法，廣大微妙，又學術無不通達。其爲人法，或以經論，或以老莊，或以卜筮，或以方藥，下至種種一切俗諦之事，隨其根器，示大方便，不獨守古人言句而已。自唐以來，禪家盛行於世者，惟雲門、臨濟兩宗。是時雲門苗裔，分據大刹，相望於淮浙之上。臨濟之後，自江以北，惟師一人。故雲門之徒或不以師爲然，師聞而笑曰：『此吾所以爲臨濟兒孫也。』晚歲多病，謝住持事，寓止高郵醴泉法嗣處安會中。一日，召安師及諸禪者，以偈兩首示之，明日飯後，奄然歸寂，實元祐四年八月十六日也。俗壽六十三，僧臘四十一。其徒智勤等二十有二人，與廣陵檀越奉師靈骨歸，建陵，起塔而葬焉。明年，智潭自廣陵走京師，乞銘於某。嗚呼，始師出世，某之外舅故潭州寧鄉縣主簿徐君賡，實爲檀越首。及師在惠濟，某嘗從故龍圖閣直學士孫公覺莘老、錢塘僧道潛參寥，訪師於湯泉山中。時烏江令，則今承議郎閻君木求仁也。高郵士大夫孫、閻諸公皆參問於師，而爲役之久，緣契最深者，殆莫如某。然則銘師之塔，某何敢辭？乃爲銘曰：

嗚呼我師，法妙難思，與物并作，而不磷緇。經論老莊，卜筮方藥，是皆黄龍，佛手驢脚〔二〕。我從中證，决定無疑，非還陀客，當大笑之。山河既露，水鳥又談，能事畢矣，汝復何参？少賈之雄，老禪之伯，求其异相，亦不可得。有岡昆侖，南直海門，盡未來際，我師長存。文淵閣四庫全書本《淮海集》卷三三。

〔一〕師：原脱，據宋乾道九年高郵軍學刻、紹熙三年謝雩重修本（簡稱『宋高郵本』）、宋蜀刊本《淮海先生文集》（簡稱『宋蜀本』）補。

〔二〕驢：原作『騾』，據宋高郵本、宋蜀本改。